国企高管与普通职工收入差距问题研究

赵　颖　著

中国财经出版传媒集团

经济科学出版社
Economic Science Press

图书在版编目（CIP）数据

国企高管与普通职工收入差距问题研究/赵颖著.
—北京：经济科学出版社，2019.9
ISBN 978 - 7 - 5218 - 0779 - 0

Ⅰ.①国…　Ⅱ.①赵…　Ⅲ.①国有企业 - 收入差距 -
研究 - 中国　Ⅳ.①F279.241

中国版本图书馆 CIP 数据核字（2019）第 182061 号

责任编辑：白留杰
责任校对：郑淑艳
责任印制：李　鹏

国企高管与普通职工收入差距问题研究

赵　颖　著

经济科学出版社出版、发行　新华书店经销
社址：北京市海淀区阜成路甲 28 号　邮编：100142
教材分社电话：010 - 88191354　发行部电话：010 - 88191522
网址：www. esp. com. cn
电子邮件：bailiujie518@ 126. com
天猫网店：经济科学出版社旗舰店
网址：http：//jjkxcbs. tmall. com
北京密兴印刷有限公司印装
710 × 1000　16 开　16.25 印张　280000 字
2019 年 9 月第 1 版　2019 年 9 月第 1 次印刷
ISBN 978 - 7 - 5218 - 0779 - 0　定价：50.00 元
（图书出现印装问题，本社负责调换。电话：010 - 88191510）
（版权所有　侵权必究　打击盗版　举报热线：010 - 88191661
QQ：2242791300　营销中心电话：010 - 88191537
电子邮箱：dbts@ esp. com. cn）

前　言

国有企业高管和普通职工收入差距问题，既关系到个体层面上劳动者自身收入数量以及对收入公平性的感知，又关系到企业层面上国有企业改革和发展过程。随着国有企业内部薪酬差距的扩大，该问题受到了理论和实践部门的广泛关注。迄今为止的研究往往将高管收入问题和普通职工收入问题分别探讨。这种研究方式虽取得了较为丰硕的成果，但往往容易割裂两类群体收入之间的内在联系，使理论上对这一问题的认识尚存在诸多欠缺。有鉴于此，将国有企业高管和普通职工收入分配问题纳入统一的分析框架，为正确认识这个问题及其影响，以及制定相应政策，具有理论和现实的双重意义。

有别于传统分析视角，从公司治理和收入分配交叉领域对该问题进行探讨。采用这种分析视角原因，主要在于收入分配问题从来不是一个孤立现象，与其所处的组织结构和制度环境密切相连。在企业发展过程中分析高管与普通职工收入差距问题，不但树立了这种分析定位是促进国有企业发展，而且也为分析这一问题提供了企业与个人互动层面的探讨空间，丰富了研究平台。

本书采用的是 1999~2012 年中国上市公司数据。该数据具有样本量大、覆盖时间长、包含微观经济与宏观金融数据丰富等优势，能够较好地为本书的相关分析提供数据支持。为了有效地利用数据，在对数据进行共性处理的基础之上，又在各章节中根据需要进行了个性处理。这既保障了不同章节之间的结论具有可比性，也能够突出各部分的研究特色。为了对国有企业内部高管与普通职工薪酬差距提供一个价值判断的标准，在分析过程中也会比照分析私营企业内部这种差距的大小及其潜在影响。

本书的研究目的主要包括三个方面：首先，国企内部高管与普通职工收入差距对企业发展的影响。其次，搞清导致收入差距扩大的宏观原因和微观原因。最后，搞清哪些因素能够在一定程度上缓解企业内部收入差距。

对应前两个问题，研究结论主要包括如下两个方面：首先，这种收入差距具有一定的激励效应，具体体现为劳动者生产率的提升和企业经营绩效的改善。其次，这种收入差距扩大的深层原因在于现代公司治理下高管存在增加自身薪酬的内外部原因，以及微观层面的被企业所有者作为策略性工具使用。具体而言，高管增加自身薪酬的内外部原因分别是指企业内部所有权和控制权分离使高管谋求自身薪酬增加存在了可能性，行业内高管薪酬的攀比效应则提供的外部激励。被作为策略性工具是指内部薪酬差距会给企业带来一定的负面影响，也即成本。但同时聘请高管也存在代理成本，两者之间是替代性的关系。企业所有者需要在这两种成本间进行权衡，经常会存在为了降低代理成本而使内部薪酬差距扩大，传导机制则是企业的资本结构。最后一个问题将在政策建议中解决。

本书分为导论和正文六章，具体章节安排如下：

导论主要介绍研究背景、研究意义、文献综述和结构安排，以及使用主要概念进行界定。

第一章主要从马克思主义经济学和西方经济学两个框架分析劳动者工资的决定过程。

第二章介绍1999~2012年国有企业内部高管与普通职工薪酬差距的现状和制度诱因。通过分析，指出在构建现代企业制度为特征的国有企业改制过程中，国有企业高管和普通职工薪酬差距的变化带有诸多企业发展和市场化震荡所带来的综合影响，因此这种收入差距不单是一个简单企业内部生产和分配的问题。为了更加清晰地呈现这一结论，将私营企业作为参照组引入。

第三章将主要从静态和动态层面上分析国有企业内部高管和普通职工薪酬差距对企业生产率所具有的影响，从而综合评估内部收入差距对国有企业发展的潜在影响。

第四章将以第三章的分析为基础，从高管的角度来分析内部收入差距扩大的原因。为了清晰地呈现这种原因，在此从企业内部行业间两个层面上，就高管增加自身收入的内部条件和外部动机进行分析，阐述高管薪酬的增加是由这两个因素共同导致的。然而，由于国有企业中工会的行政化导致普通职工议价能力较低，以及国有企业中的薪酬待遇和保障往往高于同类型的企业，使国有企业中普通职工收入的分析难以按照这一思路进行。不过目前丰富的研究文献，已经为这一问题提供了较为充分的解释。

第五章将在第四章的基础之上，从企业所有者的角度来看待国有企业内部收入差距问题。国有企业内部薪酬差距和高管的代理成本，都需要企业所有者进行取舍，从而实现企业的长远发展。实现这种策略性选择的具体工具则是企业资本结构。由于资本结构对两者的影响方向相反，因此企业所有者需要在一定时期内为了一个目标而适当牺牲另一个目标。国有企业改革后，为降低代理成本牺牲企业内部高管与普通职工薪酬分配的公平性，这成为导致国有企业中高管与普通职工薪酬差距扩大所有者层面的原因。

第六章是结论和政策建议。将主要从如下四个方面有助于在一定程度上缓解内部薪酬差距：（1）完善产品市场，适当引入竞争，遏制非理性薪酬攀比。（2）规范分配秩序，控制暴利性利润分配方式。（3）强化公司内部治理结构，创新高管激励方式，弱化代理成本与薪酬差距之间替代性关系。（4）完善劳动力市场，适当增加国企职工流动性。

目　录

导　　论

一、研究背景和意义

（一）研究背景

收入总量分配不但是一个经济问题，而且还是一个社会问题，在 2015 年"两会"中受到较为广泛的关注。深入认识收入分配问题客观上需要运用批判性思维对收入分配进行全面深入的认识。一般而言，工资收入是城镇中劳动者初次分配收入的重要组成部分之一。其数量的多寡以及分布的人群特征，将在较大程度上决定居民收入分配格局。1995 年和 2002 年，我国居民劳动收入（包括工资和奖金）的基尼系数分别为 0.296 和 0.344，其间上升了约 16%（陈斌开等，2009）。2009 年和 2010 年，我国城镇居民收入分配格局情况也不容乐观，基尼系数分别为 0.479 和 0.431（杨灿明等，2010，2011）。虽然居民的收入来源形势逐渐多样化，但工资收入在全部收入中所具有的决定意义是难以忽视的（李实等，2012；杨灿明等，2014）。就大多数中等收入劳动者而言，工资收入不仅是其收入的主要来源，而且往往是影响此部分群体收入分配状况的决定性因素。2009 年和 2010 年，工资性收入对城镇居民收入不平等的贡献率分别为 41.19% 和 47%（杨灿明等，2010，2011）。

在理论层面上，市场经济中决定劳动者报酬（即工资）的因素是该劳动要素所提供的量和质以及市场上的稀缺程度。就劳动者工资收入分化的原因而言，目前学者们的研究视角主要集中在制度构建有效性（杨灿明等，2010；岳希明等，2010；聂海峰等，2013）、市场运行灵活性（白重恩等，2006；龚刚等，2010），以及劳动群体层次性（陈斌开等，2009；徐舒，2010；李实等，2010；甘犁等，2012；Mueller et al.，2015）等三个方面。在劳动者工资收入分化的研究中，部分文献的结论支持所有制差异是导致工资分化的主要原因（张车伟，2008；张车伟等，2008；尹志超等，2009；岳希明等，2010）。1999～2009 年，我国 A 股上市企业中确实存在国有企业支付了更高的职工工资的现象，受益者主要是普通职工，但所有制对高技能劳动者的影响并不显著（陆正飞等，2012）。由于我国事业单位的经费主要来源于财政拨款，因此，国有企业中支付较高的工资对事业单位和其他类型的单位也具有一定的示范效应。那么，国有企业内部劳动者工资收入的来源究竟是什么？在国有企业发展过程中，职工的工资差距是如何形成的？哪些因素的改善能够在一定程度上改善这种分化？

在现实层面上，国有企业中劳动者工资收入的来源以及与企业绩效的关联性是正确认识国有企业中工资收入分配的重要方面。1985～1992 年，国有企业中劳动者的工资收入和奖金主要来源于利润留成，而与劳动者的生产率和企业绩效关联较弱（Meng，2000）。1978～1993 年，奖金在国有企业劳动者工资中的比重从 2.4% 上升到 23.3%，各种物价补贴的比重则从 6.5% 上升到 25.1%（Meng，2000）。即便国有企业在减员增效过程中，未下岗职工的工资仍得到了一定程度的提升（白重恩等，2006）。20 世纪 90 年代上半期，国有企业的亏损开始变得较为普遍。从企业的长期发展而言，这种重分配而轻发展的模式是难以持续的。80 年代后期，当决策层开始控制国有企业的利润留成比重后，这种分配方式的在微观层面上的矛盾进一步凸显，具体体现为内部职工工资收入分配问题开始变得更为严重。此外，部分学者从另外一个研究视角指出，高收入者与中低收入者收入分化加速，与企业成长的可持续性密切相连（Mueller et al.，2015）。

（二）研究意义

收入分配实为经济发展过程中一个重要伴生问题。在我国经济转型背景下，它既体现为经济成果的分配方式和公平性，又直接或间接地影响经济增长的动力、持续性与社会和谐。由于其涉及主体广泛、来源多样、数量差异以及发展失衡，它一直是经济社会发展过程中的核心问题之一。而国有企业改革和发展问题依然是新时期的重要命题之一，在 2013 年和 2014 年公布的《国家社会科学基金项目课题指南》中此方面的选题数量分别有 13 项和 10项。2015 年"两会"上收入分配和国企改革继续成为受关注的问题。其中，中国 28 个省级行政单位在 2015 年的政府工作报告中，均不同程度提及国企改革。由于国有企业属性中难以有效分离政企关系等问题的存在，内部职工工资的收入分配具有某些超越市场的特色。在效率提升和制度完善等诸多问题中，国有企业内部职工收入分配在调整过程中如何演变将继续受到持续的关注。在综合借鉴国内外研究的基础之上，本书通过对1978年以来中国国有企业职工收入分配变化的基本趋势和特点进行归纳和分析，希望初步厘清国有企业职工工资收入的决定因素、形成机理和改革方向，以期为正确认识国有企业职工工资收入分配现状和发展方向提供一种可行的改革思路。

二、概念界定

一般而言，统一明确的概念是本书展开分析的基本前提。在此部分中，将厘清文中涉及的几个主要概念，即高管、职工收入、资本结构和同群效应。

（一）高管

由于本书使用国泰安数据，因此高管的定义和该数据库定义基本一致，高管群体包括上市公司董事长、董事、监事、总经理等人员。

（二）职工收入

本书从两个层面来定义职工收入：首先，在国有企业中研究高管和普通职工的收入，难以兼顾高管和普通职工从国有企业之外获得的收入流。因此职工收入仅限于狭义的工资薪金收入。其次，由于高管既从企业中获得工资薪金，又享受在职消费和获得隐性薪酬等，这部分难以在高管薪酬中反映。综合上述两点，定义职工收入主要是指高管和普通劳动者从企业中获得的以工资薪金为主的收入形式，及与工作环境密切相关的收入流。

根据上述定义，有效地测度高管的收入数量是准确判断高管与普通职工收入差距的重要前提之一。根据已有的研究成果，以及高管和普通职工间收入结构的差异，本书将分别界定两类职工收入的定义方式。

1. 高管收入。目前学界的研究主要从市场上薪酬设定的合理性来分析（方军雄等，2009），也有部分学者从道德风险和逆向选择的角度对上述问题进行分析（皮建才，2011；Sun，2014）。上述研究过程产生了度量高管薪酬的多种方式，如直接使用会计报表中高管的年度报酬总额作为度量依据（方军雄等，2009，2011），或在此过程中考虑社会保障和股权激励的影响（黎文靖等，2012）。除了上述正常的高管收入外，部分学者还从高管货币性私有收益的角度对高管薪酬进行度量和分析，具体包括研究高管操纵的货币化薪酬（权小锋，2010）、高管的在职消费等（陈冬华，2005；姜付秀，2011；梁上坤等，2014）以及高管的非预期性收入（辛清泉，2007；马连福等，2013）。上述学者提出度量高管收入的方式均在一定程度上反映了高管收入市场性和非市场性的一面。为较好地研究高管收入与普通职工收入间的差距问题，综合研究和判断这种差距对企业经济等层面的影响较为合适。因此，根据目前的研究成果，拟使用如下五种方式定义高管和普通职工的收入差距。

第一，仅考虑包括现金薪酬在内的高管收入，这也是目前文献中广泛使用的定义方式之一（陈冬华，2005；陈信元，2009）。具体而言，使用高管中收入最高前三名的平均数额作为高管的薪酬，同时按照会计的一般方式对职工平均薪酬进行核算。由此，得到高管与普通职工的薪酬差距度量指标 I（以下简称"差距 I"）。

第二，在薪酬差距中剥离社会保障所可能产生的影响，这和刘春等（2010）以及黎文靖等（2012）的处理方式是一致的。由此，得到高管与普通职工的薪酬差距度量指标 II（以下简称"差距 II"）。

第三，在高管的收入中考虑股权激励所可能具有的影响。虽然部分学者指出我国上市公司中高管持股数量比例较低，但这与研究者当时所处的市场环境和政策背景具有密切联系。事实上，高管持股能够显著影响企业价值，通过为企业创造价值来提高自身收入（Morck et al. , 1988；Baranchuk et al. , 2014）。

第四，将高管的超额薪酬纳入考虑范围。高管的超额薪酬也被称为未预期的经理薪酬，Fama（1980）认为高管薪酬超出平均值的部分就是高管个人能力的体现。部分学者已经从此角度研究了该收入对资本投资效率（辛清泉，2007）、薪酬外部公平性（吴联生等，2010）、企业绩效的滞后影响（方军雄，2012）以及与企业党组织治理之间（马连福等，2013）的关联。

第五，由于在职消费是高管的一种替代性薪酬（陈信元，2009），本书尝试将高管在职消费货币化为高管自身的收入，这能够在一定程度上将高管所获得的隐性福利显性化（陈冬华等，2005；Rajan and Wulf，2006；姜付秀等，2011；梁上坤等，2014）。

2. 普通职工收入。沿袭目前研究成果中的做法，本书将现金流量表中"支付给职工以及为职工所支付的现金"减去高管薪酬总额，从而得到普通职工薪酬总额。然后，通过职工人数总额减去高管人数总额，得到普通职工人数总额。通过普通职工薪酬总额除以普通职工人数，由此得到普通劳动者的平均薪酬。

（三）资本结构

资本结构主要是指企业资金来源组成，因此，它在一定意义上也就是企业的杠杆率。根据 Welch（2011）和 Chemmanur 等（2013）的思路，拟从三个角度对资本结构进行定义。

首先，将市场杠杆（Market Leverage，mlev）定义为企业经常债务与长期债务之和同这两者与企业股票市场价值之和的比重。此指标衡量的是主要债务在企业资金流中的比重大小。其次，将经常性债务替换为一年内到期的短期债务，作为市场杠杆率的替换指标（alternative market leverage，amlev）。最后，还引入账面杠杆率（alternative book leverage，ablev），主要是将市场杠杆率中企业股票市场价值替换为账面价值。

（四）同群效应

同群效应（peer effects）可以在一定程度上被视为薪酬外部性，主要特点是其范围仅限于行业内部。就高级经理人市场上的需求者而言，高管薪酬决定，既需要考虑高管为企业创造的价值，也需要将所在行业的平均回报纳入考虑范围。就高级经理人的供给者角度而言，行业中同群业者薪酬水平的高低在一定水平上决定了自身保留薪酬水平的多少。同群效应的存在实际上类似一种正外部性，个体和群体的双向比较使高级职业经理人市场上的薪酬水平存在不断提升的可能性（Bizjak et al.，2011）。

三、国内外研究述评

在劳动者工资收入分化的研究中，部分研究的结论支持所有制差异是导致工资分化的主要原因（张车伟等，2008；尹志超等，2009；岳希明等，2010；杨灿明等，2014）。1999～2009 年，我国 A 股上市企业中确实存在国有企业支付了更高的职工工资的现象，受益者主要是普通职工，所有制对高技能劳动者的影响并不显著（陆正飞等，2012）。部分学者指出，国家范围内企业成长性的波动率越大，那么内部薪酬差距也会越高，这主要是高收入者与中低收入者收入分化加速所致（Mueller et al.，2015）。由于我国事业单位的经费主要来源于财政拨款，因此，国有企业中支付较高的工资对事业单位和其他类型的单位也具有一定的示范效应。那么国有企业内部劳动者工资收入以及工资差距是如何形成的？哪些因素的改善能够在一定程度上改善这种分化？本书从薪酬差距的激励效应、高管视角下的薪酬差距和企业所有者视角下的薪酬差距三个方面对目前的研究成果进行梳理。

（一）薪酬差距的一般现状

国有企业中劳动者工资收入的来源以及与企业绩效的关联性是正确认识国有企业中工资收入分配的重要方面。1985～1992年，国有企业中劳动者的工资收入和奖金主要来源于利润留成，而与劳动者的生产率和企业绩效关联较弱（Meng，2000）。1978～1993年，奖金在国有企业劳动者工资中的比重从2.4%上升到23.3%，各种物价补贴的比重则从6.5%上升到25.1%（Meng，2000）。即便国有企业在减员增效过程中，下岗职工的工资仍得到了一定程度的提升（白重恩等，2006）。20世纪90年代上半期，国有企业的亏损开始变得较为普遍。从企业的长期发展而言，这种重分配而轻发展的模式是难以持续的。80年代后期，当决策层开始控制国有企业的利润留成比重后，这种分配方式的矛盾进一步凸显。

2000年以来，企业内部的收入分配秩序等问题开始逐步受到重视。2000年11月颁布的《进一步深化企业内部分配制度改革指导意见的通知》提出建立健全企业内部工资收入分配激励机制；积极稳妥开展按生产要素分配的试点工作；加强基础管理，建立健全企业内部工资收入分配约束机制；进一步转变政府职能，加强对企业内部分配的指导工作等指导意见。2006年5月26日召开的中央政治局召开会议上也特别就收入分配制度和收入分配秩序问题进行了讨论。在2014年的中央全面深化改革领导小组第四次会议上，习近平指出国有企业薪酬结构和薪酬监管方面存在诸多问题，需要做出调整。

那么，目前国有企业中普通职工的薪酬水平是否过低？部分学者指出，在所有制和行业垄断等因素的影响下，国有企业内部劳动者的收入水平还是显著高于非国有企业劳动者的工资收入水平（张原等，2008；陆正飞等，2012）。此外，国有企业中职工工资收入的攀比效应使内部收入出现了一定程度的平均化趋势（戴园晨，1994；杨瑞龙，2012）。国有企业工资支付体制对城镇居民的收入分配结构具有较大的外溢性，国有企业内不合理收入的大幅度上升会导致城镇居民收入分配格局的恶化（夏庆杰等，2012）。

在实践层面上，我国高管与普通劳动者之间的收入差距在 20 世纪初尚未达到最优水平，国有企业受到政策因素的影响较大，其内部劳动者的收入差距目前仍处于受抑制的状态（林浚清等，2003）。2002 年实行年薪制①后，国企内部劳动者收入差距显著扩大，从 2000 年的 3.06 倍扩大至 2012 年的 7.33 倍②，但总资产回报率却显著低于私营企业和外商投资企业。就 2012 年度而言，房地产业中的国有企业薪酬差距达到 8.68 倍的峰值。

（二）高管增加薪酬的原因

前述部分虽已经就国有企业中高管和普通劳动者工资收入中的共性问题进行了分析，但同样需要注意高管在经营目标、权力约束和受到的监管等方面与普通劳动者存在较大的差异，在此意义上其工资收入中的个性特征也较为明显。因此，此部分将主要就国内外文献对国有企业高管薪酬的研究成果进行归纳和分析。

国有企业高管的工资分配是否合理往往涉及人力资本、管理层权力和企业绩效等方面的分析。目前的研究认为，除却股权激励外，高管未预期的薪酬以及在职消费都能够在一定程度上成为高管的隐性收入形式（陈冬华等，2005；Rajan and Wulf，2006；权小锋等，2010；姜付秀等，2011；张敏等，2013），并且在职消费所占的比重有逐年增加的趋势（梁上坤等，2014）。一般的研究文献支持高管具有对自身薪酬操控的动机和能力。高管具有的权力越大越容易为自己创造私有收入（陈震等，2011），其中央属国企的高管更倾向于隐性的非货币性私有收益，而地属国企则更偏好显性的货币性私有收益（权小锋等，2010）。在国有企业内部，较大的薪酬差距使企业投资效率降低，也使普通劳动者积极性出现一定程度的降低（黎文靖等，2012）。

上市公司总经理的收入与公司业绩的相关性被广泛证实（Murphy，1985；陈冬华等，2005；李维安等，2005；辛清泉等，2007；方军雄，2009）。在此背

---

① 2003 年推行年薪制时曾规定，高管年薪不得超过普通职工平均工资的 12 倍。
② 以国有工业企业为例，这种差距迅速的扩大主要是因为如下三个原因：首先，国有企业的亏损面和亏损深度显著得到改善。1999～2012 年，国有工业企业亏损面从 39.15% 下降至 24.51%，亏损深度从 96.88% 下降至 21.85%。显著改善的企业绩效为职工薪酬分配改善提供了较为有利的外部条件。其次，在控制普通员工薪酬水平的情况下，本书发现高管薪酬的增长速度更快，这主要是由于年薪制的核心在于将高管薪酬与企业绩效相联系。最后，国企改制使大批人员分流，2012 年国有工业企业中的从业人数仅为 1999 年的一半左右。快速改善的企业绩效以及职工数量的不断减少，为高管薪酬的快速增长提供了契机。

景下，2003 年国有企业实行年薪制之后，国有企业内部劳动者的收入差距开始迅速扩大，达到 10 倍左右（廖建桥等，2006）。20 世纪初，我国目前高管与普通劳动者之间的收入差距尚未达到最优水平，国有企业受到政策因素的影响较大，其内部劳动者的收入差距目前仍处于受抑制的状态（林浚清等，2003）。

即便如此，在所有制和行业垄断等因素的影响下，国有企业内部劳动者的收入水平还是显著高于非国有企业劳动者的工资收入水平（张原等，2008）。此外，由于管理者收益也是企业规模的增函数，大公司支付的薪酬水平往往也会更高（Conyon and Murphy，2000；Mueller et al.，2015）。

高管收入存在显著的尺蠖效应，即业绩上升时的薪酬增加值高于业绩下降时的薪酬减少值（方军雄，2009）。在普通职工中这种效应相对微弱，因此，在国有企业普遍实行高管年薪制和管理者权利是高管与普通劳动者的工资收入差距迅速扩大重要的制度原因（吕长江等，2008；方军雄，2011；陈震等，2011）。高管与普通劳动者的工资收入差距扩大也开始在理论层面上受到重视（张正堂，2008）。过大的内部职工薪酬差距对企业经营绩效具有一定的负面影响（张正堂，2008）。但也有部分学者指出，相对于规模、行政垄断和业绩等薪酬决定性因素，管理者权力对自身薪酬的影响水平较为有限（权小锋等，2010；陈震等，2011）。

此外，预算软约束以及监管等方面的缺位直接导致国有企业部分改革逐渐偏离了既定的方向。国有企业高管的经营目标是福利最大化，因此，在企业亏损的情况下仍不惜通过贷款发给职工高额奖金（Walder，1987，1989）。在放权让利的改革过程中，国有企业高管经营管理权的逐步扩大（卢锐，2007），且自身权威不断得到强化（张军等，2004）。在此情况下，高管对国有企业内部资源配置的能力不断提升，增强了自身在薪酬设定上的优势地位，而普通劳动者则逐渐变得弱势（张军等，2004；权小峰，2010），成为尺蠖效应的制度基础（秦晖，2006）。由于薪酬管制的存在，在职消费也是高管重要的隐性收入之一（陈冬华等，2005）。对高管薪酬的规范客观上需要政府介入和媒体监管同时发挥作用（杨德明，2012）。

虽然高管与普通劳动者之间的薪酬差距过大对国有企业的发展和薪酬公平性存在一定的负面影响，但高管团队内部的薪酬差距，却在一定程度上有助于公司绩效的提升。林浚清等（2003）认为，高管间内部收入差距越大越有助于企业绩效的提升。他们进一步指出，国有股份的比重越高会在一定程度上减少高管内部的绝对和相对收入差距，从而削弱了锦标赛理论中的激励作用。

（三）所有者对薪酬的影响

如果企业的当期利润偏低，但又需要在长期内进行必要的投资，那么，企业所有者就会策略性地使用杠杆率水平，通过使工会被迫同意在一定程度上减少员工薪酬水平，从而允诺企业价值与员工收入的长期增长（Perotti and Spier，1993；Bronars and Deere，1991；Hennessy and Livdan，2009）。在此情况下，如果企业面临资金约束的可能性比较大，那么企业提高杠杆率是以牺牲员工收入为代价的。在此意义上，杠杆率与员工薪酬的高低之间具有一种替代性。这种替代性实际上是企业为了降低内部代理成本的一种策略性选择。一般而言，更高的资本结构能够将经理人置于外部债权人的约束下，通过分散监督主体在一定程度上降低企业的代理成本，从而提升企业价值（Grossman and Hart，1982；Jensen，1986；Ang et al.，2000）。因此，企业提高资本结构有助于从外部引入监督主体以及在内部转嫁代理成本，双向实现对经理人的有效监督。这种情况，和中国国有企业在较早发展时期内处理企业积累和投资的问题较为相似，与民营企业在成长初期面临的选择也基本类似。随着相关研究的展开，部分学者开始认识到资本结构对企业发展和高管薪酬的影响并不总是具有积极作用的。在 Perotti 和 Spier（1993）的研究成果基础之上，部分学者开始尝试探讨这种替代关系的适用范围。Berk 等（2010）认为，如果资本结构调整的边际税收收益高于员工调整和债务成本之和，那么就不会出现这种替代性关系。

纳入劳动力市场的分析后，企业层面资本结构降低委托代理成本的问题开始发生一定的改变。这种改变主要是由风险偏好的群体差异导致的，如劳动力市场上厌恶风险的劳动者也在一定程度上使资本结构约束下高管的决策行为发生一定的改变。具体而言，由于劳动力市场摩擦的存在，为减少劳动者的失业风险，高管可能会选择比较保守的资本结构（Agrawal and David，2013）。如果劳动力市场上工资的调整过程足够有效并克服管理层的潜在激励问题，那么企业所有者将会对经理人实现有限的监督（Fama，1980）。如果高管持有较多的企业内部债务，那么这也会使其逐渐变为保守型的投资者（Cassell et al.，2012）。如果债务规模过大，这也会降低对高管激励效应的实际作用，难以使企业实现最优的资本结构，这种情形在现金流受到抑制的企业中更为明显（He，2011）。在劳动密集型企业和资金状况受限的企业中，更多的失业保险会使企业选择更具风险的资本结构。但如果劳动者失业后能够较快地找到工作，他们一般也不会得到失业保险（Anderson and Meyer，1997）。随着职业经理人劳动力市场的逐渐完善，高管也开始在逐渐弱化资本结构对其所可能具有的约束，从而获得更多的私有收益。无论是资本结构对高管的激励作用还是高管对企业资本结构的机会主义行为，都存在较为显著的规模效应（Baker and Hall，2004）。一般而言，如果高管所在的企业更多选择债务融资，那么高管存在投资不足的负向激励；但如果企业主要是靠股权进行融资，那么高管又可能存在过度投资的冲动（Eisdorfer et al.，2013）。因此，随着企业资本结构的不断提升，高管收入与绩效的敏感性也会相应地增加，这时企业也应该相应地给高管提高激励水平，这样才能在一定程度上控制高管的机会主义行为（Lin et al.，2012）。

资本结构不但对高管薪酬具有影响，而且会对普通职工的收入产生较大的影响。Titman（1984）曾指出，在影响企业资本结构的诸多因素中，企业所可能面临的破产风险会在较大程度上影响这种决策行为。如果员工的人力资本长期在企业内部积累，形成一种所谓的"专用性资产"，那么企业资本结构变化对其收入就可能产生较大的影响。在分工程度越高的企业中，资本结构变动对员工薪酬的负面影响也就越大（Titman and Wessels，1988）。在此意义上，劳动者在享受分工益处的同时，也在微观层面上需要承受市场所可能具有的风险。

四、研究内容与框架

（一）研究内容安排

本书共有六章，具体结构安排如下：

第一章从马克思主义经济学和西方经济学两个不同的视角，分别讨论工资决定过程。在马克思主义经济学分析框架下，引入资本原罪的分析逻辑，结合中国近期主要分配原则，阐述中国如何将马克思主义经济学中分配原则进行中国化。在西方经济学分析框架下，给定在市场不断深化前提假设，考虑劳动力市场工资粘性，分析劳动者工资决定方式及其动态变化。这两种分析框架均沿袭了斯密和李嘉图的传统，不同分析视角能帮助我们更好地理解工资决定过程。

第二章将主要分析中国国有企业 1999～2012 年内部高管与普通职工薪酬

差距的现状，以及制度安排的演进过程。为更好地判断这种内部两类群体收入差距的大小，将在此引入私营部门中高管与普通职工薪酬差距作为参照，通过比较两者的大小来分析国有企业中薪酬差距的大小是否合适。制度安排的演进将主要说明中国国有企业中高管和普通职工薪酬差距的产生并非由来已久，而是在 1978 年以来国有企业改革过程中逐渐产生和发展的。在构建现代企业制度为特征的国有企业改制过程中，国有企业高管和普通职工薪酬差距的变化带有诸多企业发展和市场化震荡所带来的综合影响，因此这种收入差距不单是一个简单企业内部生产和分配的问题。

第三章将主要从国有企业内部高管和普通职工薪酬差距对企业生产率所具有的影响进行分析。为更好地说明这个问题，将从两方面展开论述：静态层面和动态层面。在静态层面上，主要关注两类群体收入差距对企业生产率的年度效应，并通过年度效应之间的比较对潜在影响因素进行归纳。在动态层面上，将在国有企业改制过程的背景下来考虑两类群体内部薪酬差距对企业生产率的影响。由于年度间实行改制的国有企业并不能和未改制的企业直接进行比较，将采用倾向得分匹配（propensity score matching，PSM）的方式识别可比的未改制企业，并在此基础之上使用倍差法（differences in differences，DID）分析这种影响的大小。

第四章将沿袭第三章的分析思路，以高管视角为切入点，分析导致国有企业内部高管与普通职工薪酬差距的主要原因。在诸多影响因素中，主要从企业内部控制权和现金流权分离，以及行业层面中高管薪酬的同群效应来展开分析。前者考察的是在现代企业制度下，国有企业在形式上虽已经完成了这种改革，但在此外表之下对高管工作激励和薪酬制定方面存在诸多潜在问题，由此导致了以高管薪酬快速上涨为特征的内部薪酬差距扩大。此即高管增加自身薪酬的外在条件。行业中的高管同群效应意指特定行业中高管具有追逐行业内最高薪酬的心理，由此产生了薪酬增加的内在动机。在国有企业公司治理较为有限的条件下，高管如果同时具有增加自身薪酬的外在条件和内在动机，那么就会创造机会提高自身的收入。

然而，普通职工的薪酬却不能按照这一思路进行分析，主要有两个原因：首先，大部分普通职工的议价能力较低，并且由于工会带有诸多行政化特征，现代企业制度下普通职工的工资设定会更加灵活，但并不一定会更高。在国有企业中，职工工资的设定还带有某种程度上的行政性和垄断性因素，因此难以完全按照市场化的逻辑进行分析。其次，虽然普通职工中也具有薪酬的同群效应，但国有企业中的薪酬待遇和保障往往高于同类型的企业，因此这种同群效应更多地体现为对其他企业中职工影响的溢出，而非反向受他们的影响。

第五章将在第四章高管分析视角的基础之上，继续从所有者的视角上分析导致国有企业内部薪酬扩大的原因。和高管分析视角分析主体思路上的主要区别是，这里的切入点是企业（虚位）所有者，分析的框架即所有者在成本和收益之间的取舍。国有企业改制后，企业所有者开始为降低代理成本而在一定程度上牺牲高管和普通职工薪酬分配的公平性，此即国有企业内部薪酬扩大的所有者层面的原因。

国有企业在聘任高管对企业进行经营管理过程中，会面对一组成本和收益的取舍：即聘请高管管理企业是存在代理成本的，让高管努力为企业创造价值则是具有较大收益的。如何有效平衡高管给企业所可能带来成本和收益之间的冲突是企业所有者面临的主要问题。在诸多可选择的方案中，引入外部监督主体往往成为一种较为可行的方案。就大多数企业的经验而言，调整企业资本结构成为一种较为可行的选择。在这种调整过程中，企业的破产风险会加大。如果高管薪酬与企业价值联系较为紧密，那么高管就会为了自身的利益而努力为企业创造价值，企业所有者面临聘请高管所面临的成本和收益问题就会在一定程度上得到解决。

虽然国有企业内部高管和普通职工收入差距对企业生产率提升具有一定的正面影响，但由于这种收入差距往往难以控制在合理范围之内，因此也会对企业的发展产生一定的负面影响，在此意义上对企业发展来说也是一种成本。此外，在分析过程中也指出，资本结构的调整对激励高管努力工作提高其薪酬方面具有一定的正面影响，但对普通职工薪酬的改善却具有一定的负面影响。其原因主要在于如果企业的当期利润偏低，但又需要在长期内进行必要的投资，那么企业就会策略性的使用杠杆率水平，通过使工会被迫同意在一定程度上减少员工薪酬水平，从而允诺企业价值与员工收入的长期增长。

通过上述的分析，问题就简化为企业所有者需要在高管代理成本和企业内部群体收入差距成本之间进行策略性的取舍以实现企业的长远发展。实现这种策略性选择的具体工具则是企业资本结构。由于资本结构对两者的影响方向相反，因此企业所有者需要在一定时期内为了一个目标而适当牺牲另一个目标。国有企业改革后，往往是为了降低代理成本牺牲企业内部高管与普通职工薪酬分配的公平性，这成为导致国有企业中高管与普通职工薪酬差距扩大的所有者层面原因。

第六章是结论和政策建议。将主要从四个方面有助于在一定程度上缓解内部薪酬差距：首先，完善产品市场，适当引入竞争，遏制非理性的薪酬攀比；其次，规范分配秩序，控制暴利性利润的分配方式；再次，强化公司内部治理结构，创新高管激励方式，弱化代理成本与薪酬差距之间的替代性关系；最后，完善劳动力市场，适当增加国企职工流动性。

（二）研究框架

本书研究框架见图0－1。

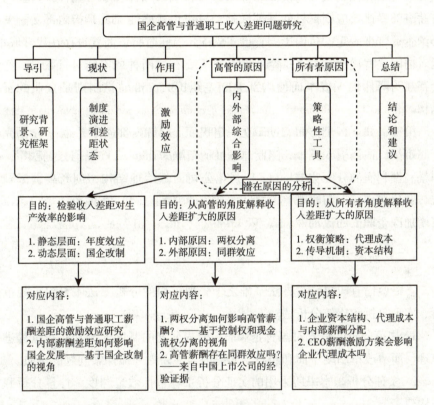

图0－1　本书研究框架

五、研究目标、方法与创新

（一）研究目标

本书拟对下面三个问题展开研究：首先，国企内部高管与普通职工收入差距对企业发展有何影响？其次，导致收入差距扩大的宏观原因和微观原因分别有哪些？最后，哪些因素能够在一定程度上缓解这种企业内部收入差距？

在此分析基础之上，希望得到如下三个预期结论：

第一，这种收入差距具有一定的激励效应，具体体现为劳动者生产率的提升和企业经营绩效的改善。

第二，这种收入差距扩大的深层原因在于宏观层面的棘轮效应，以及微观层面的被企业所有者作为策略性工具使用。具体而言，棘轮效应是指企业内部所有权和控制权分离使高管谋求自身薪酬增加存在了可能性，行业内高管薪酬的攀比效应则提供的外部激励。被作为策略性工具是指内部薪酬差距会给企业带来一定的负面影响，也即成本。但同时聘请高管也存在代理成本，两者之间是替代性的关系。企业所有者需要在这两种成本间进行权衡，经常会存在为降低代理成本而使内部薪酬差距扩大，传导机制则是企业的资本结构。

第三，如下四个方面有助于在一定程度上缓解内部薪酬差距：（1）完善产品市场，适当引入竞争，遏制非理性的薪酬攀比。（2）规范分配秩序，控制暴利性利润的分配方式。（3）强化公司内部治理结构，创新高管激励方式，弱化代理成本与薪酬差距之间的替代性关系。（4）完善劳动力市场，适当增加国企职工的流动性。

（二）研究方法

在借鉴已有成果分析方法基础之上，拟采用的分析方法主要包括规范分析、实证分析和比较分析法。

1. 规范分析。首先对国有企业职工收入分配的制度安排和实践过程进行梳理，厘清改革制度层面和经济层面的因素，以更好地探索问题的本质。

2. 实证分析。本书所采用的实证分析主要包括数量测度、计量分析和模型构建。

数量测度。这是实证研究的一种方式，在文中相应的部分测算国有企业改制等因素对职工收入分配的影响。根据研究目的的设定，将采用多种分组方式进行测算，以在不同的环境中考虑这种影响机制是否具有差异性。

计量分析。这种方式主要是为了在相应的部分中就国有企业改革等因素对职工收入分配的传导机制进行分析。在目前的实证研究中，由于拓展空间较大和理论发展速度相对较快等原因，此种方法的应用较为广泛。

3. 比较分析。在文章分析的基础之上，本书通过对国有企业和私营企业薪酬差距的现状及其决定因素进行分析，为初步设计我国可行的制度方案提供一些依据。

（三）创新点

基于上述研究，本书的创新点主要体现在研究领域的创新、研究视角的创新和研究方法的创新三个方面。

1. 研究领域的创新。本书将收入企业内部高管与普通职工的分配问题和公司治理联系起来，在企业发展的背景下来分析高管与普通职工薪酬差距的问题。换言之，本书是在收入分配和公司治理的交叉领域内看待这种企业内部薪酬分配问题。这种分析领域的交叉，在相关的研究中相对较少，为研究的开展提供了较为广阔的空间。

2. 研究视角的创新。本书是通过在确立薪酬差距联动性和成本观的前提下，指出企业内部薪酬差距并非是自发演进的，而更多受到企业所有者策略性行为的影响。具体而言：

（1）认为国有企业高管与普通职工薪酬差距的存续是企业内外作用的综合影响。随着国有企业逐渐建立现代企业制度，企业内部的两权分离为高管增加自身薪酬提供了可能性。同类型企业中高管薪酬的多寡，则为高管薪酬的增加提供了外部激励。因此，高管存在体改自身薪酬的外部动机和内部条件。

（2）国有企业高管和普通职工薪酬差距也是一种成本。适度的薪酬差距有助于激励两类群体的工作热情，但过大的收入差距会带来一定的负面影响，因此会给企业运行带来一定的成本。正是在这种成本观的视角下，进一步从下面的第三点进行说明。

（3）国有企业高管与普通职工薪酬差距不是自发演进的，而受到企业所有者策略性的调节。正因为内部薪酬差距在一定程度上是企业发展的一种成本，企业所有者需要将其与聘请高管的代理成本之间进行取舍，调节的工具则是资本结构。这种研究视角是以往文献未曾提出过的，能在一定程度上解释国有企业资本结构过高和内部薪酬差距较大的现状。

3. 研究方法的创新。研究方法的创新主要在于引入和构建了诸多新指标，这些指标尚未在国内的研究中得到足够的重视。为了量化国有企在市场上面临的税收环境和劳动力供给状况，在文中尝试测算了经典文献中定义的税收楔子，以及相关文献中新近提出度量劳动者在闲暇和劳动之间取舍的劳动楔子。此外，为了较好地研究薪酬差距的形成和变动，还引入和构建了同群薪酬效应（peer pay effect），以及根据 Merton（1973）修正的 Black-Scholes 公式计算薪酬激励的 Delta 指标和 Vega 等指标，并在分析过程中综合考虑空间和行业异质性对结论所可能具有的影响，以增强相关章节分析过程中的现实意义。

第一章　国企薪酬分配的基本原则和决定方式

就理论视角而言，虽然西方经济学和马克思主义经济学在分析范式上存在较大区别，但是马克思所进行的相关分析，沿袭了西方经济学中斯密和李嘉图等的传统，属于古典的分析方式，区别于以马歇尔为代表的新古典传统。在这两种传统的基础之上，基本上衍生出了现代经济学的诸多流派。因此，就思想渊源而言，马克思主义经济学与西方经济学并非是非此即彼的关系，而是一种存在特定融通性的经济学分支间的关系。在目前的经济学研究领域中，西方经济学诸多流派和马克思主义经济学均尝试对薪酬决定的理论进行过相关的论述。因此，结合马克思主义经济学和西方经济学的研究，全面地看待薪酬决定的原则和理论，是一种较为科学的研究视角。

就实践进程而言，研究中国企业的薪酬决定问题，有两个阶段的特点最为突出，即 1949～1956 年以及 1978 年至今。前一阶段涉及社会企业的社会主义改造过程，具体表现为国有经济的壮大发展和私营经济的逐步取消。这一阶段中，由于工人主人翁意识的觉醒和确立，薪酬数量更多地带有一种补偿性的分配特色。也即，无论是国有还是私有企业，劳动者工资显著上升。在部分企业中，甚至在一定程度上劳动者决定了企业的分配方案。这一时期的薪酬决定，具有一定的探索性，因此出现了诸多新问题。第二阶段是改革开放以来，特别是伴随着国有企业相关权力的下放，国有企业开始成为具有市场主体性的单位。在第一阶段经验的基础上，主要就国有企业的现代化进行相关探索，包括企业经营机制等方面。本章将按照上述的逻辑，分别从马克思主义经济学和西方经济学的角度就我国社会中的国企薪酬决定的原则和方式进行理论阐述。

第一节 马克思主义的分析视角

马克思对薪酬决定理论研究，主要是以剩余价值为研究主线。在这种研究思路下，资本对劳动的剥削一般能够得到较为广泛的认同和分析，围绕于此理想的分配原则也被逐一构建，如按劳分配原则的确立以根据我国现实逐步确立的按要素分配等。分配原则的逐渐完善，被认为是实现薪酬决定的理论和谐发展的重要步骤之一。

值得指出的是，这种研究虽然较好地将马克思的部分理论联系到现实进行劳动与资本关系的研究，但事实上仍难以避免被称为是一种对马克思主义经济学中薪酬决定的理论的断章取义。本节认为，马克思在论述薪酬决定的理论的过程中，事实上首先对资本的性质进行了定性，即资本是具有原罪的。带有原罪的资本剥削劳动力，才是马克思所真正批判的"赤裸裸的剥削"。

因此，资本原罪是客观分析薪酬决定理论的重要前提之一。只有对资本的原罪有着较清晰认识，才能够通过分析，逐步确立和完善经济上公平和社会上正义的收入分配原则。

一、资本的原罪

在资本深化、资本替代劳动的过程中，资本的增值能力逐渐增强，在一定程度上导致了劳动者收入比重占初次分配比重的降低。沿袭提高劳动者报酬的研究思路，能够在一定程度上为改善这种局面提供相关的政策建议。但是，这种思路是在认可资本和劳动合法性的前提下进行的，也即这种分析本身就赋予了一个强而有力的假设前提。资本有机构成的提升，必然带来劳动者工资水平的上升，只是不必然保证两者的上升速度存在一致性。由于资本逐利过程中所具有的规模效应，促使着资本所有者朝着具有更多获利的方向转变。带有原罪的资本，即为此过程加速实现的必要载体。在这里，暂时抛开这个前提，从资本积累过程以及使用中所具有的原罪来分析分工演化过程中劳动者收入的形成过程。

事实上，资本的原罪并非是一个新概念。大多数人的贫穷和少数人的富有就是从这种原罪开始的；前者无论怎样劳动，除了自己本身以外仍然没有可出卖的东西，而后者虽然早就不再劳动，但他们的财富却不断增加①。就资本主义的国家中资本的原罪概念而言，是早期发展过程中对其他地区人民生命财产权的漠视与直接剥夺。这种资本的原始积累，是带有显而易见的原罪的。因此，正是在这种掠夺式的资本原始积累之上，社会分工被快速推进，将越来越多的劳动者卷入到生产过程中，才普遍出现了一般意义上的剥削关系。

在《资本论》中译本中，无法获得马克思关于"剥削"的明确定义。但是，《资本论》的英文版中给出了马克思对剥削的看法：剥削程度可以通过资本对劳动力的使用程度予以衡量，但由于剥削程度是相对量的大小，资本对劳动力的使用程度的绝对量难以准确衡量实际的剥削②。机器通过或劳动力生产技能的提升，增加了剥削的程度③。在《马克思恩格斯全集》第23卷中，也发现了马克思对剥削的一种看法：剥削是对工人创造的剩余价值的无偿占有④。此外，这里给出《中国大百科全书》对此的定义，以作比较：剥削是指社会上一些人或集团，凭借他们对生产资料的占有或垄断，无偿地占有那些没有或缺少生产资料的人或集团的剩余劳动和剩余产品⑤。这里，可以看出两种定义均是从对剩余价值支配权的角度出发的。

马克思归纳了人类社会的三种剥削形态：奴隶制是古代世界所固有的第一个剥削形式；继之而来的是中世纪的农奴制和近代的雇佣劳动制⑥。现代资本家，也像奴隶主或剥削农奴劳动的封建主一样，是靠占有他人无偿劳动发财致富的，而所有这些剥削形式彼此不同的地方只在于占有这种无偿劳动的方式有所不同罢了⑦。占有他人无偿劳动是一切在阶级对立中运动的社会形态的共同点⑧。一般意义上出现的技术进步，使得这一实质被不断的掩盖及隐藏。

简言之，剥削即为得其非所与未得其所共存的状态。在此意义上，剥削

① 《资本论》（第一卷），人民出版社1975年版，第78页。

② Karl Marx. Edward Aveling（Translator）. Capital：A Critique of Political Economy（Volume I）. Progress Publishers, Moscow, USSR, 1956, p150.

③ Karl Marx. Edward Aveling（Translator）. Capital：A Critique of Political Economy（Volume I）. Progress Publishers, Moscow, USSR, 1956, p268.

④ 《马克思恩格斯全集》（第23卷），人民出版社1972年版，第243页。

⑤ 《中国大百科全书》（经济学Ⅱ），中国大百科全书出版社1988年版，第25页。

⑥ 《马克思恩格斯全集》（第21卷），人民出版社1965年版，第200页。

⑦ 《马克思恩格斯全集》（第19卷），人民出版社1963年版，第125页。

⑧ 《马克思恩格斯全集》（第3卷），人民出版社1972年版，第248页。

决定了收入分配的不公，特别是初次分配过程的失当。初次分配的决定机制存在问题，使得在分配的调节效果也会大打折扣。因此，本节认为，一个合理有效的初次分配制度，是收入分配秩序为社会认可和接受的重要制度安排。

原罪的出现和存续，主要是由于市场体制建设和存在过程中广泛存在的合谋寻租条件、机会主义行为、监管的"灰色"领域等客观条件和微观主体缺乏内在约束逐利动机过度膨胀导致。在上述原因中，合谋寻租是最常见的原罪资本特色。

事实上，按照马克思的定义，我国也存在资本积累过程中的原罪。这种原罪当然有别于赤裸裸的剥削和侵占，其主要特点是公有制前提下对劳动者回报的不完全，或者称为劳动力价值被人为低估。虽然资本主义企业中也存在这种现象，但是我国国有资本与这类资本的最大区别是：两类资本的所有者不同，前者是国有资本，为全民所有；后者是私人资本，归个体或者小型利益集团所有。马克思也指出，如果本节把工资和剩余价值，必要劳动和剩余劳动的独特的资本主义性质去掉，那么，剩下的就不再是这几种形式，而只是它们的为一切社会生产方式所共有的基础①。

国有资本在发展过程中对劳动力价值的低估，属于人民内部积累和消费之间的权衡失当。而资本家对劳动力的剥削，则是少数人对多数人利益的直接侵占。前者是一个历史过程，会伴随着国有资本的发展不断地进行调整和规范。而后者则是一个内生问题，存在于资本主义生产方式的各个发展阶段中。这里，不准备就国有资本和资本主义中的不变资本进行过多的对比，而主要就两种类型资本积累过程中对劳动力价值低估的形成原因进行分析。

按所有制形式划分，我国的资本主要分为国有资本和民营资本。通常而言，国有资本的使用者代理国有资本，对其受托的资本进行保值和增值，属于虚位企业家。而民营资本的所有权和使用权统一，属于是实权企业家。这两类资本的形成过程，都在一定程度上具有资本早期积累过程中的原罪现象。

国有企业资本积累的"原罪"主要体现在如下三个方面：首先，我国的国有资本是新中国成立以后开始产生和积累的。在相当长的一段时间内，我国实行了计划经济的管理模式，国有资本的运营也更多地带上了长官意志。这种主观的对资源配置，是与市场对资源的需求存在一定冲突。

其次，就国有资本的劳动者而言，基本上是城镇居民。换言之，全社会

---

① 《资本论》（第一卷），人民出版社 1975 年版，第 990 页。

的资本在实现保值和增值过程中，农村居民未能卷入到这样的生产过程里，并分享到这种进程中所存在的诸种福利。就此意义而言，国有资本对农村居民收入的提升具有一定程度上的客观的抑制作用。

最后，改革开放之前，我国国有资本的运营过程中，也存在较为严重的低工资制度，劳动力的价值被人为的低估。1978 年以来，这种低估的情况仍然在一定范围内继续存在，只是形式换成了职工基本福利制度的残缺。

而民营资本对劳动者报酬的侵蚀，更多的是以私利为目的。在转轨时期，民营资本的原罪体现得更为明显，如价格双轨制时期、对企业放权让利时期以及 2000 年以来的股份制改造时期等。最为典型的即为对员工工资的拖欠和相关福利的漠视。此外，五种收入颜色形态中的黑色收入与血色收入，也大多与这类民营资本的逐利过程紧密相连。

在明确了资本的原罪前提下，将有助于进一步分析国有企业和非国有企业中薪酬决定的理论的具体行程及演变过程。本节将首先对薪酬决定的理论现状进行简单的描述和评价，接下来对非国有制企业和国有制企业中的薪酬决定的理论进行分析。

二、分配的原则

经典的马克思主义经济学中，已经明确了按劳分配的主体地位，相关的学者对此有过较为详尽的论述，此处将不再重复。在这里，将根据马克思中的相关理论论述和我国的现实情况，就按要素分配的合理性、原则和范围等方面进行分析。

马克思认为，从要素的最终来源来说，除自然界自然提供的要素以外，所有的要素都来源劳动者的劳动创造①。事实上，马克思将所有要素价值的终极来源归结于劳动，是建立在一个重要的前提下，即自然界提供的要素之外。如果忽视这一前提，就会导致断章取义，得出错误的结论。就这种可能出现的错误，马克思也在《资本论》中有所论述：劳动不是一切财富的源泉，自然界同劳动一样也是使用价值的源泉，劳动本身不过是自然力的一种表现②。实际上，马克思指出了在生产要素分配既定的条件下，按劳分配和

---

① 《资本论》（第一卷），人民出版社 1975 年版，第 249 页。
② 《马克思恩格斯选集》（第三卷），人民出版社 1972 年版，第 5 页。

按要素分配的必然性。资本主义生产方式的基础是：生产的物质条件以资本和地产的形式掌握在非劳动者手中，而人民大众所有的只是生产的人身条件，即劳动力。既然生产的要素是这样分配的，那么自然就产生现在这样的消费资料的分配。如果生产的物质条件是劳动者自己的集体财产，那么同样要产生一种和现在不同的消费资料的分配①。

要素的分配是多种分配方式中的重要方面之一。要素的分配，既与要素的初始禀赋有关，也与要素的所有权划分密切相连。其中，除去统计口径因素的影响，劳动要素获得体面和相称的回报是增加劳动收入占国民收入比重的重要方面。在多元化的分配价值观下，要素权利的划分深刻而全面地影响着基于此的收入获得的稳定性或持续性。继续推动资源要素价格体制改革作为一项重要的配套措施，也日益凸显其重要性。

目前，我国学界对要素参与分配的理论依据，认为要素并非本身创造价值，而是作为一种必要条件，在价值形成和财富创造的过程中提供了必要的条件②。现阶段的各种非按劳分配原则，并不是孤立地起作用的，而是与按劳分配原则结合在一起起作用的，而且起着比较次要的作用，所有的这些消费品分配原则，在地位上都不能与按劳分配原则并列，按劳分配原则是社会主义所有制中主要的、基本的原则③。确立生产要素按贡献参与分配的原则，完全符合马克思劳动价值论④。

值得指出的是，在现实中，按要素分配经常会招致存在剥削的批评。事实上，这更多的是一种认识问题的角度和程度之争：如果按照生产要素的所有权进行收入的分配过程，那么这种过程中的非劳动收入都是具有剥削的成分的。但如果生产要素按照对生产的贡献参与分配过程，并获得相应的回报，那么这种非劳动收入就不存在剥削的性质。后一种观点的主要代表有蔡继明⑤和杨灿明。应该说，后一种观点是得到了官方认可的。中共党的十五大

---

① 《马克思恩格斯选集》（第三卷），人民出版社 1972 年版，第 306 页。
② 主要的文献包括何炼成：《也谈劳动价值论一元论——简评苏、谷之争及其他》，《中国社会科学》，1994 年第 4 期，第 23～31 页；逄锦聚：《论劳动价值论与生产要素按贡献参与分配》，《南开学报》（哲学社会科学版），2004 年第 5 期。
③ 于光远：《中国社会主义初级阶段的经济》，广东经济出版社 1998 年版。
④ 《专家解读十六大报告提出的收入分配问题》，人民日报，2003 年 2 月 18 日。
⑤ 蔡继明发展的广义价值论，放弃了统一利润率的假设，将马克思"劳动生产率与价值决定成正比"从个体生产者扩大到全社会，实现了该项论断在理论上的证明过程。其广义价值论的核心思想是，非劳动生产要素也参与价值的决定，应该从要素在生产和价值的创造过程中进行分析，并将其实际贡献程度作为获得回报的依据。

指出，在社会主义的初级阶段，要坚持按劳分配为主体、多种分配方式并存的制度，把按劳分配与按生产要素分配结合起来。按生产要素分配，实质上是按各种生产要素在价值创造中所做出的贡献进行分配①。

非劳动要素在财富生产过程中的自然、技术和具体作用，能够"约束"非劳动要素的人，在财富生产中获得了独立于劳动者的"主体"地位，使其行为获得了独立于劳动的"主体"地位，此即为非劳动要素在财富生产的社会过程中的作用②。

在政策层面，我国自十二届三中全会以来，就逐渐提出重视脑力劳动者工作、提高其劳动报酬的发展方针。十四届三中全会的《决定》中提出，允许属于个人的资本等生产要素参与收益分配，党的十五大报告中进一步指出，"允许和鼓励资本、技术等生产要素参与收益分配"③。十五届四中和五中全会上，深化了按要素分配的具体形式，包括年薪制、期权和股权的试点。在党的十六大报告中，强调"确立劳动、资本、技术和管理等生产要素按贡献参与分配的原则，完善按劳分配为主体、多种分配方式并存的分配制度"。这不仅将技术和管理正式作为分配制度之一，也明确了分配的基本原则：生产要素按贡献分配。

（一）技术要素

随着生产力的发展，科学技术工作和经营管理作为劳动的重要形式，在社会生产中起着越来越重要的作用。在社会主义市场经济模式下，所有制形式进一步多样化，生产要素在不同所有制之间的流动性增大，从而在生产过程中劳动者与生产资料所有权分离的可能性增大、在这种情况下，劳动力以外的其他要素参与分配是不可避免的④。

在我国，技术和管理作为参与分配的要素，逐渐获得越来越多的重视。

---

① 谷书堂、蔡继明：《论社会主义初级阶段的分配原则》，《理论纵横》（上篇），河北人民出版社1988年版。
② 白暴力：《价值价格通论》，经济科学出版社2006年版，第67页。
③ 具体为：依法保护合法收入，允许和鼓励一部分人通过诚实劳动和合法经营先富起来，允许和鼓励资本，技术等生产要素参与收益分配。取缔非法收入，对侵吞公有财产和用偷税逃税、权钱交易等非法手段牟取利益的，坚决依法惩处。整顿不合理收入，对凭借行业垄断和某些特殊条件获得个人额外收入的，必须纠正。调节过高收入，完善个人所得税制，开征遗产税等新税种。规范收入分配，使收入差距趋向合理，防止两极分化。转引自中共中央宣传部主办《党建》，1997年增刊第13页。
④ 左学金：《社会主义理论模式、劳动价值论与要素参与分配》，《毛泽东邓小平理论研究》，2002年第1期，第22~25页。

特别是改革开放以来，技术和管理要素参与收入分配也逐渐获得了社会的认可。在新的历史条件下，要深化对劳动和劳动价值论的认识①。

在某种程度上，技术和管理是将单个劳动者的自然力予以全面提升的过程。虽然此过程中存在着提升价值未能全面实现的困境，但这仅为发展的历史阶段性问题。1978 年以来的放权让利改革，也是遵循的强化国有资产管理，建立"产权清晰、权责明确、政企分开、管理科学"的现代企业制度的必然要求。

学者们主要从技术进步对产业结构和生产比例的影响②、劳动价值论背景下的技术进步③、经济增长中的技术进步④等方面进行了研究。

为了更好地将这种思想与马克思的经典论述相结合，有学者通过引入"超质劳动"⑤ 和"集成劳动"⑥ 两个概念，将技术和管理融入马克思所构建的生产过程分析中，并以此进一步对一般剩余价值和相对剩余价值进行了理论上的重新修订⑦。就实现收入的具体形式而言，部分学者也进行了探讨⑧。

但是，对上述两种要素参与分配的具体形式以及由此可能带来的收入分化过程，未能够采取相应的预案和监测措施，在具体的分配过程中出现了要素所有权的缺失，分配的数额上开始出现了一定程度上的随意性，由此导致了收入开始在居民间的非对称演化过程。换言之，居民的收入分配的结构随

---

① 《中共中央关于制定国民经济和社会发展第十个五年计划的建议》。

② 王晓东：《技术进步对产业结构和在生产比例的影响》，《中国社会科学》，1985 年第 1 期。

③ 赵京兴：《加入进步因素后的劳动价值论》，载《劳动价值论新论》，社会科学文献出版社 2003 年版，第 316 页。

④ 王清扬、李勇：《技术进步和要素增长对经济增长的作用》，《中国社会科学》，1992 年第 1 期；朱勇、吴易风：《技术进步和经济的内生增长》，《中国社会科学》，1999 年第 1 期。

⑤ 杨曾宪认为，超质劳动就是指劳动者操作工具或机器，以简单劳动完成复杂劳动任务的劳动、以低质劳动创造高质劳动成果的劳动。

⑥ 这些学者认为，集成劳动是指在资本家（或企业家、其他组织者）统一组织指挥下，工厂指挥、管理、技术、操作系统各岗位雇员（成员）为完成生产总目标的分工合力劳动，也是技术、管理、决策者的创造力与操作工人劳动力整合发挥效能的劳动。在这里，他实际是将马克思所认为的非生产性劳动纳入劳动范畴，并一般的认定这些因素同劳动结合之后，也能实现其自身的价值。其中，技术和管理是其强调的重点方面。但是，他的这种归类并非是出于对于马克思经典文献的溯源得到的，而是为了显示的解释需要进行的理路增添。这种增添的合理性事实上仍有待商榷。

⑦ 杨曾宪：《马克思的剥削与剩余价值理论解构——"价值学视域中的劳动价值论与剥削"系列研究之五》，《社会科学论坛》，2010 年第 15 期。

⑧ 参见陈俊、侯远志、陈积贵：《技术入股模式初探》，《科研管理》，2001 年第 4 期；张建文：《知识、技术入股与逆向选择》，《当代财经》，2002 年第 6 期；周振华：《技术要素按贡献分配的理论分析》，《学术月刊》，2003 年第 5 期。

着形式的多样化而不断恶化。

马克思曾指出，技术水平的上升，逐渐改变了原始的直接劳动的重要地位，技术要素开始并逐渐获得了劳动过程中的重要要素。直接劳动在量的方面降到微不足道的比例……同一般科学劳动相比，同自然科学在工艺上的应用相比……却变成一种从属的要素①。这个过程，也伴随着资本对劳动者的拒斥过程。值得注意的是，马克思在一定程度上将技术的进步作为一种生产的要素。随着大工业的发展，现实财富的创造较少地取决于劳动时间和已耗费的劳动量，较多地取决于在劳动时间内所运用的动因的力量，而这种动因自身——它们的巨大效率——又和生产它们所花费的直接劳动时间不成比例，相反地却取决于一般的科学水平和技术进步，或者说取决于科学在生产上的应用②。

虽然马克思认为技术进步对劳动者造成异化以及强化了劳动者对资本的依附作用，一旦直接形式的劳动不再是财富的巨大源泉……劳动者（非技术劳动者）不再是生产过程的主要当事者，而是站在生产过程的旁边③。技术作为重要的生产要素之一，已经在马克思那里得到了一定程度的认可。但是，马克思的劳动价值论主要是就物质生产领域内实际的、具体的商品生产进行的规律性探索和总结，并未就技术在价值创造或者转移方面进行深入的论述。在《资本论》中，技术反而被当作是推动资本集中、使得资本主义国家化的重要条件：随着这种集中或少数资本家对多数资本家的剥夺，规模不断扩大的劳动过程的协作形式日益发展，科学日益被自觉地应用于技术方面，土地日益被有计划地利用，劳动资料日益转化为只能共同使用的劳动资料，一切生产资料因作为结合的社会劳动的生产资料使用而日益节省，各国人民日益被卷入世界市场网，从而资本主义制度日益具有国际的性质④。

目前，存在一种通过"科学价值库"⑤ 的概念以及由此衍生的分析范式来统一科技在劳动价值论中的难题⑥。其主要分析方法是将科技外生于劳动生产过程，科技作为催化剂加速了生产过程中价值的转移。该分析框架的提出，确实为科技加速价值转移的过程中进行了理论说明。但是，未能够进一

---

① 《马克思恩格斯全集》（第46卷，下），人民出版社1972年版，第212页。
② 《马克思恩格斯全集》（第46卷，下），人民出版社1972年版，第217页。
③ 《马克思恩格斯全集》（第46卷，下），人民出版社1972年版，第218页。
④ 《资本论》（第一卷），人民出版社1975年版，第831页。
⑤ 科学价值库的核心思想是将脑力劳动者的陈国看成是特定领域内的劳动成果的集体结晶，而非是单个人的成果。
⑥ 刘冠军：《现代科技劳动价值论研究》，中国社会科学出版社2009年版。

步就科技在资本有机构成过程中所可能起到的推动或者抑制作用进行分析，而且对科技进步导致的劳动者的异化和对资本的依附的强化机制，也缺乏相应的探讨。在此意义上，其理论的"硬核"部分，并非具有完备的逻辑基础。这样概念的提出，无非是在劳动价值论中进行概念的人为划分，为科学的价值划出一席之地。此外，对科技水平的提升、资本有机构成的变动以及劳动者报酬三者之间的内在联系与动态关系，也未作深入的考察。当然，如果按照此种思路继续进行相关的研究，也是一种值得鼓励的尝试。

科技劳动往往含有知识财产因素，科技劳动在经济发展中具有独特的创新力[①]。事实上，技术进步正是推动宏观和微观层面分工理论演进的重要驱动力之一。资本快速积累和技术的全面推动，是现代社会经济发展的重要特征。1993 ~ 1996 年，科技进步对经济增长的贡献率在我国已达到 34% ~ 42%。近年来又有较大增长，虽然还没有超过 50%，但科技进步对经济增长的主导性和决定性因素正在日趋增长和迅速发展[②]。

科学技术对劳动生产率的提升具有显著意义。就美国、日本、英国、德国、意大利、法国和加拿大技术研发支出的投入而言，2007 年 7 国研究与开发支出占 GDP 比例均值为 2.44%，其中日本比重高达 3.45%，而中国仅为 1.49%。总体而言，日本在过去 40 年间劳动生产率提升速度最快（见图 1 - 1）。除了 1993 ~ 1998 年短暂的劳动率水平上升外，意大利劳动力总体水平在此阶段内增速最慢。2000 年以后，还出现了轻微负增长。1996 年，7 国劳动生产率平均水平为 91.6。2009 年，英国劳动生产率在 7 国中最高。

囿于数据的局限性，无法获得所研究 OECD 以外国家的劳动生产率水平，这里用每劳动者创造的 GDP 来近似测度各国劳动生产的水平。图 1 - 2 描绘了 1990 ~ 2008 年每就业者所创造的 GDP。可以看出，挪威和中国香港的整体水平要略高于新加坡和冰岛。截至 2008 年，中国的该项数据仅为 10378 美元，仅接近于上述 4 国（或地区）均值的 1/4。

在此背景下，劳动生产率差异直接导致了收入水平增长的局限性。因此，鼓励技术要素参与分配并积极规范分配的基本原则，能够在完善分配制度的同时，改善劳动者的实际劳动报酬。

[①] 中国社会科学院经济研究所课题组：《关于深入研究社会主义劳动和劳动价值论的几个问题》，《经济研究》，2001 年第 12 期，第 33 ~ 41 页。

[②] 卢希悦：《科学技术是创新价值的巨大源泉——企业盈亏兴衰的深层奥秘探析》，经济科学出版社 2002 年版，第 29 页。

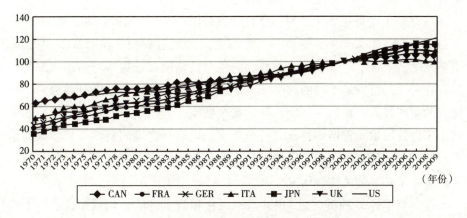

图 1 – 1　1970 ~ 2009 年 7 国劳动生产率

注：CAN、FRC、GER、JPN、ITA、UK 和 US 分别代表加拿大、法国、德国、意大利、日本、英国和美国劳动生产率。其中 2000 = 100。

资料来源：OECD。

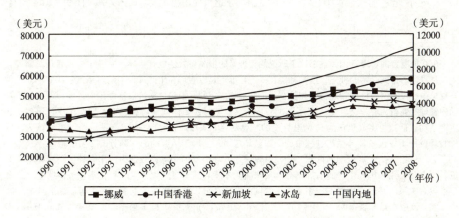

图 1 – 2　1990 ~ 2008 年每就业者 GDP

注：上述数值是按照 1990 年不变价计算，单位为美元。其中中国内地对应右轴。

资料来源：World Bank。

（二）管理要素

管理要素是指企业从事生产经营活动应具备和运用的资源。西方学者一般把构成企业科学管理的基本要素归纳为七个方面，各要素中又包含若干管理项目。这七个要素是：人员、资金、方法、机器设备、物料、市场、工作精神①。

---

① 徐伟立：《经济管理学辞典》，中国社会科学出版社 1989 年版。

马克思在《哥达纲领批判》中将管理费用①作为分配之前的必要扣除②进行排除了。在此意义上，资本是不参与收入分配过程的。他对资本的批判，更多地侧重于资本对剩余产品索取权的绝对控制上，导致了对劳动报酬的侵蚀。在现代，特别是泰勒的科学管理革命以来，管理要素已经日益成为一种重要的生产要素。亚当·斯密、罗伯特·欧文、查尔斯·巴贝奇、肯尼斯·博尔丁以及加尔布雷斯均对此进行过阐述。虽然马克思同科学管理学派的学者对管理人士的立场存在一定的差异，但是均对管理在实际生产过程中的必要性予以了必要的关注和研究。

在《资本论》的英文版③中，马克思在相当复杂的一句话中，实际上指出了管理者工资是资本创造利润中的一部分，应该在劳动者的工资扣除之后进行分配。而且随着劳动分工（包括社会分工和细微分工）的不断细化，对劳动的管理这项职业获得薪金具有必要性与合理性④。不过，马克思在英文版《资本论》中，指出应该辩证地看待这个问题。如果劳动者在劳动时间中

---

① 他所言的管理费用和本书这里所说的管理者的报酬有共性也有差异。共性主要是管理是需要在生产过程以后得到必要的补偿，这种补偿在一定程度上是以管理在生产过程中的贡献程度决定的。虽然马克思虽然没有明说该项管理费用扣除在量上是如何决定的，但是应该可以推断出应该是以补偿生产活动中管理的耗费为限。这就是"费用"的一般含义。差异主要体现在马克思将管理费用视为典型的非生产活动，而这里将其理解为马克思所说的"活劳动"中的一部分。按照这种思路，本书认为，这种管理费用不仅仅是弥补非生产过程中的损失，还应该包括属于活劳动的一部分的必要的报酬。

② 马克思在《哥达纲领批判》中总共阐述了6项必要的扣除，分别为：用来补偿消费掉的生产资料的部分、用来扩大生产的追加部分、用来应付不幸事故，自然灾害等的后备基金或保险基金、和生产没有关系的一般管理费用、用来满足共同需要的部分以及为丧失劳动能力的人等设立的基金。

③ 该版本是苏联1956年出版的，之后Edward Aveling对此进行了翻译。2010年，Mark Harris对三卷本再次进行了校对和修改。

④ 原文摘录如下：The conception of profit of enterprise as the wages of supervising labour, arising from the antithesis of profit of enterprise to interest, is further strengthened by the fact that a portion of profit may, indeed, be separated, and is separated in reality, as wages, or rather the reverse, that a portion of wages appears under capitalist production as integral part of profit. This portion, as Adam Smith correctly deduced, presents itself in pure form, independently and wholly separated from profit (as the sum of interest and profit of enterprise), on the one hand, and on the other, from that portion of profit which remains, after interest is deducted, as profit of enterprise in the salary of management of those branches of business whose size, etc., permits of a sufficient division of labour to justify a special salary for a manager. 在后文中，马克思也指出，商业和工业企业中管理者的工资应该从利润总得到必要的扣除。The wages of management both for the commercial and industrial manager are completely isolated from the profits of enterprise in the co-operative factories of labourers, as well as in capitalist stock companies. 详见 Karl Marx. Edward Aveling (Translator). Capital：The Process of Circulation of Capital (Volume Ⅲ), Progress Publishers, Moscow, USSR, 1956, P. 249, 252.

稍微休息一会儿，监工就会认为他是在偷取（剩余价值）①。在此意义上，马克思认为管理是资本的特殊职能。尽管马克思认为管理是非生产性的活动，但是他也认识到了管理在劳动生产过程中的必要性②。联系他在《资本论》中关于将管理作为"资本的特殊职能取得了特殊的性质"③ 并对其"它同时也是剥削社会劳动过程的职能"④ 进行批判的态度，本书认为可以这样理解：如果根据《哥达纲领批判》已经将管理费用⑤从生产总分配额中予以扣除的话，或者按照马克思在英文版《资本论》中将管理费用视为管理人员劳动的应得部分，那么马克思在这里对该部分的管理或者说是资本特殊职能对剩余产品的支配权和对劳动报酬的侵蚀持批判态度，也就不难理解了。虽然马克思将管理的费用扣除标准限定为"一般管理费用"，也即扣除的限额上与现今认识的管理要素获得收入的份额上存在一定的差别。但是，如果按照马克思所论述的情况，今天面对的真正问题就是：在管理要素获得了合理报酬之后，资本仍旧对剩余产品具有支配权并损害劳动者获得合理报酬的权利，那么这样一种过程同样值得批判。

由于经济发展的特定阶段中，对某项具体的标准会存在较强的情境性，并非存在某种静止的、一以贯之的标准。按照马克思的辩证的和唯物的观点，应该以一种动态的眼光来看待这种标准之争。如果在本节的分析过程中，更加注重马克思在特定社会经济条件下对管理费用扣除的内在逻辑而非对管理费用扣除标准之争的话，事实上更容易接近问题的本质。

---

① N. Linguet, Théorie des Lois Civiles. &c. London, 1767, t. ll. , P. 466.

② Karl Marx. Edward Aveling (Translator). Capital：The Process of Circulation of Capital (Volume Ⅱ) [M]. Progress Publishers, Moscow, USSR, 1956, p148. 以及 Karl Marx. Edward Aveling (Translator). Capital：The Process of Circulation of Capital (Volume Ⅲ) [M]. Progress Publishers, Moscow, USSR, 1956, p249.

③ 《资本论》（第一卷），人民出版社 1975 年版，第 367 页。

④ 《资本论》（第一卷），人民出版社 1975 年版，第 368 页。

⑤ 在两本著述中，马克思虽然认为管理应该得到必要的扣除，但是其具体形式还是发生了较大的变化。前者将管理作为与生产无关的活动进行对待，这种扣除更多的是一种成本观的体现。而在英文版的《资本论》中，管理是劳动实现价值创造的必要组成部分。管理者，包括马克思认为的工厂中的监工，是应该在最终利润形成之前，与一般的劳动者得到工资一样，也应该得到属于他们的劳动报酬。这是一种典型的价值观体现。为了区别和一般劳动者获得报酬的差异性，马克思将这种形式的收入取名为薪金（salary）。即便如此，马克思并非是认为薪金的获得是理所当然的。他同时也指出，薪金的获得过程，实际上是以剥削劳动者的剩余价值为代价的。但是管理作为一种重要的、帮助劳动力实现价值创造过程的重要组成部分，实际上也是劳动的一种形式，只不过这种形式为马克思理论所批判。

管理劳动是高级的智力劳动，它体现了人类劳动独具的组织力①。就管理要素参与收入的分配过程而言，主要是是指管理贯穿于货币资本循环公式 $G—W…P…W'—G'$ 的各阶段中。马克思对货币所有者通过管理的方式掩盖其剥削的实质进行了尖锐的批判。但在事实上，管理要素应该成为马克思所断言的"活劳动"的一个重要组成部分，特别是在资本有机过程不断得以提升的背景下。科学技术同样是人类社会分工的产物，同样是由于耗费了人类劳动而获得价值的产品②。这里所说的管理要素，既包括劳动者对自身劳动过程中价值创造和实现劳动力再生产过程中必要的维系之间的权衡，也包括作为资本的代理者通过必要的安排和权变减少生产组织运营风险，实现产品价值机会努力。就管理的存在形态而言，主要包括物质的形态和价值形态③两种。物质形态的管理主要涉及产品的形成过程、贮藏过程和运输过程等方面。而价值形态的管理主要包括产品使用价值的转换过程。

也即，马克思断言的管理是资本属性的，是资本对劳动的单向管理。劳动作为重要的生产要素，虽然需要出卖自身的劳动力实现劳动价值，但对劳动力的出卖过程，本身也是一种管理，只不过这种管理是一种相对被动的管理。即便是资本作为独立的、不依附于资本家的要素参与生产的过程，劳动和资本的结合过程也需要必要的调节和管控。这里的关键问题并非是资本的所有者在参与劳动的过程中必然对劳动者剩余价值的剥削，而是带有原罪的资本积累过程和再生产过程使得劳动力陷入被资本挟持的困境中。在这种情境中，资本通过对劳动力的使用权，获得了剩余价值的支配权。

马克思在相关的著述中将资本价值与分工链的顶层，认为他们由于占有资本而对剩余价值享有支配权，从而导致了一般意义上的剥削。事实上，马克思对此分析的地域环境是西欧的资本主义社会，是否泛指一般的资本主义制度，需要进行进一步的探究。但是，对我国这样一种社会主义的国情，直

---

① 中国社会科学院经济研究所课题组：《关于深入研究社会主义劳动和劳动价值论的几个问题》，《经济研究》，2001 年第 12 期，第 33 ~ 41 页。

② 陈筠泉：《劳动价值和知识价值》，《哲学研究》，2001 年第 11 期。

③ 杰克·普拉诺（1986）将价值形态定义为：值得希求的或美好的事物的概念，或是值得希求的或美好的事物本身。因此，价值形态反映的是每个人所需求的东西：目标、爱好、希求的或美好的事物本身，反映的是每个人所需求的东西：目标、爱好、希求的最终地位，或者反应的是人们心中关于美好的和正确事物的观念，以及人们"应该"做什么而不是"想要"做什么的观念。价值形态是内在的、主观的概念，它所提出的是道德的、伦理的、美学的和个人喜好的标准。详见杰克·普拉诺等：《政治学分析辞典》，中国社会科学出版社 1986 年版。

接取用此种论断显得较为唐突。由于我国是公有制国家，国有资本的管理者是虚位企业家，也是社会主义制度下的劳动者。只是由于分工需要，他们属于脑力劳动者。在此意义上，我国资本的代理者在生产和价值的实现过程中对合理回报率的要求，也即对管理的报酬的要求，是一种脑力劳动者对正常回报率的合理诉求。虚位企业家仅拥有代理权而无所有权。这种虚位代理过程中的合理的回报，既是对其劳动的社会认可，又是对其提供价值实现过程和提升过程的一种激励。在此意义上，管理要素在我国的实践中获得其必要的回报，是合法与合理的。按此逻辑，关键问题在于这种合理报酬的获取程度以及对这种形成的收入的二次调节是否有效。这种对量的定位，是建立在对质的理解之上的。也即，质的理解是关于量的辨识的前提。

在我国，党的十六大正式确立了管理要素参与收入分配的地位。管理参与收入分配的主要途径是基于 EVA① 的企业年薪制、股票和期权等。但在具体执行过程中，导致劳资冲突最大的地方在于工人的工资与绩效挂钩，但是管理者的工资却不论绩效好坏，都是普通员工的数十或者数百倍② （见表 1－1）。

表 1－1　　　　　　　　　部分企业高管收入及企业利润情况

公司名称	职位	2008 年个人收入（万元）	公司利润增长率（%）
中海油	董事长	1204.7	42
中集集团	总裁、董事	64.64	－55.55
招商轮船	董事、总经理	145.00	45.34
中国铝业	董事长、CEO	108.10	－99.91
华能国际	总经理、董事	87.94	－160
宝钢股份	董事、总经理	98.08	－55.1
中国船舶	职工监事	96.60	48.63
中兴通讯	董事长	94.9	33
五矿发展	副总经理	93.6	－37.97
中海集团	总经理、执行董事	88.90	－96.03
中国石化	总裁、董事	84.4	－47.3
中国石油	副董事长、总裁	51.5	－22
华电国际	董事、总经理	71.55	－287.85

资料来源：杨河清：《中国劳动经济蓝皮书》（2009），中国劳动社会保障出版社 2010 年版，第 205 页。

---

① EVA 是指经济增加值，具体计算公式为：经济增加值＝税后利润－占用资本×资本成本系数。

② 平萍：《制度转型中的国有企业：产权形式的变化与车间政治的转变——关于国有企业研究的社会学述评》，《社会学研究》，1999 年第 3 期，第 70～81 页。

作为公有制国有资本，虽然在一定程度上也带有资本积累初期的种种问题，但这更多的是市场体制建设过程中对既有事项的改革过程。这个过程中必然涉及部分主体间利益关系的调整或者重新界定。即便如此，国有资本在实现企业价值的过程中，是以公有制这一前提为基础的。其间出现的分配问题，与马克思所断言的资本原罪导致的剥削有一定的关联，但更多地具有我国的现实特色。这种分配过程中可能出现的失当，是为了在发展过程中适当的换取效率进行的取舍过程。当然，也包括制度建设缺失引致的机会主义行为所导致的。此外，公有制企业中管理要素形成的收入，是虚位企业家或代理者对国民财富的价值管理形式，是社会分工中体力劳动者和脑力劳动者分工的具体体现。管理凭借其贡献程度获得收入的分配权，存在我国特定现实依据。

即便如此，管理要素获得报酬绝对额的水平与公司的经营业绩联系似乎并没有明显的因果联系。在大型的国有企业中，这种情形更为明显。这种部分国有企业的高管收入流形成与公司业绩关联不大的情形，使得高管对企业的长期发展价值没有给予过多的关注，容易出现短期的机会主义行为，影响企业可持续发展。

（三）资本要素

劳动和非劳动要素共同创造财富过程具有"不可分性"，就是说，财富不可能分割为各个要素独立创造的部分，也即要素创造财富的不可分性（白暴力，2006）。马克思在《资本论》中对利息获得必然性的逻辑分析事实上在一定程度上解释了资本获得剩余索取权的理由：资本的所有权归属以及资本稀缺性。在我国，劳动共同参与分配的逻辑更多地体现为资本和劳动共同对剩余索取权的诉求。劳动分享净剩余的根源是劳动知识化，而资本分享净剩余则源于资本稀缺性的继续存在（史正富，2002）。

产业资本获得部分净剩余与借贷资本获得利息是同一性质的问题，只要利息存在，产业资本对剩余的分享就不会消失（史正富，2002）。如若对资本积累的原罪问题不进行深入的分析，也即假设资本的原始积累过程具有其合理正当的途径，那么资本因其所有权获其收入的这一逻辑具有一定的必然性。在这里，资本参与收入的分配过程，并非是认为资本对收入分配过程的主导地位的认可，也并非同意资本占有全部的收入剩余这一价值判断。其作为社会产出的一种必要投入，也应该根据其贡献程度的大小获得其必要的回报。只不过，这样一种原则在资本主义工厂制度迅速发展的过程中，通过带有原罪的资本对劳动日益增强的控制力而不断强化，最终导致了资本和劳动在分配问题上的对立。

在各种非劳动收入的形式中，资本收益是其主要代表。通过股份化的形式以及证券市场的放大效应，资本追求利润相对独立的地位在形式上和实质上均得到了不断的巩固和提升。在股份公司中，通过产权制度的作用，劳动对资本的被动依附力也在得到实质性的强化。通过构建包含劳动力收入和资本所得的要素收入，的确是在经济的快速过程中导致了一种两极分化。其中劳动贡献的分配标准在产业间的差异是造成这种分化的主要原因，要素贡献的其他差异对整体收入的扭曲程度为 2% ~ 15%（徐现祥等，2008）。

资本的逐利性是其内在属性。随着市场环境的不断完善和资本存量水平的持续提升，日益增加的企业以及个人希冀通过资本而非劳动的方式实现收入的快速累积过程。事实上，在此过程中所实现的资本倍增结果，也成为后期逐利的资本。一般而言，企业管理者的年薪中，工资性收入约占年薪总额的 30%，管理要素性收入则约占 70%[①]。

目前，资本逐利的原因也还在于消费市场特别是金融消费品的衍生速度难以满足资本拥有者对利润的诉求。在出现投资需求和投资现实之间的差距时，种种合法的以及民间自发创造性的资金流动方式开始逐渐或显性或隐性的出现。在 2010 年 5 月 7 日国务院颁布的《关于鼓励和引导民间投资健康发展的若干意见》的政策框架下，诸多地方已经开始了对民间资金的规范化引导过程。如 2010 年 7 月 2 日温州市政府常务会议原则通过的《关于设立温州人股权投资基金的实施方案》中，将私人股权投资基金的成立纳入正式的实质性推动阶段。此方案出台的背景是温州游资接近 6000 亿元人民币，且以每年近 14% 的速度增长。这次温州民间资本投资服务中心引入 50 余家国内外 PE/VC（私募股权/风险投资）、律师事务所、会计师事务所、专利事务所、评估咨询机构，并充分利用政府资源优势及服务中心建设的优质创业投资项目库，为投资机构及个人寻找、筛选、评估和推介具有高速成长前景的项目，并逐步引导温州民间资本投资创新经济项目，有序进入风险投资领域[②]。

此外，主要方式还包括股改前后的资本吸金能力、原始股红利、企业改

---

① 刘方玉：《分化与协调：国有企业各职工群体及其利益关系》，社会科学文献出版社 2005 年版，第 54 页。

② 汪海宝、叶瑜：《6000 亿温州民间资金寻求出路》，《中国经济时报》，2010 年 7 月 28 日。

制上市过程中的借壳圈钱以及对地产和楼市觊觎等。在此类力量的不断推动下，原本容量较为有限的虚拟市场和房产市场容量急剧扩张，我国股票市场总价值 2009 年已逾 35737.08 亿美元，占 GDP 的比重为 88.27%。此外，大规模的职工股清退过程中的低价赎买成为未来的暴利之源，中国的原始股、风险投资等市场也已成为暴利的来源之一①。此外，由于直至 2007 年才正式明确私人财产的概念，之前则存在较多的模糊化区域，使得较多涉及私有财产的事例中，要么出现财产主张的过分膨胀，要么出现财产主张的明显萎缩。这种现象在转轨以及改制事件频发的时期愈显突出。

随着收入来源形式的多样化，收入的获得方式和存在形态已经发生了重大变化。这些变化，在带来收入向上流动性的同时，也将收入的获得方式同特定的利益主体进行了绑定，使得经济发展的收益更多地为部分群体所享受，而广大的劳工阶层却难以通过资本形态的收入存在方式实现自身收入能力的强化和跃升，从而改善自身收入和生存状况。

资本收益形态的收入，作为收入过程中的重要组成部分之一，应该在规范有效的前提下受到正确的引导。而我国目前的资本收益，更多的是在企业改制或者市场扩张的过程中，凭借诸要素对资本较强的依附力，进行着财富的敛取，加大着社会财富的分化，恶化了社会对财富获得的焦虑心态以及由此伴生的仇富心理。

第二节　西方经济学的分析视角②

近年来，西方经济学关于劳动力市场上薪酬决定的理论的研究，一般是以商品市场上进行的为研究背景：探讨劳动者和企业如何分别最大化各自的效用函数。Hosios（1990）在劳动力市场上存在外部性的假设下，提出劳动力市场难以避免地会产生过度就业或者就业不足的现象，从而导致实际工资与其能力错配。但是，他并未区分劳动者的异质性，而是将市场上的劳动者视为具有平均劳动技能和平均偏好的代表性劳动者。事实上，如果将劳动力市场细分，假设存在内生外部性的同时有多个厂商存在，那么由于厂商之间

---

① 叶檀：《让余秋雨们远离原始股红利》，《每日经济新闻》，2010 年 7 月 2 日。

② 此部分主要参考了赵颖：《劳资关系与劳动者工资》，见《规范收入分配秩序研究》，经济科学出版社 2014 年版。

就工资水平的竞争，就会产生不对称的外部性，劳动者受雇用的实际工资能够逼近其在企业中创造的真实价值。这一点与金融危机之后长三角和珠三角的劳动力市场局面基本一致。Elliott（2011）就是遵循这一思路进行的分析。这种情形，显著地改善了劳动者事前进入企业的讨价还价能力（bargaining power），在一定程度上能够就关系切身利益的事项同企业进行协商，消弭劳资之间潜在矛盾累积扩大的可能性。

劳资关系的核心即为劳动者工资的决定问题。随着市场制度建设的趋于完善，劳资双方就企业实现的全部价值的收入分配方案以及具有实施形式的讨价还价问题开始得到了全面的关注和探讨（Pissarides，2000；Mortensen，2003）。沿袭莫兹（Merz，1995）的传统，劳动力市场上的匹配过程中所可能具有的摩擦问题再次得到了相关学者的重视和研究（Shimer，2005；Pissarides，2011；Mortensen，2011），失业的问题也有了更多的见解（Diamond，2011；Card，2011）。

虽然效用函数的形态不断发生改进、多期的效用优化纳入考虑范围以及异质性条件下劳动者和企业双方的策略行动等方面不断予以完善，但是始终难以有效刻画市场深化过程中具有异质性的劳动力者的工资的变化方向和程度。事实上，随着市场的深化，异质性劳动者的选择集合更多，在此情况下也将也面临更多的次优选择。此外，为了争取更有价值的劳动者，厂商也开始加入到竞争的行列中。换言之，劳动者工资的决定过程中也出现了厂商间的竞争（Mortensen，2009）。在这种情况下，薪酬决定的理论开始显现出更多的阶段性特征。

劳资双方就劳动者工资水平的协商，具有典型的劳动力市场结构效应：低技能的劳动力市场中，这种协商是偶然和局部的。更多的情形是，低技能劳动者是市场工资的接受者。而在高技能的劳动力市场中，这种协商通常是必然和广泛的。霍尔等（Hall and Krueger，2010）提出相关的证据支持了这一判断。

劳动者与企业之间就工资水平的谈判，应该是多种均衡之间的选择或者转换[①]。换言之，理想状态是，通过谈判实现更高均衡水平。如果处于唯一的均衡，那么由于信息的缺失导致改善目前状态的谈判策略将是无效率的。

[①] 选择强调的是从一种较差的状态向均衡点中的任何一种情形的转轨。转换则侧重于从目前的一种均衡向另一种更高水平均衡的并轨。

如果由于主体的异质性、信息不对称以及集体行动困难等问题导致现实中不存在真正意义上的均衡，那么工资水平的选择将是一种次优均衡的选择。事实上，多重均衡的存在，不仅是工资谈判的前提，也是此过程中可置信的威胁：即是否朝一种帕累托有效的方向进行调整。

然而，在我国的劳动力市场上，存在诸如自由进入这样的约束条件，导致此有均衡的选择成为一种广泛的现象。这种限制通常施加于劳动者一方，具体体现为部分行业或者企业的进入门槛较高。由于这种非对称的劳动力流动障碍，事实上也减少了决策集合中的数量。这种现实约束还同时减少了劳动者受雇前的讨价还价能力，导致出现无效率的匹配。这在一定程度上类似 Hosios（1990）的研究背景。

由于经典的文献研究背景和研究角度与我国的现实还是存在一定的差距，比如我国市场经济成熟过程中劳动者异质性的存在，导致了具有明显阶段性特征的薪酬决定的理论。这一点较少在相关的文献中论及和分析。因此，在前人的研究基础之上，本节将从市场深化和劳动者异质性两个维度，对劳资双方关注的焦点问题，即双方的收入最终将按照何种方式进行分配以最大化的各自的效用，进行过程和方式的探讨，并就其产生机制进行一定的分析。前者更加注重市场发展的阶段性特征，属于时间的范畴。而后者将主要集中于更加微观层面的劳动力市场细分过程，属于主体的范畴。

一、跨期的模型

在此部分，考虑一个包含有人力资本、劳资双方讨价还价能力的跨期模型。在最终的收入决定过程中，资方的讨价还价能力对劳动者跨期替代效用将产生正面的影响。

（一）厂商

Romer（1990）定义了劳动力中具有人力资本的劳动用于最终产品的生产。但是，其将人力资本作为厂商生产过程的唯一投入，显然有悖于现实。因此，在其基础之上仍将资本引入。在此条件下，厂商的生产函数具有如下形式：

$$Y(t) = AK^{\alpha}L^{\beta}H_Y^{\gamma}, \alpha + \beta + \gamma = 1 \tag{1.1}$$

其中，L 为社会上的全部劳动力；K 是社会上可以用来投入到生产中的总资本；H_Y 代表用于最终产品生产的人力资本。

存在税收的经济环境中，企业的利润、劳动者和资本方的回报由如下等式决定：

$$\sum_{t=0}^{\infty} \pi_t = \sum_{t=0}^{\infty} \left[(1 - \tau_y) A K_t^{\alpha} L_t^{\beta} H_{Y\,t}^{\gamma} - (1 + \tau_k) r K_t - (1 - \tau_n) w L_t \right] \quad (1.2)$$

$$w = (1 - \alpha) \frac{1 - \tau_y}{1 - \tau_n} \frac{Y}{L} \quad (1.3)$$

$$r = \alpha \frac{1 - \tau_y}{1 + \tau_k} \frac{Y}{K} \quad (1.4)$$

一般而言，对劳动者工资征税，虽然在一定程度上可以调节劳动者内部之间的工资差距，但是对企业高收入者与劳动者之间收入的调节，则较为有限。这主要是因为高管收入的形式是资本性质的，属于资本课税的范畴。但是，资本对税收的转嫁能力和避税能力相对于劳动收入而言更强，因此高收入劳动者受劳动所得和资本所得课税的影响程度均较小。这和郭庆旺等（2011）的观点是一致的。在此意义上，税收事实上降低了劳动者的收入，特别是社会上高技能劳动者和低技能劳动者之间的收入差距。

（二）政府

政府对劳动力市场的影响主要是通过税收实现的。用郭庆旺等（2011）将社会上的税收主要归为四类，即对收入、消费、劳动多的和资本所得的课税。因此，政府的收入为：

$$\sum_{t=0}^{\infty} T_t = \sum_{t=0}^{\infty} (\tau_y Y_t + \tau_w w H_{Y_t} + \tau_k r K_t + \tau_c C_t) \quad (1.5)$$

其中，$\{\tau_{ct}, \tau_{it}, \tau_{kt}, \tau_{nt}\}_{t=0}^{\infty}$ 分别代表对消费、投资、资本和劳动的税收。由于对资本的征税通常会使得资本的价格上升，对劳动的征税效应相反，这和税收的转嫁效应事项符合的。因此，在此倾向于接受资本是一种价外税，劳动的税收是一种价内税。Hsieh 和 Klenow（2009）采用了与此类似的方法分析了税收存在的条件下美中印三国的全要素生产率（TFP）的扭曲程度。

（三）家庭

由于现实中劳资双方存在差异的讨价还价能力，因此最终的收入并非会按照最优的原则进行分配。本节引入各自的讨价还价系数 ϕ_1 和 ϕ_2。根据 Hall（1971）的思路，在税收约束条件下，居民约束条件为：

$$\sum_{t=0}^{\infty} q_t \left[(1 + \tau_{ct}) c_t \right] \leqslant \sum_{t=0}^{\infty} (1 - \tau_{nt}) \phi_1 w_t n_t - \sum_{t=0}^{\infty} q_t \tau_{ht} + \sum_{t=0}^{\infty} \{ r_t \phi_2 (1 - \tau_{kt})$$
$$+ \phi_3 [q_t (1 - \tau_{it}) (1 - \delta) - q_{t-1} (1 - \tau_{i,t-1})] \} k_t$$
$$+ [r_0 (1 - \tau_{k0}) + q_t (1 - \tau_{i0}) (1 - \delta)] k_0 \qquad (1.6)$$

其中，q，r 是要素税前价格和无风险资产利率；δ 为资本折旧系数；ϕ_1 和 ϕ_2 则是由于再分配过程中劳资双方讨价还价能力系数，这种系数的存在导致了最终分配并非是按照企业零利润最优水平决定。换言之，这里的系数也在一定程度上刻画了企业收入分配中的结构性效应。由于资本的分配份额在讨价还价中发生了改变，居民的投资额也会发生相应的变化，这种变化用 ϕ_3 体现。

由于在现实的过程中存在人力资本积累对生产率的提升作用，同时也存在技术进步对人力资本的侵蚀作用。在此，按照 Reis 和 Sequeira（2007）的方法，将上述两种作用设定为人力资本的变化中：

$$\dot{H}(t) = \eta_H l_H H(t) - \varphi g_N H(t) \qquad (1.7)$$

其中，$H(t)$ 为人力资本；η_H 和 g_N 分别为人力资本和技术的生产率；l_H 为人力资本中用于人力资本积累的部分；φ 刻画了技术对人力资本的侵蚀。

（四）均衡条件

在经典的工资决定模型中，有效工资率通常等于劳动的边际产出。这样一种研究，是基于社会保障制度外生于企业生产经营过程的视角。而在我国，企业需要部分负担正式职工的诸多社会保障职责，因此最优工资的决定应该是劳动者的工资、企业为劳动者按比例提供的社会保险以及其他各项福利性的收入。

根据式（1.3）和式（1.4），可以进一步求出：

$$L = \left[\left(\frac{\alpha}{r} \right)^{\alpha} \left(\frac{\beta}{w} \right)^{1-\alpha} \frac{1}{(1 + \tau_k)^{\alpha} (1 - \tau_n)^{1-\alpha}} H_Y^{\gamma} \right]^{\frac{1}{1-(\alpha+\beta)}} \qquad (1.8)$$

$$K = \left[\left(\frac{\alpha}{r} \right)^{1-\beta} \left(\frac{\beta}{w} \right)^{\beta} \frac{1}{(1 + \tau_k)^{1-\beta} (1 - \tau_n)^{\beta}} H_Y^{\gamma} \right]^{\frac{1}{1-(\alpha+\beta)}} \qquad (1.9)$$

这里可以看出，最终用于生产的人力资本对厂商的生产中所雇用的劳动力具有正面的影响。对资本和劳动的税收都减少了两者的供给。

式（1.8）和式（1.9）难以求出资本和劳动份额的显示解，因此只能根据两者的工资率和供给总量去逼近。但是，也并非全部的供给总量都能够得到使用，也即存在劳动力市场的失业和资本的摩擦问题。

图 1-3 显示，丰富的劳动力会导致劳动整体收入份额保持在较低的水平。根据式（1.7），这主要是由于劳动生产率、资本回报率、税收以及人力资本的份额共同决定的。随着市场经济的完善，劳动力数量的减少和技能的提升两个过程同时进行。在上述等式中表现为生产率水平的提升。事实上，劳动力供给者生产率的非对称提升，是市场深化对劳动者细化的必然要求。在此过程中，高技能劳动者逐渐获得更多的工资，而低技能劳动者则可能在这种工资的分化中处于劣势。

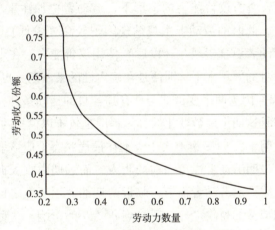

图 1-3 劳动力数量与劳动收入份额

注：$\gamma = 0.15$，$\tau_k = 0.2$，$\tau_n = 0.1$。

在最优劳动力和资本的决定方程中，没有出现劳资双方讨价还价能力的变量。目前关于劳资双方讨价还价能力的度量还比较难以内生化，一般都采取了一种事后的测度方式，即根据劳资在最终的收入分配中所享有的绝对额和最优的份额之间比重来反推出其讨价还价的能力。如布兰查德等（Pissarides，2000；Blanchard and Jordi Gali，2008）但是，可以通过 Hall（1971）的无套利原则导出资方讨价还价能力对其跨期效用的影响。

命题 1.1：讨价还价能力的引入，使得资方的跨期替代效用发生了变化。这种变化的影响方向是正面的，但是影响程度难以确定。

霍尔等（Hall et al.，1967）提出通过无套利的原则推导出资金使用的成本条件。

$$r_{t+1} = \frac{\phi_3}{\phi_2}\frac{1}{1-\tau_{k,t+1}}[q_t(1-\tau_{i,t}) - q_{t+1}(1-\tau_{i,t+1})(1-\delta)] \qquad (1.10)$$

其中，ϕ_2/ϕ_3 代表了存在讨价还价能力下，经济主体的投资倾向。

可以进一步地表示为如下差分方程：

$$u'(c_t) = \beta u'(c_{t+1})\frac{1+\tau_{c,t+1}}{1+\tau_{c,t}}\Big[(1-\delta)\frac{1-\tau_{i,t+1}}{1-\tau_{i,t}} + \frac{\phi_2^2}{\phi_3}f'(k_{t+1})\frac{1-\tau_{k,t+1}}{1-\tau_{k,t}}\Big]$$

$$(1.11)$$

与霍尔 1971 年的结果相比，利率决定部分多出了 ϕ_2^2/ϕ_3 项。如果 $\phi_3 < (\geqslant)$ ϕ_2^2，意味着在包含资方议价能力的情形下，劳动者更加注重当期（下一期）的效用。换言之，此时的劳动者主观贴现因子较高（较低）。相对以后工资水平的提升，劳动者更希望现在（以后）使用议价能力，在当期增加收入份额，从而提升自身的效用水平。即便是在确定性的某一期，也无法断言 ϕ_2 和 ϕ_3 是一个鞅过程，因为两个变量都会具有其各自的运动条件。在这里只能肯定比值为正，但是这两个参数变化的具体程度是较难以模拟的。

命题 1.1 证明了，ϕ_2 事实上大于资本在最优状态下应该取得的份额。这也在一定程度上说明劳动者注重当前的收入，而远期内收入提升的可能性对其的影响较为有限。对劳动者而言，临近两期的效用函数之比，除了取决于对劳动、资本和消费的税收之外，还受到 ϕ_2^2/ϕ_3 的影响。这种影响的方向是正面的，但是具体的影响程度却难以确定。

二、自由市场与劳动者工资

市场比较合适的自由市场发展模式应该是个体行动的理性与制度构建的非理性过程。非理性是指制度的演化与发展较少地受到理性主义构建的影响，也即社会分工制度具有一定程度上的独立性。更重要的在于，此种思维路径强调的是社会演化的内生必然性和自然性，这一进程总体上难以为逻辑等人类的意愿所影响或左右。作为一种客观规律性的历史体现，非理性过程毫无疑问促进了我国经济社会发展过程中的失序发展。并且，由于缺乏必要的内在权威和典范的维系，这种非理性的过程似乎逐渐侵蚀了市场主体积极的行为精神和准则。

命题 1.2： 在非对称的信息条件下，若不存在其他的调节力量，允许劳资存在就企业创造的收入分配结构进行讨价还价，那么资方的收入将高于其均衡模型中的最优水平，劳动者的收入会低于其最优水平。

证明：首先证明劳动者收入分配份额的下降，再证明资本收入份额的上升。由于存在其他的外生冲击的条件下，劳动份额的下降并非必然伴随着资本收入份额的上升。为了更为一般地说明这种收入分配额的相对变化趋势，将从模型中参数的变化来证明命题。

首先，引入确定性经济环境中劳动者工资收入的上限。根据 Mortensen（2003）失业率变化的方式式（1.12）决定：

$$\dot{u} = \delta(1-u) - \lambda u \tag{1.12}$$

其中，u 为失业率；δ 为失去工作概率（job destruction rate）；λ 为新工作到达概率（offer arrival rate），也可以被理解为跳槽概率。如果将跳槽概率定义为泊松分布的话，则跳槽的一般形式则为 $\lambda[1 - F(w)]$。$F(w)$ 在此代表新工资分布。事实上，可以有更为一般的形式：

$$u_{t+1} = \delta(1 - u_t) + (1 - \lambda)u_t \tag{1.13}$$

该式也是 Hairault（Hairault and Osotimehin，2010）所使用的失业模型形式。

假定市场中存在自由进入。在失业变动率为 0 的前提下，容易得出下述均衡条件：

$$\frac{u}{1-u} = \frac{\delta}{\lambda} \tag{1.14}$$

Mortensen（2003）指出，通过刻画市场上劳动者的工资分布函数，可以求出劳动者的最高工资：

$$\bar{w} = \left[1 - \left(\frac{\delta}{\delta+\lambda}\right)^2\right]p + \left(\frac{\delta}{\delta+\lambda}\right)^2 z \tag{1.15}$$

其中，p 是劳动者就业后在企业实现的边际产出；z 为劳动者的保留工资。这种保留工资，是劳动者未就业状态下的收入，通常即为从失业保险计划中获得的收入。最高工资决定方程第二项中的平方项，事实上就是社会失业率。在此意义上，就业工人的最高工资是其边际产出和保留工资的加权值，权重即为失业率的二次方。

基于上述分析，可得到如下关系式：

$$\phi_1 \leqslant \frac{(1-u^2)p+u^2z}{w} < (1-u^2)+u^2\frac{z}{w_r}=1-u^2\left(1-\frac{z}{w_r}\right)<1 \quad (1.16)$$

其中，w_r 为劳动者实际获得的工资。第一个严格不等式中使用到 p 是劳动的边际产出的概念。这种等价是最为理想的情形，现实中一般较难以实现。此外，实际工资水平也往往与劳动者能够获得的最高工资水平相等。因此，出现了绝对的包含关系。

$z/w_r < 1$。这也是劳动者选择被雇用的紧的约束条件。换言之，只有当被雇用的工资严格高于自给自足时的回报，劳动者才会选择卷入到分工过程中。除此之外，劳动者要么维持自给自足的生活，要么对两者之间的选择感到无差异。在市场经济较为成熟的环境中，多个劳动者和多个厂商之间都会存在竞争：劳动者竞争就业机会，厂商竞争劳动者的加入。因此，工资水平会不断逼近劳动者理想状态下的工资上限，主观保留效用和实际工资的比重也会逐渐下降。但如果劳动者的保留效用随着市场经济环境的成熟而逐渐提升，那么两者之间的比值变化趋势则取决于两者的绝对演进速度。此外，失业率上升时，劳动者的收入份额进一步下降。这些结论都是与现实相符合的。

为了分析的方便，在这里引入简单的 C-D 函数作为产出方程。

$$Y = AK^\alpha L^\beta \quad (1.17)$$

其中，α，β 分别为资本和劳动在总收入中的比重。

就资本获得的收入份额而言，存在以下条件：

$$\phi_2 = \frac{rk}{y-z} > \frac{rk}{y} = \alpha \quad (1.18)$$

由于 z 对资本是容易观测的，特别是在低端劳动力市场上。主要包括解雇、聘用以及岗位工资的削减等方式。在这三种方式中，厂商总可以根据自己或者市场上的合意雇用数量来了解劳动者的保留工资。只要资方在最终的分配中扣除不超过劳动者保留工资的部分进行分配，对资方而言就是最优的。因此，资本的份额在此条件下会出现上升，上升的具体程度由劳动者的保留工资决定。命题 2 得证。

三、市场深化与劳动者工资

按照一般的趋势，市场会从一般的自由是产中产生深化的过程，从而推动市场规模的渐次扩大。市场的深化程度主要体现在如下几方面：企业数量的增加、劳动力市场的进一步细分、职工的社会保障制度健全以及相关的法律法规完善等。制度完善的主要目的在于为经济主体提供可以辨析的产权边界以及能够预见的违约成本，从正向和逆向两个角度引导主体的最优行动选择。这里，暂不就制度对薪酬决定的理论影响进行探讨，而仅仅集中于前三个问题。

（一）企业数量的增加

在经典的匹配模型（matching function）中，市场紧度的刻画方式有两种，但是均为线性的刻度。这种描述方式能够刻画在某一具体环境中的市场上寻找到工作的机会，特别是随着市场的发展过程。但是，值得注意的是，这种刻度实际上也缺乏一个对离散时间段上的市场紧度的特征进行描述的性质。换言之，这种市场紧度未能有效地考虑到市场紧度发展过程中的某些特性，如市场紧度的实际变化速度将随着经济体的成熟而逐渐放缓。为此，在这里将从传统的匹配模型出发，通过构造一个凸的市场紧度函数，来刻画在此环境中劳动者的工资变化情况。

沿袭 Diamond（1982），Mortensen（1982，2003）和 Pissarides（1982，1985）的传统，这样定义企业在空余职位匹配劳动力和岗位空缺两种状态下的期望效用：

$$J = p - w + \beta[\delta V + (1 - \delta)J] \tag{1.19}$$

$$V = -c + \beta\{q(\theta)J + [1 - q(\theta)]V\} \tag{1.20}$$

其中，β 为贴现因子，定义为 $\beta = (1 + r)^{-1}$。$q(\theta)$ 代表空缺职位成功雇用劳动力的概率，是依赖于市场紧度的变量。

同时，劳动者在就业 E 和失业 U 状态下的期望效用为：

$$E = w + \beta[\delta U + (1 - \delta)E] \tag{1.21}$$

$$U = z + \beta\{\theta q(\theta)E + [1 - \theta q(\theta)]U\} \tag{1.22}$$

其中，$\theta = (v/u)^{0.5}$，刻画的是市场紧度（market tightness）。进一步假定 θ 是

二阶可微，即 $\theta_v > 0$，$\theta_{vv} < 0$，$\theta_u > 0$，$\theta_{uu} < 0$。通常而言，经济的发展会伴随着结构性失业的产生和存续。由于新的就业机会被制造出来，而能够匹配的劳动力数量较为有限，导致出现"有岗无位"局面的出现。在这种情况下，v 会出现一定程度的上升。在发达的市场经济体中，除非存在较大的内部震荡或者外生冲击，失业率能够保持在较低的稳定值附近。在此意义上，θ 越大，意味着市场经济体越成熟。美国的经验数据表明，工人寻找到工作的机会是市场紧度的增函数（Rogerson and Shimer，2010）。换言之，在市场越完善的经济体中，劳动者具有越多的就业和择业机会。

此外，Burdett-Mortensen 模型中指出，可以将劳动者和企业的议价能力通过如下形式决定：

$$\max_{(E-U),J} (E-U)^{\kappa} J^{1-\kappa} \tag{1.23}$$

$$\text{s. t.} \quad S = E - U + J \tag{1.24}$$

其中，S 为匹配过程的社会福利净额。

这里，κ 即为劳动者的议价能力。在存在工资刚性的前提假设下，劳动和资本之间的讨价还价所形成的最终分配方案，可以被近似地认为是一种零和博弈（Hall，2005）。这一点为西方的经济学研究者所广泛接受，如布兰查德等（Blanchard and Gal'1，2008）和马库斯等（Marcus and Manovskll，2008）。在此逻辑下，劳动者在此过程中能够获得的仅是分配比重向自身的倾斜，特别是在企业利润增加的过程中，劳动者要求相应的增加其工资份额的诉求就会更加强烈。但是，这并不能改变其实质是一种"非此即彼"的分配方式。值得注意的是，孟捷（2011）指出，在技术进步的经济体中，存在劳动与资本间的正和关系。这种新的关系中使劳动者的收入份额将会下降的趋势产生张力，共同决定劳动者的具体收入额。两者的结果在前提上存在一定的区别，即是否假定存在工资的刚性，导致了研究结论上的差异。但是，这种结论上的差别更多地应该归结于分析范式的巨大差异。在此不准备就讨价还价过程中劳资双方的分配决定机制进行辨析，而是按照一种便于测度的方式进行变量关系的描述。在此前提下，劳资双方收入的相对份额可以表示为：

$$E - U = \frac{\kappa}{1-\kappa} J \tag{1.25}$$

由此可以求出：

$$w = \frac{r}{1+r}U + \kappa\left(p - \frac{r}{1+r}U\right) \quad (1.26)$$

$$\frac{r}{1+r}U = z + \frac{\kappa\theta c}{1-\kappa} \quad (1.27)$$

式（1.26）和式（1.27）进行合并，得到匹配方程中劳动者工资的决定方程：

$$w - z = \kappa(p - z + \theta c) \quad (1.28)$$

劳动者在就业状态下比失业状态下获得的收益，与就业后在厂商的生产能力、市场紧度和厂商弥补空缺岗位的成本正相关。市场紧度在一定程度上可以被理解为劳动者找到工作的概率。第一种情形是市场发展的深化，必然伴随着微观厂商创造更多的就业就会，无论是创造了更多的低端劳动力市场就业机会，或是在创造更多高端劳动力市场就业机会的同时破坏了大量的低端就业机会，或是市场上稳定创造出的高端就业机会在产业部门之间存在替代性。前者对应的情形是市场发展的初级阶段，也即劳动密集型产业的集中加速发展过程。第二种情形对应的是发展阶段的转轨过程。产业结构的提升必然引致就业职位的结构性变动。第三种情形则是稳定的市场经济发展过程中的就业变动。高低端劳动力市场的就业情形将不再发生显著的变化，而高端劳动力市场中由于夕阳产业的衰败和新兴产业的不断涌现，高技能的工作岗位将出现产业间的非对称演化趋势。这三种情形通常是在时间维度展开的，就具体的国家而言并非带有普适性。换言之，并非所有的国家都会经历这样的发展过程。在市场深化过程中，市场紧度为递增的凸函数，因此劳动者的工资也会呈现一种先加速增长后缓慢增长的变化过程（见图1-4）。

劳动者就业的实际工资与失业补助也是密切相关的，这一点也是比较容易理解的。因为劳动者在工资和失业补助中进行选择，实际上也是最优化自身行为的过程之一。如果社会保障制度健全和完善，但是工资对其自身的溢价过低，如低于其对自身闲暇的效用，或者低于其对自身懒惰的效用，那么劳动者很有可能选择失业而非就业。这种情形更多地出现于北欧的高福利国家中。

（二）劳动力市场细化

企业数量增加的过程，也会伴随着劳动力市场不断的发生细化或者分层。

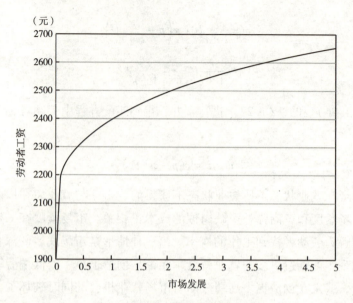

图1-4 市场发展与劳动者工资

注：市场紧度的刻画是市场发展的开方。其中，$c=1000$，$y=3000$，$z=800$，$phi=0.5$。

劳动力市场的细化，更多的是与经济发展和分工演进过程中劳动力参与生产过程深度相联系的一个概念。具体指的是市场在逐渐成熟的过程中，由于技能和分工卷入程度的差异，导致形成和出现的高技能劳动力和低技能劳动力市场。一般而言，由于高技能劳动者创造的边际产品量更大，因此能够在正常情况下获得比社会平均劳动者更高的收入份额。高低技能劳动者的产生，在导致了美国劳动者工资出现分化的同时，也使得其国内的失业率居高不下（Krugman，1994）。

命题1.3：**在区分高技能劳动者的市场上，低技能劳动者为市场成熟所付出的成本相对高技能劳动者而言较小，其收入份额在市场制度完善过程中并非总是处于劣势，劳动力市场内部的劳动者收入差距趋于减少。相比市场不成熟阶段，这一时期的薪酬决定理论更为成熟和稳定。**

证明：如果在劳动力市场中按照技能水平的高低，进一步细分出比例为 a 高技能劳动力和比例为 $1-a$ 低技能劳动力，则可以得到两种类型劳动力在市场上的最优工资水平。石寿永（Shi，2006）给出了具体的形式：

$$w_h = p\frac{a\theta\left[\phi + e^{-(1-a)\theta}\right]}{e^{a\theta}-1} \tag{1.29}$$

$$w_l = p \frac{(1-a)\theta}{e^{(1-a)\theta} - 1} \tag{1.30}$$

其中，w_h 和 w_l 分别代表高技能和低技能劳动者的最优工资水平；ϕ 代表高技能劳动者每单位时间内比低技能劳动者生产率的高出部分；θ 为市场的紧度，定义为平均每家企业所雇用的劳动者数量。为了便于分析，在这里将社会上全部可用于生产的劳动力单位化为 1，并假设劳动力数量是恒定的。在此情形下，市场紧度的变化，将全部归因于企业数量的变化。

石寿永（Shi，2006）并未对两种技能劳动者工资的绝对水平和相对水平进行分析。也没有对市场制度完善过程中高低技能劳动者所负担的改革成本进行探讨。命题 2 的结论是事实上建立在对其工资上限的进一步分析和相关假设的变更过程中。

计算两种技能劳动者工资上限的绝对额和相对额对市场紧度的一阶导数：

$$\frac{\partial w_h}{\partial \theta} = \frac{ape^{\theta(a-1)}(a-1)}{e^{a\theta}-1} - \frac{a^2 pe^{a\theta}(\phi + e^{\theta(a-1)})}{(e^{a\theta}-1)^2}\theta + \frac{ap(\phi + e^{\theta(a-1)})}{e^{a\theta}-1} < 0 \tag{1.31}$$

$$\frac{\partial w_l}{\partial \theta} = \frac{p(a-1) - p(a-1)(a\theta - \theta + 1)}{e^{\theta(a-1)^2}(1/e^{\theta(a-1)} - 1)} < 0 \tag{1.32}$$

$$\frac{\partial(w_h/w_l)}{\partial \theta} = \frac{a(e^{\theta(a-1)}-1)}{e^{a\theta}-1} + \frac{a(\phi + e^{\theta(a-1)})}{e^{\theta(a-1)}(e^{a\theta}-1)}$$

$$+ (a^2 e^{a\theta})\left(\frac{1}{e^{\theta(a-1)}} - 1\right)(\phi + e^{\theta(a-1)})/((a-1)(e^{a\theta}-1)^2) < 0 \tag{1.33}$$

这种结果是比较容易理解的。在劳动力给定的情况下，或者劳动力净增速小于企业的净增速时，此时市场上的企业数目的增加，使得两种技能的劳动者选择机会更多。这对劳动者带来两方面的效应：一是由于工作机会的丰富引致失业率相对下降；二是劳动者的议价能力上升[1]。两种影响的结果是劳动者工资水平的逐渐上升。反之亦然。

就两者的相对工资而言，其对市场紧度的一阶导数也小于 0。由于存在劳动技能差异导致的工资分化，市场上企业数量的增加将缩小两种类型劳动者之间的工资差距。这主要是由于市场上存在厂商和劳动力供给者的双边竞

---

[1]　这两方面的效应均可以从模型中得出。

争。在此假设了高技能劳动者占全部劳动力人口中的小部分。和低技能劳动者收入降低的趋势一样，他们的收入也会有一定的下降，差别仅在于程度更大。在此过程中，高技能劳动者所具有的人力资本能够得到市场的认可并形成收入流。由于市场成熟度的提升，其工资水平逐渐向下逼近其边际劳动产品量。这种高低技能间的收入差距，也会在一定程度上激励低技能劳动者提升自身的人力资本含量，以追求更为可观的收入。那么，在提升低技能劳动者工资绝对额和引导其提升人力资本含量的意义上，市场的完善是益贫的。

图1-5显示，在市场发展的初级阶段，高技能劳动者存在较为显著的收入差距。随着市场制度的逐渐完善，低技能劳动者工资下降的程度较为有限。市场紧度为0.5时的工资上限比0.95时的工资上限大约低25%，而高技能劳动者降低了约66.7%。这种高低劳动力之间收入的差异可以被看作是低技能劳动者在市场制度完善中所付出的成本。但是，伴随着这一过程，社会的保障制度特别是其中的社会福利部分，也会得到相应的发展。因此，低技能劳动者所负担的成本可能将低于由于工资差距扩大的实际水平。由于高技能劳

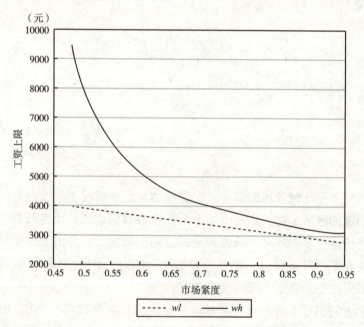

图1-5　市场紧度与两种技能劳动者工资上限的变化

注：$\alpha = 0.05$，$p = 5000$，$\varphi = 0.165$。市场紧度能够在一定程度上代表劳动者找到工作的机会。wh 和 wl 分别代表高技能劳动者和低技能劳动者的工资上限。从右向左看，是经济体逐渐成熟过程中市场成分的具体体现。从左向右看，则代表经济体倒退中市场厚度（market thickness）增加的过程。

动者工资水平仍高于低技能劳动者——特别是劳动力市场结构和生产率差异两个关键假设改变之后，这种差异将更为显著——市场上仍然会产生低技能劳动者向高技能提升的激励机制。

但这个模型中并未考虑市场完善过程中劳动力结构的变动效应，而是维持着高技能劳动力占总劳动力人口的比重以及比低技能劳动力生产率的超出部分是恒定不变的。这两个假设都是和现实存在一定的差距的。如果考虑到劳动力供给者中的结构效应和技能产出的递增效应，那么这种高技能劳动者工资上限加速下降的趋势很有可能会改善。这样一种可以预见的改善，可以放大市场成熟市场中高技能劳动者对低技能劳动者合理的工资差距，从而形成市场内部提升劳动者技能结构的激励效应。命题3得证。

总体而言，在市场成熟的过程中，相对高技能劳动者负担的成本而言，低技能劳动者的整体负担还是相对较小的。为了更好地实现此过程，市场制度建设的完善过程，需要宏观层面相应的社会保障和收入分配等制度配套完善。在微观层面上，劳资双方的关系也应该根据最优的分配原则进行有限度的调整，特别是劳动者的工资性收入数量。事实上，劳动者收入在经济意义上和社会意义上的合理化过程，是发展和谐的劳资关系、提升劳动者幸福指数的核心。

（三）劳动者的异质性

劳动者的异质性对其可能获得的工资具有一定的影响。石寿永（Shi，2001，2002）和西莫（Shimer，2003）关注了竞争市场上的异质性的劳动力在寻找工作中的工资分化。这部分，将在市场深化的研究基础之上，进一步就劳动力供给者所具有的异质性进行研究和分析。由于劳动力的异质性涵盖面较为广泛，这里主要采用劳动者的主观贴现因子和风险厌恶程度来描述这种异质性。前者刻画的是劳动者对收入和消费的跨期偏好程度。这种偏好程度的形成具有刚性，即一旦产生就难以逆转。比较常见的情形是抽烟习惯的形成和突发事件导致的支出流显著增加。后者则主要刻画了劳动者对劳动力市场上更高工资水平的偏好程度。如果偏好更高的工作机会，就需要付出更多的是搜寻、等待和谈判成本。在此期间，将无法取得收入流。这段时间越长，成本也就越高，风险也就越大。在此意义上，对劳动者而言是一种风险。

为了更好地说明这种异质性在劳动者工资决定以及薪酬决定的理论中的影响，在这里结合劳动者可能从企业中获得的社会保险数量和福利进行分析。

　　社会保障对劳动者收入的影响主要体现在各期之间的收入平滑上，进而通过预算约束间接地改变各期之间的消费决策行为。

　　在这里定义劳动者的 CRRA 效用函数[①]：

$$U = \frac{c^{1-\sigma} - 1}{1 - \sigma} \tag{1.34}$$

其中，σ 为相对风险厌恶系数；c 是其消费水平。在每一个离散的时间中，劳动者获得的效用都需要贴现。因此引入贴现因子 $e^{-\rho t}$，其中，ρ 为主观贴现因子，t 为时间项。

　　在这里通过主观贴现因子的变动，来说明企业如何具有降低劳动者的福利的现实可能性，从而导致劳资关系的紧张。这里只考察一个劳动者对收入的折现和风向厌恶程度在既定时期发生变化时的效用。

　　在上述假设下，有：

$$U_{1,\rho} = \frac{c_1^{1-\sigma} - 1}{1 - \sigma} e^{-\rho t} \quad U_{2,\rho+\Delta} = \frac{c_2^{1-\sigma} - 1}{1 - \sigma} e^{-(\rho - \Delta)t} \tag{1.35}$$

其中，$U_{1,\rho}$ 和 $U_{2,\rho+\Delta}$ 分别代表在主观贴现因子较低和主观贴现因子较高的情形下劳动者的效用函数；Δ 描述了主观贴现因子改变的程度；c_1 是劳动者在任意期应该产生的社会平均消费水平。由于主观贴现因子的改变，劳动者的效用函数发生了变化，需要消费产生相应的变化。这种因为变量变化而需要维持之前效用不变的补偿性消费由 c_2 刻画。

　　劳动者受到以下的约束条件：

$$c_t + a_{t+1} = w_t l_t + (1 + r) a_t + v_t \tag{1.36}$$

其中，a_t 为时间 t 的资产，会以 r 的速度产生收益；v_t 是企业提供给劳动者的各种劳动保障和津贴。事实上，在其他项不变的情况下，消费路径的变化就是 v_t 的变化。因此，通过对 v_t 的描述，事实上间接研究了 v_t 的改变对劳动者效用的影响。

　　在此按照补偿性消费的研究思路，对两种贴现因子下消费折现路径间的最大值进行探讨。将说明企业在最大程度上扣除此部分的收入流，仍可以找到该种类型的工人，因此事企业在纯经济意义上的最优行为。但同时，这种

---

　　① 事实上，CRRA 效用函数与 CARA 效用函数在刻画劳动者行为方面具有某些相似之处。Shimer（2005）曾经在研究劳动者行为和保险关系时指出过这一点。

对于劳动者工资侵蚀的行为，会导致劳资关系的恶化。

虽然主观贴现因子的变化，但是假设两者之间的效用函数不存在差异。这需要满足：

$$\frac{U_{1,\rho}}{U_{2,\rho+\Delta}} = \frac{c_1^{1-\sigma}-1}{c_2^{1-\sigma}-1}e^{-\Delta t} = 1 \qquad (1.37)$$

由此可以导出 c_2 与 c_1 之间的数量关系：

$$c_2 = \left[e^{-\Delta t}(c_1^{1-\sigma}-1)+1\right]^{\frac{1}{1-\sigma}} \qquad (1.38)$$

进一步通过两者之间的比值进行这种变化的描述：

$$Z = c_2/c_1 = \left[e^{-\Delta t}(c_1^{1-\sigma}-1)+1\right]^{\frac{1}{1-\sigma}}/c_1 = \left[e^{-\Delta t}(1-c_1^{\sigma-1})+c_1^{\sigma-1}\right]^{\frac{1}{1-\sigma}} \qquad (1.39)$$

下面，将从主观贴现因子和风险厌恶系数两方面的变动来研究消费路径的变化，进而分析企业提供给劳动者工资水平的差异。

1. 主观贴现因子的变化。由于得出了补偿性消费变化的程度。在此通过数值模拟将这种差距显现出来。

命题1.4：主观贴现因子的上升，使得低端市场的劳动者更倾向于接受低工资、无福利、工作环境相对较差的工作。且外生冲击导致的贴现率变化越快，工资越低。

证明：在式（1.39）中，Z 是 Δ 的减函数。此外，通过对式（1.39）求导可得：

$$\frac{\partial Z}{\partial \Delta} > 0$$

即函数下降的速度逐渐变快。命题1.4得证。

可以看出，随着主观贴现因子的变化程度越大，初始消费水平较高的劳动者消费的折现值的变动水平也越大（见图1-6）。这意味着，存在习惯更加注重当期消费，或者由于可预见的事项需要在较短时间内赚更多钱，或者因为外生冲击导致当期消费水平突然提升的劳动者，其消费的折现值水平都会出现更大程度的下降。对这些劳动者而言，由于存在严格的借贷约束和风险厌恶倾向，确定性的低工资比潜在的平均工资水平更加容易满足他们的现期消费需要。这也意味着，在企业观察到劳动者的主观折现因子后，能够就市场上一般劳动者主观折现因子和应聘劳动者主观折现因子的消费路径差异的最低值给予工资，就能够使其为企业创造价值。在此意义上，低端劳动力市场劳动者的工资水平和其他各项社会福利的水平也相对较低。

两种消费折现值

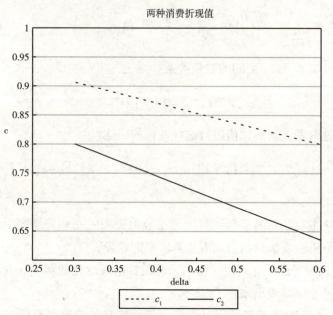

图 1 - 6　主观贴现率改变下消费的折现值差异

注：c_1、c_2 分别代表两种初始消费水平下主观折现率变动的数值。c_1 比 c_2 消费的初始值要高。$\rho = 0.1$，$\sigma = 0.2$。

　　这种情形下，低端劳动力市场的劳动力供给者更类似处于一种为了生活而慌不择业的窘境当中。即便如此，按照他们在此情况下所能够接受的最低工资水平进行报酬的支付，也是对劳动者实际工资水平的一种侵犯。虽然劳动者在名义上接受了这样的工资水平，但是随着劳动者工资水平的改善，其主观贴现率也会逐渐改变，对工资的诉求也会逐渐提出更高的要求。在一定程度上，此种意义上的低工资，事实上是产生了一种隐性和抑制性的劳资矛盾。如果伴随着工资发放过程的迟缓或者可以拖延，则这样一种潜在的矛盾很容易从潜在的危险转变为现实利益的抗争。在缺乏适当的维权途径以及可接受的维权成本下，抗争的方式也将逐渐带有激烈的倾向。

　　2. 风险厌恶系数的变化。

　　命题 1.5： 劳动者风险越偏高，越能够得到接近市场平均水平的工资。

　　证明：通过对式（1.39）求导可得：

$$\frac{\partial Z}{\partial \sigma} < 0$$

即函数上升的速度也逐渐放慢。命题 1.5 得证。

一般而言，企业是风险中性或者风险偏好型的。在劳动者主观风险厌恶系数给定的条件下，风险厌恶系数显著提升后，劳动者工资的折现值也显著上升（见图 1-7）。在风险厌恶系数达到 7 左右时，工资水平的折现值基本达到 0.94 左右。也即，风险偏好型的低端市场劳动者总能够获得与市场平均工资水平相当的收入。但是，需要为实现此工作之前存在的概率付出大量的搜寻成本和等待成本。对较为脆弱的这部分劳动者而言，这显然不是个较为现实的假设。即便是在发达国家，学者们也倾向于采用劳动者是风险厌恶的假说，如 McCall（1970）和 Shimer 等（2006）。

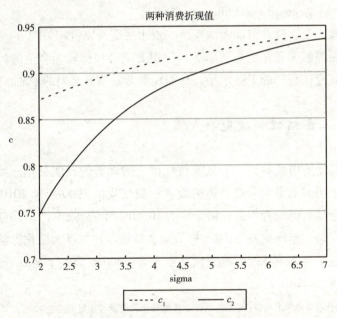

图 1-7　风险厌恶系数改变下消费的折现值差异

注：c_1、c_2 分别代表两种初始消费水平下主观折现率变动的数值。c_1 比 c_2 消费的初始值要高。$\rho = 0.1$，$\Delta = 0.4$。

如果企业能够为劳动者提供社会保障的比例部分，则有利于劳动者提升对外生冲击的抵抗能力，缓解其收入的脆弱性，其风险厌恶系数也会相应地朝风险中性改善。这个过程还会伴随着劳动者对工资诉求的进一步提升。在缺乏外在强制性力量和内在道德规范的环境中，这种对难以为企业家利益实现最大化的方案显然存在实施的困难。因此,市场上的企业存在使得劳动力供给者的风险厌恶系数偏离中性的动力:要么风险厌恶系数过低,要么过高。降低风险厌恶系数的方式相对于企业来说较为现实和简单。这主要是因为劳动者有强烈的自利性倾向,导致集体行动的也存在困境。企业通过如开除这类的威胁,容易使得劳动者提升或者夸大行动风险的后果,接受工作现状。相关的实证研究也支持这一结论(Chetty,2006)。

过低的风险厌恶系数能够接受更低的实际工资水平。市场上的低端劳动者基本上大部分属于这类风险厌恶系数较低的群体。因此,企业也能够在此意义上维持较低的劳动力使用成本。因此,除了向劳动力密集型的地区机型产业转移外,这也是企业实际中降低生产经营中可变资本使用成本的选择之一。值得指出的是,较高的风险厌恶系数实际上也会降低市场上劳动者的平均工资水平(Acemoglu and Shimer,2003)。

在此意义上,提升劳动者的实际工资水平需要完善相关的市场制度建设,包括社会保障制度和在就业制度等,使得劳动者保持较为合适的风险厌恶系数,逼近其应该获得的工资水平,从而缓解劳资双方之间的矛盾。

四、工资粘性和技能分化[①]

我国劳动力市场的另一个显著特征即为劳动者的技能分化。如果将具有高中以上学历劳动者视为高技能劳动者,那么我国 1990 年和 2010 年高技能劳动者在全社会劳动者中的比重分别为 10.60% 和 23.98%,20 多年间比重上升了一倍有余,年均增速约 7%。[②] 劳动者技能结构的巨大变化,使得劳动力市场上出现了显著的技能回报分化(李实等,2003,2012;陈斌开等,2009;

---

① 此部分主要参考了赵颖:《工资粘性、技能分化和劳动者工资的决定》,《经济研究》,2012年 S2 期。

② 如果将具有专科以上学历劳动者视为高技能劳动者,具有初中和高中劳动者教育程度的劳动者为中等技能劳动者,而仅受过初中以下教育劳动者为低技能劳动者。那么我国 1990 年和 2010 年高技能劳动者在全社会劳动者中的比重分别为 1.6% 和 10.09%,10 多年间比重上升了八倍有余,年均增速约 15.35%。我国 1990 年和 2010 年中技能劳动者在全社会劳动者中的比重分别为 62.9% 和 27.27%,10 多年间比重下降了 60%,年均减少约 -6.96%。我国 1990 年和 2010 年高技能劳动者在全社会劳动者中的比重分别为 35.5% 和 62.64%,10 多年间比重上升近一倍,年均增速约 4.73%。在此意义上,过去 20 多年教育较为显著的变化之一即为具有初中以下学历劳动者在全部劳动者中占比持续下降,以及具有初中以上技能劳动者特别是具有专科以上学历劳动者占全体劳动者比重的显著上升。根据历年《中国劳动统计年鉴》中的相关数据计算得出。

徐舒，2010；蔡昉，2012），也导致工资收入分配格局迅速恶化（邢春冰等，2011；蔡昉，2012；李实等，2012）。实际上，技能溢价导致的收入差距不但在我国存在，而且是过去30多年全球范围内收入分化的主要特点（Katz et al.，1992；Gottschalk et al.，1997；Acemoglu，1998，2002，2003，2011；Acemoglu et al.，2002，2012；Park et al.，2004；Autor et al.，2005；Mocan et al.，2011）。通过这种技能上的劳动者异质性来分析收入分配，是收入分配的市场化视角。劳动力分层引致的一个重要现象即为工资差异。这种差异一方面是由技能溢价导致的，另一方面是由各层级劳动者之间存在的工资议价能力所影响的。迄今为止，国内在前一方面的研究已经取得了较为丰硕的成果，而后一方面的研究相对较少。就劳动者内部的工资分配格局而言，技能价格变动会对此产生显著影响。一般而言，职工的职业结构与职业技能结构具有密切的联系，技能分化通过影响职业结构的变动从而导致工资收入差距不断扩大（夏庆杰等，2012）。高技能劳动力的出现，虽然会在一定程度上导致高低技能劳动者间工资水平的分化，但是也可能会通过改善收入积聚主峰的位置值和创造就业机会这两种途径来改善工资收入分配格局，也即同时具有 Acemoglu（2002）所指出的侵蚀效应和市场规模效应。在贸易开放的环境中，高技能劳动力工资的变化呈现更加多元的趋势（Murphy et al.，1992；邢春冰等，2011；李飞跃，2011；刘斌等，2012）。近年来，关于劳动力市场中高技能劳动力对宏观收入分配影响的分析也逐渐开始出现，如劳动力市场上的技能结构与劳动者收入在 GDP 中占比的问题也开始得到一定的研究（王永进等，2010；邹薇等，2010）。技能提升的重要意义，在于减少市场对劳动者个体的歧视，提高劳动者的市场议价能力（葛玉好等，2011）。一般而言，在导致技能分化的原因中，教育是重要的一个方面（Galor et al.，2000；徐舒，2010；李小瑛等，2010；魏下海等，2012）。

收入总量分配不但是一个经济问题，而且还是一个社会问题。深入认识收入分配问题客观上需要运用批判性思维对收入分配有全面深入的认识。上述文献分别从工资粘性和技能分化这两个视角，考虑了我国劳动者技能和工资粘性对劳动者工资的影响。由于交易成本和决策时滞等方面的原因，市场并非是完善的。伴随着劳动者技能水平的提升，各劳动者的就业选择面和工资议价能力开始出现较大的区别。一般而言，随着教育或者技能层次的提升，工资粘性呈现逐渐下降的趋势（徐建炜等，2012）。如果在技能分化的环境中仍旧假设高低技能劳动者具有相同的工资议价能力，并且存在对称性的工资调整速度，显然与现实存在一定的区别。在此情况下，劳动者工资的变化也往往难以随着供需变化而及时的调整，通常存在一个延期。这种工资调整上的延期，就产生了劳动者的工资粘性。因此，需要将技能分化和工资粘性置于统一的分析框架中，以便在具有工资粘性的劳动力市场上分析具有不同技能劳动者如何做出其劳动供给决策，并且对这两种假设下劳动者工资分配的微观机理和宏观趋势进行辨析。

（一）基本模型

自此部分，将引入基本模型。假设如下：（1）劳动和资本是可以替代的，并且替代率等于1。（2）高低技能劳动者的替代率不等于1。（3）部门内既定技能水平的劳动和资本均具有异质性。（4）不存在货币冲击。

工资粘性的分析涉及不同技能劳动者工资的决定过程，因此需要细分劳动者技能进行分析。在此首先引入劳动力供给形式，然后再引入工资粘性的表达式，得到具有工资粘性的一般劳动力工资溢价决定方程。

1. 劳动供给。参照 Smets 等（2003）对劳动力供给的设定，可以得出个体劳动者和社会全部劳动力供给数量及相对工资水平的关系：

$$H_{t,j} = L_t \left[\frac{W_{t,j}}{W_t} \right]^{\frac{\lambda_j}{1-\lambda_j}} \tag{1.40}$$

其中，$H_{t,j}$ 和 L_t 分别为既定技能层次和社会上全部的劳动力，其中 $j = s$，u，分别代表高技能劳动者和低技能劳动者；$W_{t,j}$ 和 W_t 则是其相应的工资水平。式（1.40）说明，既定技能层级上劳动者数量的多少，与给定技能水平内工资状况同社会所有行业中工资状况的比重相关，也即与相对工资率大小相关。

在这里，给出一个 CD-CES 生产函数，用以刻画经济活动中资本和高低技能劳动者对总产出的贡献。

$$Y_t = A_t K_t^{1-\alpha} \left[\gamma \left(A_t^{\zeta_s} H_s \right)^\rho + (1-\gamma) \left(A_t^{\zeta_u} H_u \right)^\rho \right]^{\alpha/\rho} \tag{1.41}$$

其中，A 是技术进步系数；K 是生产过程中使用的资本；ζ_s 和 ζ_u 是高技能劳动者和低技能劳动者的劳动效率参数；ρ 为高低技能劳动者之间的替代弹性；α 为两类劳动者共同占有的劳动收入份额；γ 为高技能劳动者收入在全部劳动收入份额中所占的比重。在此生产函数形式下，可以得出高低技能劳动者的工资溢价水平：

$$w = \frac{w_s}{w_u} = \frac{\gamma}{1 - \gamma} z_t^{\rho(\zeta_s - \zeta_u)} \left(\frac{H_u}{H_s}\right)^{1-\rho} \tag{1.42}$$

其中，w 是两类劳动者的工资溢价水平；w_s 和 w_u 分别是高技能劳动者和低技能劳动者的工资水平。在式（1.42）中，高低技能劳动者的工资溢价取决于他们相对工资所得份额、相对技能水平、相对供给数量以及两者之间的替代率。如果这种替代率小于 1，那么说明高低技能劳动者是互补的，高技能劳动者的增加并不会排斥低技能劳动者。在此情况下，高技能劳动者供给数量的增加，会逐渐降低既定层次上的技能回报水平，从而在一定程度上减小工资收入分化的趋势。但如果高技能劳动者会逐步替代低技能劳动者，那么前者的数量上升必然会伴随着工资收入差异的扩大，从而恶化整个社会的工资收入分配格局。

2. 工资粘性。沿袭 Erceg 等（2000）的思路，将工资粘性设定为 Calvo（1983）的形式，这种工资粘性的设定形式，能够导出具有一般意义的新凯恩斯菲利普斯曲线（Walsh，2003），因此得到了诸多学者的支持（Smets et al.，2003；Christiano et al.，2005；Levin et al.，2005；Casares，2007）。此处，可以按照如下方式设定工资的决定方程：

$$W_t = \left[\int_0^1 (W_{t,j})^{\frac{1}{1-\lambda_j}} dj\right]^{1-\lambda_j} \tag{1.43}$$

其中，W_t 和 $W_{t,j}$ 分别为社会加总后的工资和个体劳动者的工资。

在此假设下，如果工资中具有 ξ 的粘性，那么 $1 - \xi$ 的工资可以实现灵活调整。经过一定的等式变化[①]，那么可以得到如下的工资决定方式：

$$w_{t,j} = \left[\frac{1 - \xi_{t,j}(1 + \dot{\pi}_{t,j})^{\frac{1}{1-\lambda_j}}}{1 - \xi_{t,j}}\right]^{1-\lambda_j} \tag{1.44}$$

其中，$w_{t,j}$ 是劳动者工资相对社会工资的水平，也即相对工资率水平；$\dot{\pi}$ 为劳动者绝对工资的变化率。如果假定社会上工资水平都具有灵活调整的可能性，并且如果一般性的假设社会上劳动者的平均工资水平为 1，那么 ξ 等于 0，工资率水平也就等于 1。也即，工资率 $w_{t,j}$ 也即劳动者的实际工资水平。这和效率工资理论中的最优工资决定水平是一致的。

---

① 详细过程可向作者索取。

将式（1.40）、式（1.44）代入式（1.42），可以得到：

$$w = \frac{\gamma}{1-\gamma} z_t^{\rho(\zeta_s - \zeta_u)} \left\{ \frac{(1-\xi_s)^{\lambda_s}}{(1-\xi_u)^{\lambda_u}} \frac{\left[1 - \xi_u (1+\dot{\pi}_u)^{\frac{1}{1-\lambda_u}}\right]^{\lambda_u}}{\left[1 - \xi_s (1+\dot{\pi}_s)^{\frac{1}{1-\lambda_s}}\right]^{\lambda_s}} \right\}^{1-\rho} \qquad (1.45)$$

式（1.45）即为包含劳动者技能和工资粘性的工资溢价决定方程。在此方程中，劳动者实际技能水平的高低以及工资粘性的实际水平都会在较大程度上影响他们的工资溢价水平。如果两者同时变动，那么所产生的联动效应将会对工资溢价的实际变化产生多维度的影响：或者在一定的组合下进一步放大劳动者间的工资溢价，或者通过其他的组合方式控制技能溢价水平的增加。在式（1.45）中，如果两类劳动者都不具有工资粘性时，也即当 ξ 等于0，就可以得到自由市场上工资没有粘性时的劳动力供给决定方式。当各技能劳动者工资变动率与社会平均工资变动率基本一致时，也即劳动者之间工资粘性不再具有差异时，劳动者将获得效率工资条件下的工资水平。

（二）模拟分析

根据基本模型，这里就劳动者的技能分化、工资粘性以及两者之间的联动效应进行模拟分析，并通过 CGSS2006 的数据描述我国特征化事实，以检验模型部分分析的合理性。

就技能分化和工资粘性单变量变化对劳动者工资溢价的影响而言，存在各自的影响机理。技能分化导致的工资溢价变动趋势和经典文献中结论是一致的（见图1-8）。高技能劳动者技术水平的上升，使得高低劳动者间的工资溢价水平迅速扩大，劳动者工资的差异也由此扩大。低技能劳动者技术水平的上升，则提升了他们工资的获得数量，从而改善了他们实际获得的工资数量，逐渐减少甚至控制这种技能间的工资溢价。

在给定技能水平的前提下，工资粘性对高低劳动者技能工资溢价同样具有较大的影响（见图1-9）。在本书的数值模拟中，高低技能劳动者的工资粘性变化，分别缩小和扩大了工资溢价水平。低技能劳动者的工资粘性越高，或者高技能劳动者的工资粘性越低，都是加剧这种工资分化的重要因素。

如果在技能分化的前提下，工资粘性也在高低技能劳动者之间存在较大差异，那么劳动者间工资溢价水平会呈现怎样的演进趋势呢？图1-8～图1-13对此给出了答案。

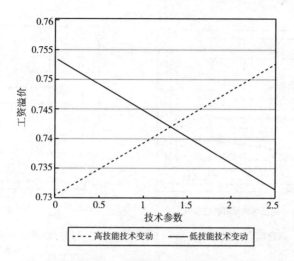

图1-8　技能分化与工资溢价

注：将劳动者的技能简化为一个线性形式，因此技能参数变动也会带来劳动者技能水平线性提升。虽然这种假设较为严格，但是能够反映出技能参数变动对劳动者实际能力的一般演进趋势。

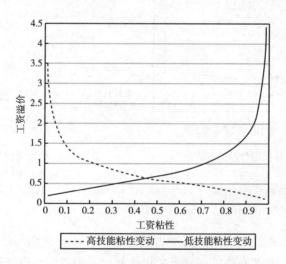

图1-9　工资粘性与工资溢价

技能分化和工资粘性的交互影响，放大了劳动者间的工资溢价水平（图1-10~图1-13），使得劳动者工资决定机制更加复杂，旨在促进低技能劳动者工资收入增加的调整措施也会由此产生多方面影响。一般而言，当高技能劳动者的数量接近并超过低技能劳动者的数量时，仍存在较高的技能溢价，促使更多的低技能劳动者深化自身人力资本。高技能劳动者数量的增加，一方面会导致技能回报率的相对贬值，降低此部分劳动者获得的实际收

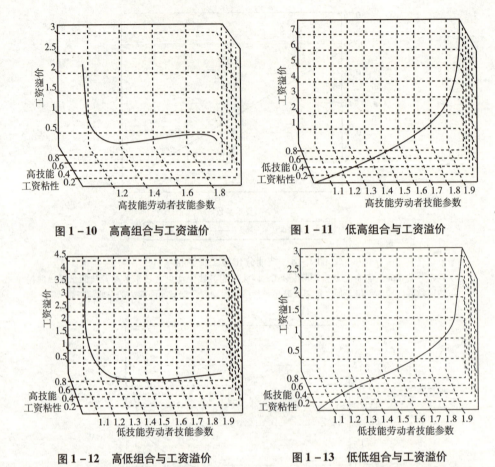

图 1-10　高高组合与工资溢价　　　　　图 1-11　低高组合与工资溢价

图 1-12　高低组合与工资溢价　　　　　图 1-13　低低组合与工资溢价

注：横向看图 1-10 和图 1-11，以及图 1-12 和图 1-13，可以观测到假定技能水平不变的前提下工资粘性对劳动者工资溢价曲线的影响。纵向看图 1-10 和图 1-12，以及图 1-11 和图 1-13，可以观测到假定工资粘性不变前提下，技能水平变动对劳动者工资溢价的影响。

入水平。另一方面，也会提升劳动力整体的生产率，从而促进其收入水平的上升。前者可以称为高技能劳动者的供给效应，后者则可以被视为生产效应。在既定时期中，两种效应的相对大小决定了劳动者工资水平如何演进及具体变化方式。

在技能水平给定的环境中，高技能较低的工资粘性和低技能劳动者较高的工资粘性，均使工资溢价曲线呈现上升趋势。这种溢价水平的变动存在一个加速上升的区间，充分显示了两个变量联动所可能产生的较大工资分化效应。劳动者技能水平和工资粘性能产生四种基本组合：即高技能高粘性、低技能高粘性、高技能低粘性与低技能低粘性。

在低高组合中，低技能劳动者较高的工资粘性进一步放大了技能工资的差异。随着高技能劳动者的技术水平上升，工资溢价曲线呈现加速增长的趋势。在低高组合中，虽然低技能劳动者技术能够实现提升，但是他们较高的工资粘性阻碍了其工资增速的提升，从而影响了工资分配格局的改善。在此情况下，如果低技能劳动者技术进步率低于高技能劳动者，或者工资粘性足够大，或者两者联动效应足够大，都会使低技能劳动者难以达到工资收入增加的目的，更难以实现工资收入等级的跨越。

与此相反，在高低组合中，如果低技能劳动者的技术不断上升但是高技能劳动者的工资粘性逐渐增加，那么低技能劳动者工资增速将快于高技能劳动者，能够在远期内在工资水平上追赶高技能劳动者，从而缩小技能工资差距，甚至能够实现从低技能劳动者向高技能劳动者的转变。

正是在此意义上，由于技能分化和工资粘性交叉影响的存在，仅仅依靠劳动者技能水平的提升并非会真正改善低技能劳动者工资水平，缩小高低劳动者之间的工资溢价，改善工资收入分配格局。如果工资粘性的负面影响大到足以抵消技能提升的正面效应，那么片面的强调低技能劳动者技术的提高难免会事倍功半。在改善低技能劳动者人力资本的同时，减少外生或者内生原因导致的工资粘性，使低技能劳动者形成向上的工资预期，对劳动者工资收入分配格局的改善无疑具有重要且积极的意义。

本章小结

本章结合了我国市场经济发展的若干阶段性特征研究薪酬决定的理论中的核心问题，即国企劳动者工资是如何决定的。首先在一般的自由市场上得出了劳资双方的实际收入份额在一定程度上都存在偏离最优份额的趋势，特别是资方有充分的激励去首先这样行动。但是，随着市场的深化，企业的数量不断增加，原先劳动者竞争加入企业进行生产的局面发生了一定程度的变化：这一时期，企业也开始为了招募到更多合适的劳动者而竞争。因此，这一时期的就业机会开始增多。

与此相伴的过程是，劳动力市场也开始出现高低两个层次的劳动力子市场。由于技能水平的差异，两个子市场中劳动者的工资水平差异会随着市场的逐渐完善而日趋扩大。在一定程度上，这会导致劳动力市场的分割，从而出现多厂商、多层次劳动者竞争的经济环境。在这种企业数量增加、劳动者技能分化的环境中，劳动者其他方面的异质性也开始逐渐显现。由于习惯、预期和外生冲击导致的刚性消费，以及对风险厌恶程度上的差异，使得他们中的部分群体更加注重现期的收入状况。在引入劳资双方议价能力的条件后，劳动者跨期效用变化的程度开始凸显。

在分层的劳动力市场中，还有一个较为重要的事实是：尽管劳动力市场总体是风险厌恶型的，但高端劳动力市场的风险厌恶系数还是相对高于低端劳动力市场。这就导致了低端劳动力市场的劳动者在寻找工作机会时，既缺乏相关的有效信息，又缺乏必要的成本承受能力，导致接受的工作往往较差，收入水平也因此较低。由于企业也认识到这一点，并且发现低端劳动力市场劳动者的保留工资易于观察，因此倾向于制造环境，使他们保持偏离最优风险厌恶系数的较低的水平，并按照他们保留工资的水平进行报酬的支付。劳动者仅能在分厂有限的程度内就其工资水平与资方进行谈判和协商。这就导致了低端市场劳动者更容易对目前的环境产生不满。由于现实的维权途径有限，维权成本过高，这种不满往往难以得到有效的解决，从而形成了矛盾累积扩大的基础。近年来的群体性事件的发生与此有着一定的联系。

但是，随着新生代流动劳动力的出现，劳动力市场上的环境已经发生了显著的变化，特别是新生代的流动劳动者由于尚未成家立业，其约束条件较少，并且不是严格约束的，对市场的冲击相对具有更高的承受水平。因此，其的主观贴现因子和风险厌恶系数均偏离了目前市场上的平均值，对工资的诉求也趋于理性，导致效用水平发生了较为显著的变化。此外，维权观念的觉醒以及对自身权利的合理诉求，使得他们相对老一代的流动劳动者而言与厂商具有更强的议价能力。

第二章 国企职工薪酬的制度
演进和差距现状

现实层面上，收入分配和国企改革继续成为 2015 年"两会"的热点问题①。在中国 28 个省级行政单位 2015 年的政府工作报告中，均不同程度提及国企改革。制度层面上，《中央管理企业负责人薪酬制度改革方案》于 2015 年 1 月 1 日正式实施。依据该项改革方案的规定，72 家央企高管薪酬水平不得超过普通员工的 7~8 倍。这份文件的出台，也意味着高管的薪酬水平将会受到较为严格的管控。那么，中国国企中高管和普通职工薪酬的制度安排怎样设计？又是如何变化的？国有企业内部高管与普通职工的薪酬差距水平究竟有多高？为解答上述问题，本章将主要从国有企业内部薪酬分配的制度改革过程，以及近年来国有企业高管与普通职工薪酬差距的状态进行量化分析，为正确认识不同省级单位内和不同行业内薪酬差距的真实水平提供一个视角。考虑到国有企业在归属上的差异，本章将中国的国有企业细分为中央所属的国有企业和地方所属的国有企业，并将私营企业作为薪酬差距分析的参照组。

第一节 国企薪酬的制度演进

国有企业高管与普通职工薪酬差距的产生主要源于 1978 年国有企业改革。这一时期的改革旨在建立现代企业制度，主要方式则是将员工的薪酬逐渐与企业绩效挂钩。随着国有企业改革的推进，国有企业内部高管和普通职工收入差距逐渐产生并不断扩大。在企业经营管理关系逐渐变化的过程中，

---

① 数据来源于新华社的调查。

企业内部的分配关系也进行了相应的调整。长期以来，我国国有企业的资方包括国家和企业实际经营管理者两方面。因此，这里的分配层面，既包括企业和劳动者之间的分配，也包括国家和劳动者之间的分配。前者主要体现为职工工资和职工的基本福利上，后者主要体现为社会保障制度的完善。此外，随着经济形式的多样化，人力资本和其他要素也开始参与收入的分配过程。

总体而言，1980 年颁布的《国营企业计件工资暂行办法〈草案〉》，打开了 1958 年冻结工资制度以来的企业内部收入分配制度改革。为克服国有企业分配中的平均主义，以税代利的企业 1982 年首先开始尝试浮动工资和职务工资。1983 年全面推开的工资制度改革，需要企业从自有资金中拿出一部分来分摊成本，使部分企业在改革过程中出现了困难。1985 年正式确立了工资的浮动管理和分级管理，将劳动者的收入和企业经济发展密切联系起来。1992 年，部分国有企业开始在"两率控制"① 的前提下自主决定企业职工工资水平。2000 年劳动和社会保障部发出《进一步深化企业内部分配制度改革指导意见的通知》指出，强调企业内部收入分配激励机制的建立、探索按要素分配方式和健全企业内部工资收入分配约束机制。2003 年推行年薪制时曾规定，高管年薪不得超过普通职工平均工资的 12 倍。2004 年颁布的《中央企业负责人薪酬管理暂行办法》规定，中央企业负责人的薪酬由基薪、绩效薪金和中长期激励单元构成。

具体而言，我国国有企业劳动者工资制度改革的主要特点包括四个方面：早期改革中的平均主义、奖金制度的调节较为混乱、最低工资制度建设迟缓以及分配原则的缓慢多样化。

一、职工的收入分配来源

国有企业中的财富属于社会，因此国有企业中可供分配的数量占留利总额的比重问题对国有企业发展就显得较为重要。在制度层面上，20 世纪 80 年代以来，国有企业中可供职工分配的利润占比逐渐提升。1980 年 1 月 22 日和 1981 年 11 月 11 日，国务院分别在《关于国营工业企业利润留成》和

---

① 所谓"两率控制"，即职工工资总额增长幅度低于企业经济效益增长幅度，职工实际平均工资增长幅度低于本企业劳动生产率增长幅度。

《关于实行工业生产经济责任制若干问题的暂行规定》对企业留利比进行了40%的规定。相比1979年的试点而言，留利比提升了近30%，这事实上放开了企业对剩余利润的支配权，国有企业职工的收入状况也可以近似地认为从这一期开始改善。1982年，首钢开始实行上缴利润递增包干的试点，在利润总额40%以内进行职工福利基金和个人消费基金分配的同时，职工工资总额与利润的比例按照0.8∶1的系数进行调整。可以看出，这一工资调整系数是相当高的，实际上进一步提升了国有企业职工的待遇。1983年4月24日颁布的《关于国营企业利改税试行办法》中，也对国有企业的留利和职工分配的比例进行了限制，具体为新产品试制基金、生产发展基金、后备基金不得高于留利总额的60%，职工福利基金和职工奖励基金不高于40%。这实际上是从企业的优先发展角度进行了企业职工间收入的分配过程，对该时期内国有企业的快速发展过程具有一定的积极意义。

为及时控制住这种分配比重过高情况，1983年开始了较为重要的利改税过程，但这一过程仍以失败告终①。即便如此，这一时期的尝试对大型和小型国有企业进行分类调控的做法，对国有企业中留利和各自内部职工的收入分配具有较强的针对性。

20世纪90年代以来，决策层仍在试图扭转这种较高分配的情形，但留下较多的制度空白，使调控的力度逐渐减弱甚至出现了一定程度的逆向调节。1993年12月15日，国务院颁布了《关于实行分税制财政管理体制的决定》，指出1994年1月1日起，企业按照33%的税率缴纳所得税。考虑到部分企业利润上交水平较低的现状，作为过渡办法，增设27%和18%两档照顾税率。这是利改税之后对企业纳税行为的一次重大规范过程。但该决定同时提出：近期可根据具体情况，对1993年以前注册的多数国有全资老企业实行税后利润不上交的办法。很大程度上因为这句话对时间和适用范围规定的朦胧性，导致1994～2013年国有企业税后利润缴纳微乎其微，与其营业利润反差一直较大。也正是在此意义上，行业间——特别是区分所有制类型的行业间——员

① 具体而言，1983年4月4日，国务院办公厅转发四川省人民政府转报的《关于贯彻落实中央指示搞好重庆市综合改革试点的报告》，其中提及：重庆的以税代利改革，自今年全面推开，全市所有盈利的国营大中型企业，按实现利润的55%征收所得税，企业实行浮动工资制。同月24日，国务院批转财政部《关于全国利改税工作会议的报告》和《关于国营企业利改税试行办法》的通知，指出有盈利的国营大中型企业，按照55%征税。有盈利的国营小型企业，应当根据实现的利润，按8级超额累进税率交纳所得税；企业交纳所得税后的利润。该办法自当年6月1日生效。

工的收入状况开始出现分化趋势，并在 2000 年之后矛盾逐渐突出，并成为社会关注的焦点。为此，相关机构于 2003 年颁布年薪制以及 2004 年颁布《中央企业负责人经营业绩考核暂行办法》和《中央企业负责人薪酬管理暂行办法》。2014 年 1 月，财政部颁布了修订《企业会计准则第 9 号——职工薪酬》的通知，对职工薪酬分类进行了明确规定。

在现实层面上，国有企业中劳动者工资收入的来源以及与企业绩效的关联性是正确认识国有企业中工资收入分配的重要方面。1985 ~ 1992 年，国有企业中劳动者的工资收入和奖金主要来源于利润留成，而与劳动者的生产率和企业绩效关联较弱（Meng，2000）。1978 ~ 1993 年，奖金在国有企业劳动者工资中的比重从 2.4% 上升到 23.3%，各种物价补贴的比重则从 6.5% 上升到 25.1%（Meng，2000）。国有企业高管的经营目标是福利最大化，因此在企业亏损的情况下仍不惜通过贷款发给职工高额奖金（Walder，1987，1989）。即便国有企业在减员增效过程中，未下岗职工的工资仍得到了一定程度的提升（Appleton et al.，2005；白重恩等，2006）。20 世纪 90 年代上半期，国有企业的亏损开始变得较为普遍。从企业的长期发展而言，这种重分配而轻发展的模式难以持续。80 年代后期，当决策层开始控制国有企业的利润留成比重后，以及同时伴随着市场化过程的不断推进，这种分配方式在微观层面上的矛盾进一步凸显，具体体现为内部职工工资收入分配问题开始趋于恶化。

二、改革工资的平均主义

平均主义式的工资改革始于 20 世纪 80 年代，但在较短的时间内即得到了纠正。1982 年 2 月 25 日，国务院颁布了《经济体制改革的总体规划》，提出了改革平均主义的分配制度，目标是建立生产经营单位和劳动者的经济利益同集体经营效果和个人劳动成果紧密联系的分配制度；把主要依靠党政机构、行政办法管理经济，改为主要依靠经济组织、经济方法同时辅以行政办法来管理经济。根据这个总体规划，新中国成立以来国有企业中的平均主义分配方式正式进入改革的范畴。1983 年继续实行的劳动合同制，正式将用工合同制与经济责任制联系起来，以加强劳动者的工作积极性。1985 年 1 月 5 日，国务院正式颁布文件，要求职工工资总额同企业经济效益按比例浮动的办法，具体浮动比例由国家核定。同时，国家对企业工资实行分级管理。值得指出的是，虽然工资等级多，但级差不大，对劳动者积极工作的激励仍旧较为有限。经济效益的工资总额弹性为 0.5% ~ 0.75%。1985 年 2 月 5 ~ 14 日全国经济工作会议再次强调了上述的改革措施。1985 年 3 月 27 日，在六届全国人大三次会议上的政府报告中指出，1985 年的改革一定要迈出工资改革和价格改革的重要一步。因此，从这一时期开始，国有企业中的平均主义开始实现了制度层面的突破。

1983 年，浮动工资的试点改革开始实行。1983 年 2 月 1 日，四川省率先对省内的工资制度进行改革，并尝试在部分企业实行浮动工资制度。同年，劳动合同制也在部分地域继续试行。1985 年 1 月 5 日国务院颁布的《关于国营企业工资改革问题的通知》中提出，国营大中型企业自 1985 年开始，实行职工工资总额同企业经济效益按比例浮动的办法；国家对企业的工资实行分级管理的体制，国家负责核定省、自治区、直辖市和国务院有关部门所属企业的全部工资总额及其随同经济效益浮动的比例。该方案试点后在全国范围内逐步推广。1986 年 7 月 4 日，国务院企业工资改革研究小组、劳动人事部、财政部印发《关于部分国营大中型企业试行工资总额同上缴利税挂钩办法中若干问题的处理意见》。

调节国有企业劳动者工资收入的税收制度安排也逐步完善。1984 年 6 月 28 日国务院颁发《国营企业奖金税暂行规定》，规定对全年发放奖金超过两个半月标准工资的部分征收奖金税。1985 年 7 月 3 日国务院颁发修订后的《国营企业奖金税暂行规定》，奖金税起征点由两个半月改为四个月标准工资。1985 年 9 月 20 日国务院颁发《事业单位奖金税暂行规定》，规定企业化管理的单位，奖金税起征点为三个月基本工资，其他事业单位奖金税起征点为一个半月至二个月基本工资。9 月 24 日国务院颁发《工资基金暂行管理办法》对其中的部分内容进行了细化。

2000 年以来，企业内部的收入分配秩序等问题也开始逐步受到重视。2000 年 11 月颁布的《进一步深化企业内部分配制度改革指导意见的通知》中提出，建立健全企业内部工资收入分配激励机制；积极稳妥开展按生产要素分配的试点工作；加强基础管理，建立健全企业内部工资收入分配约束机制；进一步转变政府职能，加强对企业内部分配的指导工作等指导意见。2006 年 5 月 26 日召开的中央政治局召开会议上也特别就收入分配制度和收入分配秩序问题进行了讨论。

三、奖金调节制度的混乱

不仅如此，国家也开始对职工的奖金税进行调节，但调节的措施变更较快。1984 年 6 月 28 日，国务院就全年超过两个半月的标准工资的部分开始征收奖金税。1985 年 7 月 3 日，起征点变更为四个月标准工资。具体为四级累进税制，税率为 30% ~ 300%。1985 年 9 月 20 日，起征点再次调整。这次调整的突出特色是调节范围从国有企业扩展到所有类型的企业，企业和事业单位间也开始出现非对称的变化。就企业单位而言，起征点重新调整为三个月基本工资。而事业单位的起征点则为一个半月至二个月基本工资。标准的频繁的调节一方面说明了收入问题急需要政策的引导和调节，另一方面也反映了此过程中具体调解方案指定的难度，给现实造成了执行中的困难。

1985 年，八级工资制开始向十五级工资制转变。一般而言，八级工资制和十五级工资制都是以技术等级为基础的，但事实上并非如此。1979 年以后，由于工资的调整未经过完善的技术评价，反而在一定程度上冲击了经济责任制，使收入分配的状况开始出现一种乱象。

四、最低工资建设的迟缓

我国对国有企业的职工基本保障制度建设仍有缺陷之处，其中最为重要的是职工"五险一金"的规范化制度尚未建立。这意味着长期以来国有企业中的职工收入分配存在大量的制度性空缺，也导致了内部分配过程可能的紊乱因素。

为保障企业员工的基本权利，1993 年并颁布了《企业最低工资规定》，要求各地建立最低工资保障制度。1994 年 7 月 5 日颁布的《劳动法》明确规定，国家实行最低工资保障制度。最低工资的具体标准由省、自治区、直辖市人民政府规定，报国务院备案。用人单位支付劳动者的工资不得低于当地最低工资标准。根据上述规定，各地开始根据劳动者本人及平均赡养入口的最低生活费用、社会平均工资水平、劳动生产率、就业状况以及地区之间经济发展水平的差异等因素，制定当地的最低工资水平。到 1994 年底，全国有13 个省市发布了当地月最低工资标准，如北京市月最低工资标准为 210 元，上海市为 220 元，各省、自治区一般在不同区域内实行不同的标准，如山西省实行 210 元、170 元、160 元、140 元、120 元五个标准；福建省实行 280 元、225 元、210 元、190 元、170 元五个标准；陕西省实行 200 元、175 元、150 元、125 元四个标准。实行最低工资保障制度旨在保证劳动者本人及其家庭成员的基本生活需要，这一制度的建立也有利于企业公平竞争。

2004 年 3 月，劳动部颁布的《最低工资规定》取代了 1993 年的规定。新规定的覆盖面更广，并对小时工资的标准进行了详细的规定。此外，根据新规定最低工资至少每两年调整一次。

五、分配原则缓慢多样化

在前述工资改革的基础上，针对国有企业员工中普遍存在的"铁饭碗"思想，劳动部、国务院生产办、国家体改委、人事部、全国总工会 1992 年 1 月 25 日联合出台了《关于深化企业劳动人事、工资分配、社会保险制度改革的意见》。该项意见中明确提出，深化企业劳动人事、工资分配和社会保险制度改革，在企业内部真正形成"干部能上能下、职工能进能出、工资能升能降"的机制，成为当前转换企业经营机制的重要任务。

20 世纪 90 年代初，分配方式开始逐步多样化。1991 年 2 月召开的全国经济体制改革工作会议上，对《经济体制改革"八五"纲要和十年规划》进行了讨论，提出要建立以按劳分配为主体、其他分配方式为补充的个人收入分配制度和社会保障体系。1992 年 10 月 12 日召开的中国共产党第十四次全国代表大会的报告中明确提出，在分配制度上，以按劳分配为主体，其他分配方式为补充，兼顾效率与公平。1993 年，党的十四届三中全会上通过了《中共中央关于建立社会主义市场经济体制若干问题的决定》，明确了建立以按劳分配为主体的收入分配制度和建立多层次的社会保障制度。

党的十四大以来，按劳分配为主体要素参与分配的思想得到了社会更多群体的承认。2000 年 11 月 6 日，劳动和社会保障部出台《进一步深化企业内部分配制度改革指导意见的通知》，提出建立健全企业内部工资收入分配激励机制。此外，该通知中也提出积极稳妥开展按生产要素分配的试点工作。这可以被看作是分配思路变化的具体措施之一。2006 年 5 月 26 日，中央政治局召开改革收入分配制度和规范收入分配秩序的会议。会议强调要坚持和完善按劳分配为主体、多种分配方式并存的分配制度；坚持各种生产要素按贡献参与分配，在经济发展的基础上，更加注重社会公平；合理调整国民收入分配格局，加大收入分配调节力度，使全体人民都能享受到改革开放和社会主义现代化建设的成果。要积极推进收入分配制度改革，进一步理顺分配关系，完善分配制度，着力提高低收入者收入水平，扩大中等收入者比重，有效调节过高收入，取缔非法收入，努力缓解地区之间和部分社会成员之间收入分配差距扩大的趋势。

六、职工保障建设的滞后

职工保障是工资之外重要的收入流之一。对多数生活困难的职工而言，职工福利也是收入获得的重要形式之一。早在1950年的政务院颁布的工资总额规定中，就对职工的福利进行了规定。在当时，职工福利是作为辅助工资存在的，主要包括各种津贴和补贴。1990年之后的工资确定方法，进一步细化了此项职工保障。1978年之后，职工的保障主要体现为"五险一金"和对困难职工的照顾方面的完善。

新中国成立以来，职工的养老保险问题一直未能够得到有效的解决。1989年2月1日，山东烟台开始试点企业职工退休养老制度一体化和退休养老基金统筹一体化。1991年开始，此项制度建设正式开始。主要的制度性安排如下：1991年6月26日，国务院颁布了《关于企业职工养老保险制度改革的决定》，提出该项制度的改革需要平衡国家、企业与个人之间的利益，并着重建立基本养老保险与企业补充养老保险和职工个人储蓄性养老保险三位一体的养老方式。1995年3月17日国务院颁布的《关于深化企业职工养老保险制度改革的通知》再次明确养老的经费由企业和个人共同承担，并建立基本养老金的调整机制，并推动社会保险行政管理与基金管理分开、执行机构与监督机构分设的管理体制等。1997年3月，国务院出台《关于深化企业职工养老保险制度改革的通知》。1997年7月16日，国务院再次出台《关于建立统一的企业职工基本养老保险制度的决定》，其中提及，到20世纪末，要基本建立起适应社会主义市场经济体制要求，适用城镇各类企业职工和个体劳动者的资金来源多渠道、保障方式多层次、社会统筹与个人账户相结合、权利与义务相对应、管理服务社会化的养老保险体系。企业职工养老保险要贯彻社会互济与自我保障相结合、公平与效率相结合、行政管理与基金管理分开等原则，保障水平要与我国社会生产力发展水平及各方面的承受能力相适应。2000 年 2 月 3 日国务院办公厅发出《关于继续做好确保国有企业下岗职工基本生活费和企业离退休人员养老金发放的通知》。5 月 28 日，国务院发布《关于切实继续做好企业离退休人员基本养老金按时足额发放和国有企业下岗职工基本生活保障工作的通知》。2005 年 10 月 19 日，国务院常务会议上讨论并通过《国务院关于完善职工基本养老保险制度的决定》，并对东北地区厂办大集体改革试点问题进行了研究。

1993 年 4 月 12 日，《国有企业职工待业保险规定》也由国务院正式颁布。

医疗建设则主要从 1994 年开始。1994 年 4 月，国家体改委、财政部、劳动部、卫生部联合发布了《关于职工医疗制度改革的试点意见》，并在镇江和九江进行先期试点。1998 年 12 月 14 日，国务院正式颁发《国务院关于建立城镇职工基本医疗保险制度的决定》。该决定提出，适应社会主义市场经济体制，根据财政、企业和个人的承受能力，建立保障职工基本医疗需求的社会医疗保险制度。建立城镇职工基本医疗保险制度的原则是：基本医疗保险的水平要与社会主义初级阶段生产力发展水平相适应；城镇所有用人单位及其职工都要参加基本医疗保险，实行属地管理；基本医疗保险费由用人单位和职工双方共同负担；基本医疗保险基金实行社会统筹和个人账户相结合。

1999 年 1 月 22 日国务院颁发《失业保险条例》和《社会保险费征缴暂行条例》。2 月 3 日，国务院办公厅发出《关于进一步做好国有企业下岗职工基本生活保障和企业离退休人员养老金发放工作有关问题的通知》。

对企业中的困难职工，国家从 1996 年开始出台相关的文件予以照顾。1996 年 10 月，中共中央办公厅、国务院发出的《关于进一步解决部分企业职工生活困难问题的通知》中指出，在一定时期内不能按时发放职工工资的困难企业，可按中国人民银行、国家经贸委、中国工商银行《关于帮助困难企业解决拖欠工资问题的通知》规定，在银行开立工资预留户；要根据保证职工最低工资和下岗职工基本生活费发放的原则，按照薪、税、贷、货、利的顺序。将用于支付工资部分的销货回笼款、回收拖欠工程款转入该户，预留出 3 个月工资的资金，用于职工最低工资和下岗职工基本生活费发放。对一些生产经营十分困难、确无工资支付能力的国有企业，经当地政府解困工作主管机构核定，实行地方财政贴息、企业主管部门调剂一部分资金、银行提供一部分工资性贷款的"三家抬"办法解决职工的基本生活费。1997 年 5 月 22 日，劳动部、国家计委、国家经贸委、国家体改委、财政部、人事部、公安部、中国人民银行、国家税务总局、国家工商局、中共中央办公厅、国务院办公厅信访局、全国总工会发出《关于进一步做好企业职工解困和再就业工作的通知》。

第二节 内部收入差距的描述性分析

国有企业高管与普通职工收入主要体现为从企业中获得的薪酬，包括普通职工的工资和部分福利，以及高管的工资收入、股权收入、在职消费以及超额薪酬等。国有企业高管与普通职工薪酬差距的分析需要从两个方面分别展开，即分配机制是否公正与分配数额是否合理。为了直观地认识国有企业内部高管与普通职工薪酬差距的大小，在此首先就后者进行分析，而将机制是否公正的内容留至后续章节探讨。根据四种不同的口径，就这种差距的相对大小进行分析。这四种度量方式分别是①：高管与普通职工的基本薪酬差距、剔除社会保障后的两者薪酬差距、加入股权激励后的两者差距，以及考虑高管超额薪酬在内的两者收入差距。根据国有企业隶属层级的差异，本节将国有企业进一步细分为央属国企和地属国企。为了提供一个参照，在这里也计算了私营企业内部高管与普通职工薪酬的相对差距。

一、分类型的收入差距

依据上述对薪酬的四种定义方式，在此将依次对上述定义形式下高管与普通职工薪酬差距的大小进行度量和分析。

1999～2012年，国有企业中高管与普通职工现金薪酬差距呈现波动上升的趋势（见表2-1）。尽管这一时期中国有企业普通职工的薪酬水平得到了较为大幅的提升，但高管薪酬增速更快，使这种相对差距仍出现了扩大的趋势。在央属国企中，这种分化的趋势较地属国企更明显。即便如此，国有企业内部薪酬差距的总体演进趋势和私营企业基本类似，相对值的差异也基本一致，似存在某种联动的特征②。

---

① 具体的定义和测算，见第三章中的分析。
② 在后文的分析中指出，薪酬的同群效应是导致这种局面的重要原因之一。

表 2-1		高管与普通职工薪酬差距 Ⅰ		
年份	国有企业	央属国企	地属国企	私营企业
1999	3.6295	2.6157	4.0542	3.2025
2000	2.7970	2.5961	2.8819	3.4011
2001	3.9589	3.9061	3.9797	5.1146
2002	4.7618	4.1022	5.0227	5.7318
2003	5.1043	4.6911	5.2734	6.6686
2004	5.7395	5.3396	5.9093	5.8823
2005	5.6110	5.5238	5.6483	6.4090
2006	5.7870	5.9121	5.7328	6.8702
2007	6.7753	7.2528	6.5605	3.8419
2008	6.4267	6.3678	6.4534	6.9722
2009	6.6499	6.4318	6.7514	8.0125
2010	7.0760	7.1865	7.0250	8.1129
2011	7.2329	7.5450	7.0875	8.0558
2012	7.1563	7.3410	7.0699	7.4476

注：薪酬差距Ⅰ是高管与普通职工基本收入的差距，没有考虑股权激励和在职消费等因素。具体的变量定义见后文。

资料来源：CSMAR 以及作者的计算。下表同。

如果在分析这种薪酬差距的过程中，剔除社会保障的贡献，会有怎样的影响？表 2-2 归纳了这种基本影响结果。总体而言，国有企业内部高管与普通职工薪酬差距显著扩大了，说明社会保障因素在调节企业内部两类群体间收入差距的过程中具有较为积极的意义。

表 2-2		高管与普通职工薪酬差距 Ⅱ		
年份	国有企业	央属国企	地属国企	私营企业
1999	4.6954	4.1189	4.9369	5.1068
2000	4.4101	4.1002	4.5411	5.3296
2001	6.4207	6.2446	6.4904	8.3687
2002	7.6082	6.5039	8.0451	32.0470
2003	8.1263	7.4652	8.3968	11.6587
2004	9.2090	8.5040	9.5085	11.9312

续表

年份	国有企业	央属国企	地属国企	私营企业
2005	8.9229	8.7900	8.9798	7.9012
2006	9.1952	9.3617	9.1232	11.3028
2007	10.8665	11.5095	10.5773	11.7527
2008	10.2803	10.0747	10.3737	11.3274
2009	10.6976	10.1911	10.9332	13.1363
2010	11.2501	11.3787	11.1906	12.9791
2011	11.4825	11.9334	11.2725	14.2511
2012	11.2060	11.6123	11.0159	12.2099

注：薪酬差距Ⅱ是剔除社会保障后的高管与普通职工基本收入的差距，具体的变量定义见后文。

为更好地激励高管为企业创造价值，越来越多的企业开始将股权激励作为高管薪酬的一部分①。如果考虑这部分因素的影响，两类群体间的收入差距又会是多大？2012年，国有企业内部这种差距大约为40倍，央属国企中的差距仍高于地属国企中的差距（见表2-3）。这种情况的出现说明股权激励的实施显著改善了高管收入水平，有助于他们获得与能力程度相一致的报酬。但相对于私营企业而言，这种差距仍是较小的。还考虑了股权超额薪酬后高管与普通职工基本收入差距，结果汇总于表2-4中。

表2-3　　　　　　　　高管与普通职工薪酬差距Ⅲ

年份	国有企业	央属国企	地属国企	私营企业
1999	9.1862	6.4431	10.3353	18.5250
2000	7.8727	5.9907	8.6531	170.1131
2001	7.2767	6.4779	7.5924	34.0460
2002	10.0286	10.1891	9.9651	45.2329
2003	9.5530	8.3482	10.0459	68.9156
2004	15.9117	9.4690	18.6483	134.1358
2005	9.6287	7.4094	10.5787	55.8091
2006	10.9802	9.0135	11.8308	174.1729

---

① 根据央企上市公司2013年年报披露的数据显示，347家公司中52位董事长持有股份总市值35.33亿元，人均6794万元。详见《财经眼：央企高管薪酬是职工16倍》，2014年8月31日，http://help.3g.163.com/14/0831/13/A4VSI1B700964LVR.html。

续表

年份	国有企业	央属国企	地属国企	私营企业
2007	45.1867	46.7671	44.4757	669.9072
2008	25.3108	22.3704	26.6478	318.6545
2009	45.3228	68.3889	34.5925	924.7308
2010	88.9124	152.9027	59.3544	1909.4930
2011	53.9156	91.5916	36.3696	1144.7920
2012	40.3340	47.8562	36.8135	893.1303

注：薪酬差距Ⅲ是考虑股权激励后的高管与普通职工基本收入的差距，具体的变量定义见后文。

表2-4　　　　　　　　　　高管与普通职工薪酬差距Ⅳ

年份	国有企业	央属国企	地属国企	私营企业
1999	4.4775	3.9266	4.7017	9.3979
2000	2.7857	2.8618	2.7556	4.5309
2001	2.1240	3.5733	1.5443	4.9051
2002	4.0481	2.7720	4.5607	4.2308
2003	4.3020	4.8031	4.0920	4.7933
2004	4.6808	3.7113	5.0924	4.2707
2005	4.1420	4.0797	4.1687	4.7197
2006	3.7887	3.9531	3.7173	5.0505
2007	4.9775	5.4797	4.7507	4.8091
2008	4.9594	4.2230	5.2937	4.7458
2009	4.6049	4.4523	4.6756	5.6666
2010	4.9419	4.9701	4.9289	4.5166
2011	5.1586	5.8724	4.8262	5.2081
2012	4.9397	5.6563	4.6038	4.9398

注：薪酬差距Ⅳ是考虑股权超额薪酬后的高管与普通职工基本收入的差距，具体的变量定义见后文。

就横向的比较而言，美国的经验数据显示，350家企业高管与普通职工薪酬水平的差距1983年、1993年、2003年和2013年分别为46倍、200倍、300倍和331倍[①]，薪酬差距扩大的趋势十分明显。快速扩大的薪酬差距，也

---

① 美国工会组织劳联—产联（AFL-CIO）。

使得美国社会中普通大众对收入理想之和期望值间的差距迅速增加。

薪酬差距过大，主要是如下三方面的原因导致的：

首先，国有企业中高管薪酬的制定并非完全是市场决定的，在一定程度上难以有效反映高管真正的贡献度。而私营企业中高管的流动性较强，因此薪酬水平的设定主要由市场决定。

其次，企业价值最大化在一定时期内并非是国有企业的主要经营目标，却是私营企业的核心经营目标。这种经营理念上的差异使两种类型企业在薪酬的作用和水平认识上存在一定的差异。即便国有企业开始转变这种经营理念，但也难以实现跨越式的薪酬增长，因为此类型企业薪酬的设定还具有较强的示范效应。在上述两个因素的影响下，国有企业内部高管与普通职工薪酬差距虽有扩大，但幅度仍是较为有限的。

最后，私营企业中或多或少存在用工不规范，以及工资待遇的克扣现象，也在一定程度上导致了内部薪酬差距的扩大。事实上，收入差距的好坏并不能仅仅根据其绝对和相对大小来判断，而应该在企业发展的背景下以成本观的视角进行分析。

高管的超额薪酬也被称为未预期的经理薪酬，Fama（1980）认为高管薪酬超出平均值的部分就是高管个人能力的体现。在理论层面上，学者们已经开始将高管超额薪酬逐渐分析范围，由此分析其所具有的潜在影响。按照这种思路，如果将超额薪酬纳入考虑范围，高管和普通职工薪酬差距将会如何变化？本章发现，如果仅仅将超额薪酬考虑在内，两类群体间收入差距存在缩小的趋势。导致这种现象的主要原因，在于高管个人能力不断得到认可，其收入水平中已经较多地包含了之前未被认可的部分。

二、分行业分地域的收入差距

分行业看，国有企业和私营企业中高管与普通职工薪酬差距的相对值基本类似，但央属国企和地属国企中的差异较大。导致这种现状的主要原因在于两种类型企业的规模和经营范围等方面存在较大差异，涉及国计民生的相关产业中主要是央属国企，而地属国企则在相对具有地方性的领域中生产和经营，导致市场势力存在显著区别。在其他条件给定的情况下，两类企业的盈利能力以及薪酬分配由此存在较大差异。

由于中国经济存在区域间发展的失衡，那么，国企高管与普通职工的薪酬差距是否在不同省级行政单位之间存在较大差异？总体而言，国有企业与私营企业中内部两类群体薪酬差距的区域分布特征具有较大的相似性。就央属国企而言，企业内部两类群体薪酬差距的大小，基本与区域经济发展程度相一致（见表2-5）。就私营企业而言，两类职工薪酬差距最大的是浙江省（见表2-6），也与该省私营企业比重高、经济发展较为成熟的现状相符合。而在国有经济较大而私营经济比重较低的吉林省，这种群体间收入差距就相对较小，但地属国有企业内部的薪酬差距却相对较大。这种情形的出现说明薪酬差距的大小既与某区域内国有私营企业比重相关，又与经济发展程度密切相连。私营经济相对较为发达和经济发展程度较高的区域中，国有企业内部薪酬差距相对较小，而私营企业中的薪酬差距却相对较大。

表 2-5　　　　　　　　　2012 年分行业高管与普通职工薪酬差距

行业	国有企业	央属国企	地属国企	私营企业
1	5.5771	1.8508	5.8637	7.3513
2	8.4770	6.6272	9.3676	8.2551
3	7.2817	7.0282	7.4276	7.2999
4	4.7333	4.4909	4.8660	5.2755
5	5.6474	6.1267	5.1311	5.5253
6	8.6355	10.2781	8.1974	8.9101
7	5.7877	5.8146	5.7791	6.2733
8	8.2051	5.2312	8.2051	9.2818
9	5.9089	23.9293	7.0382	6.3760
11	8.6797	5.9992	5.9565	8.6186
12	6.5544	5.0486	6.6777	8.5903
14	7.3808	16.8556	6.4333	6.7829
17	8.2447	4.7716	8.4927	8.1520
18	6.6226	4.0738	6.9059	7.1456

　　注：行业是按照证监会《2012 年 4 季度上市公司行业分类结果》分类的，薪酬差距是基本薪酬差距，也即薪酬差距Ⅰ。具体而言，1~18 分别代表如下行业：农林牧渔业（1）、采矿业（2）、制造业（3）、电力热力燃气及水生产和供应业（4）、建筑业（5）、批发和零售业（6）、交通运输、仓储和邮政业（7）、住宿和餐饮业（8）、信息传输、软件和信息技术服务业（9）、房地产业（11）、租赁和商务服务业（12）、水利、环境和公共设施管理业（14）、文化、体育和娱乐业（17）、综合（18）。由于金融行业（10）的特殊性，以及居民服务、修理和其他服务业（13）、卫生和社会工作（15）中样本过少，这里没有考虑。

表 2－6　　　　　　　　2012 年分地域高管与普通职工薪酬差距

地域	国有企业	央属国企	地属国企	私营企业	地域	国有企业	央属国企	地属国企	私营企业
1	7.1138	6.7215	7.9377	7.5482	16	6.5619	7.1376	6.2453	6.8273
2	5.1512	6.0969	4.7309	8.0509	17	6.5132	4.3709	7.9058	8.3100
3	6.2925	7.1992	5.7745	8.3972	18	7.3687	5.7169	8.1258	7.3358
4	4.7867	3.4463	4.9543	8.7184	19	13.6111	19.6919	10.8471	8.3610
5	7.8591	6.6294	9.3347	5.5569	20	5.4603	5.9667	5.3759	9.7587
6	6.6185	5.1018	6.8943	6.7423	21	8.9877	3.4148	9.6843	5.8829
7	8.5137	3.5550	11.6693	5.5667	22	4.9437	4.1333	5.3858	7.5064
8	6.9253	5.0764	9.3025	7.3254	23	5.8597	4.7981	6.7366	8.4090
9	5.4538	5.4500	5.4554	7.1088	24	5.8842	6.0832	5.7137	7.0108
10	5.8728	4.9649	6.1679	6.7152	25	4.7162	4.1733	4.8067	9.2107
11	7.5119	10.0221	7.0936	8.0903	26	2.6833	n. a.	2.6833	4.2857
12	5.9054	6.0411	5.8757	9.3647	27	5.2662	5.6191	5.1002	6.4615
13	8.7375	n. a.	8.7375	8.0626	28	5.3334	6.6110	4.8543	8.7370
14	8.0534	11.0829	7.4475	11.6313	30	5.0599	5.0599	7.2718	8.6257
15	7.5824	6.4647	7.9284	2.6590	31	5.5193	8.1012	4.7040	8.6233

注：数据未获得的省份表中未体现。薪酬差距是基本薪酬差距，也即薪酬差距I。具体而言，1~31 分别代表如下地区：北京市（1）、天津市（2）、河北省（3）、山西省（4）、内蒙古自治区（5）、辽宁省（6）、吉林省（7）、黑龙江省（8）、上海市（9）、江苏省（10）、浙江省（11）、安徽省（12）、福建省（13）、江西省（14）、山东省（15）、河南省（16）、湖北省（17）、湖南省（18）、广东省（19）、广西壮族自治区（20）、海南省（21）、重庆市（22）、四川省（23）、贵州省（24）、云南省（25）、西藏自治区（26）、陕西省（27）、甘肃省（28）、青海省（29）、宁夏回族自治区（30）、新疆维吾尔自治区（31）。为了便于比较，这里舍弃了只有央属国企、地属国企或者私营企业的区域。

　　由于上述按地域划分的各行业间高管与普通职工收入差距的可比性相对较差，在这里以制造业为分析对象，计算各省级区域内两类群体的收入差距（见表 2－7）。容易发现，绝大多数区域中国有企业中两类群体收入差距的相对值比私营企业低，但部分地区央属国企两群体的收入差距高于私营企业中的收入差距水平。导致这种原因出现的主要原因，在于大部分央属国企具有某种资源性或行政性垄断因素，其自身规模扩张成为主导某一领域内利润获取的主要方式，因此带有垄断性利润的特征，由此导致薪酬的分配过程中部分高管薪酬的偏高。此外，样本中并未包含中国超大型的国有企业，主要是因为这部分国有企业要么在海外上市，要么样本信息不全，要么难以匹配。

因此在一定程度上可能存在低估高管与普通职工真实薪酬差距的可能性。

表2-7　　　　　　　　2012 年制造业分地域高管与普通职工薪酬差距

地域	国有企业	央属国企	地属国企	私营企业	地域	国有企业	央属国企	地属国企	私营企业
1	7.7207	7.3143	8.5960	7.0297	16	6.7321	7.1376	6.3604	6.5810
2	7.2013	5.5532	7.4368	7.7656	17	6.0088	4.3914	8.0305	8.3293
3	6.3236	7.1992	5.5453	7.5324	18	7.6476	6.1143	8.9021	6.2055
4	4.6611	3.4463	4.9648	7.8721	19	16.0533	18.3172	15.0022	8.5572
5	10.4272	9.7910	10.9043	6.0564	20	5.7951	8.3526	5.4298	9.6507
6	6.4129	5.7239	6.6008	6.9180	22	4.4732	5.0570	4.1813	6.3671
7	7.5586	3.8090	9.9021	5.7528	23	6.2350	4.5180	7.6658	7.2807
8	4.9190	5.1298	4.6029	6.4114	24	5.5886	6.3064	4.9904	4.8945
9	4.9336	5.0086	4.8946	7.5870	25	4.9904	3.9438	5.1807	9.4614
10	6.4414	5.0428	7.4030	6.6459	27	4.4974	5.6191	3.5003	6.5862
11	7.3654	11.5957	6.8013	8.3440	28	4.9589	6.6110	3.9676	8.9034
12	5.9657	5.8561	5.9932	9.3996	30	5.0599	5.0599	5.7585	6.4059
14	8.3591	11.0829	7.3376	12.2986	31	6.1624	8.1012	5.1930	5.8722
15	8.5159	6.7333	9.0909	1.7861					

　　注：数据未获得的省份表中未体现。薪酬差距是基本薪酬差距，也即薪酬差距 I。具体而言，1~31分别代表如下地区：北京市（1）、天津市（2）、河北省（3）、山西省（4）、内蒙古自治区（5）、辽宁省（6）、吉林省（7）、黑龙江省（8）、上海市（9）、江苏省（10）、浙江省（11）、安徽省（12）、福建省（13）、江西省（14）、山东省（15）、河南省（16）、湖北省（17）、湖南省（18）、广东省（19）、广西壮族自治区（20）、海南省（21）、重庆市（22）、四川省（23）、贵州省（24）、云南省（25）、西藏自治区（26）、陕西省（27）、甘肃省（28）、青海省（29）、宁夏回族自治区（30）、新疆维吾尔自治区（31）。为了便于比较，这里舍弃了只有央属国企、地属国企或者私营企业的区域。

本 章 小 结

　　中国国有企业高管与普通职工薪酬差距的产生和扩大是在国有企业建立现代企业制度过程中逐渐浮现的。在此过程中，国有企业中职工的收入，与企业绩效发展间的联系日益密切，薪酬分配的相对重要性也得到了重新的认识。一定的薪酬差距对国有企业内生产率和管理水平的改善具有较为正面的意义，也促进了国有企业整体的发展。在此意义上，国有企业内部职工薪酬差距的产生是难以避免的，在一定程度上是合理的。

即便国有企业推行了薪酬改革，但近年来高管与普通职工的薪酬差距持续扩大成为理论和实践部门关注的焦点。本章使用了高管薪酬的五类指标，进而有五类衡量高管与普通职工薪酬差距的指标。这五种度量方式分别是：高管与普通职工的基本薪酬差距、剔除社会保障后的两者薪酬差距、加入股权激励后的两者差距，考虑高管超额薪酬在内的两者收入差距，以及考虑在职消费在内的高管与普通职工收入差距。由于中国国有企业在行政归属级别上存在差异，还进一步细分了隶属于中央的国有企业（央属国企）和隶属于地方的国有企业（地属国企）。为了更加清晰地了解国有企业内部高管与普通职工薪酬差距相对大小的意义，还计算了私营企业中高管与普通职工的薪酬差距的相对值作为参考。

1999～2012年，无论是何种四种指标，中国国有企业内部高管与普通职工薪酬的差距均显著扩大了。其中社会保障因素在调节这种薪酬差距的过程中具有较为重要的意义。随着企业所有者对高管股权激励的加入，两类群体间收入差距扩大的趋势更加明显，但仍低于私营企业中的水平。这说明了两方面的问题：首先，国有企业中高管激励水平显著低于私营企业中的激励水平。虽然国有企业中普通职工的薪酬总体是高于私营企业中普通职工薪酬的，但即便考虑这种影响因素，也难以解释私营企业中薪酬差距水平是国有企业中20倍以上，以及私营企业中总资产回报率等财务指标也显著高于国有企业中的总资产回报率等相关财务指标。其次，国有企业中高管与普通薪酬差距的高低，与所处省级行政单位内国有企业私营企业的相对比重，以及国有企业垄断势力的大小密切相关。如果国有企业比重过高，并且省级区域内经济发展程度较为有限，那么这种内部薪酬差距也相对较小。如果国有企业比重过高，并且省级区域内经济发展程度较高，那么这种内部薪酬差距也相对较大。这种情形的出现，也说明了国有企业高管与普通职工薪酬差距的产生与市场化程度之间的紧密联系。

第三章　国企高管与普通职工薪酬差距激励效应的检验

第二章从制度层面和现实差距的大小两方面对国有企业内部高管与普通职工薪酬差距进行了分析。那么，这种薪酬差距对国有企业又具有怎样的影响？为解决这一问题，本章开始引入一个判断标准，即国有企业的发展绩效。在本章中，将以国有企业绩效的好坏来判断内部薪酬差距是否合理。具体而言，如果薪酬差距在一定程度上有助于企业绩效的提升，那么这种收入差异是具有一定正面意义的。如果薪酬差距的扩大没有伴随着企业绩效的提升，反而导致了效率损失，那么这种薪酬差距的存在则是无益的。为较好地阐述这一问题，本章将主要从静态层面和动态层面分别就这一问题展开论述。

第一节　静态层面：国企内部薪酬差距的激励效应

长期以来，国有企业内部高管与普通职工薪酬差距[①]始终是理论和现实层面的重要问题之一（黎文靖等，2012；邢春冰等，2013；Baranchuk et al.，2014）。由于攀比效应（Ana et al.，2013；Michael and Yang，2013）、监管乏力（张军等，2004）以及替代性薪酬（Rajan and Wulf，2006；梁上坤等，2014）[②] 等因素的影响，国有企业高管薪酬持续走高。2012 年，副部级国企

[①] 需要说明的是，高管与普通职工收入差距并非越大问题就越严重，因为这有可能是普通员工工资过低而高管有效激励不足导致的。反之，两者差距越小的一种情形便是普通职工的薪资相对较高，此时虽然高管和普通职工对薪酬均比较满意，但难以在薪酬差距中有效反映出来。在此意义上，本书需要在分析的过程中控制普通职工或者高管的薪酬绝对额。

[②] 2014 年 3 月，广东省着手对国企高管的在职消费进行规范。

高管的薪酬达到 316.2 万~4680.5 万元①，较 2011 年增加 9.9%~14.56%。由于在职消费和高管权力等因素的影响，高管的隐性收入暂时难以准确衡量。为此，在 2014 年"两会"上，建立可比性工资制度②等约束高管收入的方案受到社会的广泛关注。

在理论层面上，学者主要将研究重心置于高管薪酬的有效性和规范性问题上（Jensen and Meckling，1976；陈冬华等，2005；Cornett et al.，2008；Gabaix and Landier，2008；方军雄，2009；梁上坤等，2014），而就高管与普通职工薪酬差距对企业发展潜在影响的分析相对较为欠缺（周权雄等，2010；黎文靖等，2012）。随着研究的不断推进，理论层面上的锦标赛理论和社会比较理论也在一定程度上得到了现实经验证据的支持（周权雄等，2010；黎文靖等，2012）。国企内部收入分配问题固然涉及各群体收入合理数量的确定问题，但这主要是一个应然层面的问题。那么，在实然层面上，既定的分配格局下这种高管与普通职工薪酬差距对企业发展所可能具有的影响，也是正确认识差距的另一种视角。黎文靖等（2012）在国企内部薪酬差距的激励效应研究中提出了锦标赛理论和社会比较理论适用的具体条件，认为薪酬差距较小时锦标赛理论能够较好地解释现状，而薪酬差距一旦变大，社会比较理论就与现实更相符。但囿于作者发表文章篇幅的限制，黎文靖等（2012）的文章仍存在两方面的拓展之处：首先，为了计算 TFP 的需要，黎文靖等（2012）将研究的国有企业样本限制在制造业行业中。虽然诸多国有企业处于制造业行业，但由于国企内部薪酬差距广泛地存在于诸多行业中，因此全面地评估这种影响以及分析这种影响的传导机制就显得较为必要。并且由于国有企业存在显著的产业特征、规模效应以及部分国有企业中所可能存在的垄断效应，都在一定程度上使这种可能存在的激励效应出现一定的差异。其次，高管薪酬的内涵存在完善空间。目前的研究指出，除却股权激励外，高管未预期的薪酬以及在职消费都能够在一定程度上成为高管的隐性收入形式（陈冬华等，2005；Rajan and Wulf，2006；权小锋等，2010；姜付秀等，2011；张敏等，2013），并且在职消费所占的比重有逐年增加的趋势

（梁上坤等，2014）。黎文靖等（2012）虽然考察了包括现金薪酬在内的两种差距形式以及股权激励所可能具有的影响，但显然忽略了后两者所可能具有的影响。在上述学者的研究基础之上，本书能够在一定程度上更详细地展开相关研究，并且在全面定义高管收入的基础之上研究这种高管与普通职工薪酬差距就显得较为必要。

在实践层面上，我国高管与普通劳动者之间的收入差距在 20 世纪初尚未达到最优水平，国有企业受到政策因素的影响较大，其内部劳动者的收入差距目前仍处于受抑制的状态（林浚清等，2003）。2003 年实行年薪制①后，国企内部劳动者收入差距显著扩大，从 2000 年的 3.06 倍扩大至 2012 年的 7.33 倍②（见图 3-1），但总资产回报率却显著低于私营企业和外商投资企业（见图 3-2）。就 2012 年度而言，房地产业中的国有企业薪酬差距达到 8.68 倍的峰值。André（2014）从公司内部个人主义文化的角度对此现象进行了阐释，他认为更多的个人主义文化将使管理行为更复杂化。即便如此，如果高管和普通职工薪酬差距持续扩大，是否真的对企业发展有利而无害？就目前的研究结论而言，一般支持国企内部薪酬差距对企业发展是较为有利的（黎文靖等，2012）。

本节可能的贡献主要体现在：首先，基于 1999～2012 年上海证券交易所和深圳证券交易所国有上市公司的数据，从包含未预期薪酬和在职消费在内的五个不同的角度对高管与普通职工的薪酬差距进行了定义，并在此基础上对这种差距所可能具有的激励效应进行了分析。考虑到央属国企和地属国企可能存在的业绩表现差异，可能存在的产业效应和规模效应，以及部分垄断型行业中的特殊性，着重从这几个角度对这种可能存在的激励效应进行分析和检验。其次，为了量化宏观环境的影响，首次测算劳动楔子（labor wedge）和税收楔子（tax wedge），并将两者分别作为劳动力供给和税收政策变化的代理指标，对宏观经济环境进行描述。研究结果显示，地属国企在部分情况

---

① 2003 年推行年薪制时曾规定，高管年薪不得超过普通职工平均工资的 12 倍。

② 以国有工业企业为例，这种差距迅速的扩大主要是因为如下三个原因：首先，国有企业的亏损面和亏损深度显著得到改善。1999～2012 年，国有工业企业亏损面从 39.15% 下降至 24.51%，亏损深度从 96.88% 下降至 21.85%。显著改善的企业绩效为职工薪酬分配改善提供了较为有利的外部条件。其次，在控制普通员工薪酬水平的情况下，本书发现高管薪酬的增长速度更快，这主要是由于年薪制的核心在于将高管薪酬与企业绩效相联系。最后，国企改制使大批人员分流，2012 年国有工业企业中的从业人数仅为 1999 年的一半左右。快速改善的企业绩效以及职工数量的不断减少，为高管薪酬的快速增长提供了契机。

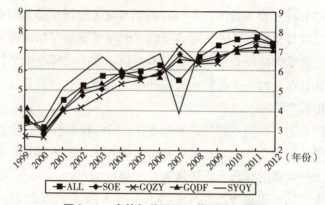

图3-1 高管与普通职工薪酬差距趋势

注：ALL、SOE、GQZY、GQDF 和 SYQY 分别代表全部样本、国有企业、央属国有企业、地属国有企业和私营企业的薪酬差距。

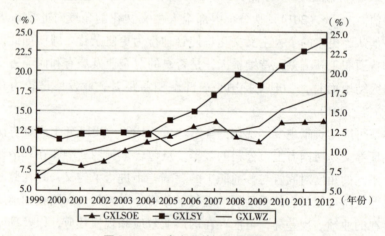

图3-2 三类企业的总资产贡献率

注：GXLSOE、GXLSY 和 GXLWZ 分别代表国有及国有控股工业控股企业中的总资产贡献率、私营工业企业中的总资产贡献率和外商及中国港澳台地区投资工业企业中的总资产贡献率。

资料来源：CSMAR。

下比央属国企能更好地实现财务指标，但对企业效率的促进能力相对较弱。无论是央属国企还是地属国企，在高管薪酬中纳入股权激励确实有效促进了企业财务指标和企业生产效率的提升，但当高管薪酬一旦与公司价值联系松散或者与权力联系过于紧密时，反而对企业发展不利。

一、理论基础与假说提出

在理论层面上，国有企业高管薪酬安排涉及最优契约理论、委托代理理论以及管理者权力理论。最优契约理论的核心是有效的薪酬安排能够促使高管最大化企业价值（Jensen and Meckling，1976），但现实中的情形并不总是与理论一致（Jensen and Murphy，1990）。委托代理理论主要尝试解决具有经济人属性的高管如何在信息不对称条件下最大化私有收益的现象（Spence and Zeckhauser，1971；Fama，1980；Grossman and Hart，1983）。管理者权力理论提出管理者权力在薪酬制定中不可替代的作用（Weisbach，2007；徐细雄等，2013）。在我国，国企内部高管与普通职工收入差距对企业发展具有的激励作用已经得到一定程度的证实（黎文靖等，2012；邢春冰等，2013）。即便如此，此方面的文献相对较为匮乏，系统地就高管与普通职工对企业发展影响的理论分析也相对较少。在此部分中，将主要从国企内部职工收入分配来源、高管收入是否真的过高以及职工薪酬是否过低这三个方面对制度安排进行梳理，并对已有成果进行归纳，为后面的分析提供一定的理论支持。

（一）高管薪酬是否真的过高

由于高管在经营目标、权力约束和受到的监管等方面与普通劳动者存在较大的差异，其工资收入中的个性特征也较为明显。国有企业高管的工资分配是否合理往往涉及人力资本、管理层权力和企业绩效等方面的分析。一般的研究文献支持高管具有对自身薪酬操控的动机和能力。一般而言，高管具有的权力越大越容易为自己创造私有收入（陈震等，2011；徐细雄等，2013）。由于管理者收益是企业规模的增函数，大公司支付的薪酬水平往往也会更高（Baker and Hall，2004；Gabaix and Landier，2008，2013）。为了对不同归属层级的国有企业进行详细分析，部分学者开始区分央属国企和地属国企，发现央属国企高管更倾向于隐性的非货币性私有收益，而地属央企则更偏好显性的货币性私有收益（权小锋等，2010）。在国有企业内部，较大的薪酬差距使企业投资效率降低，也使普通劳动者积极性出现一定程度的降低（黎文靖等，2012）。

随着国企改革的深入推进，上市公司总经理的收入与公司业绩的相关性被广泛证实（Murphy，1985；陈冬华等，2005；李维安等，2005；辛清泉等，2007，2009；方军雄，2009，2012），这主要是由于市场化进程不断深化（辛清泉等，2009）、预算约束不断硬化（方军雄，2007）以及高管强化自身背景信息的需要（黄继承等，2013）等。高管收入存在显著的尺蠖效应，即业绩上升时的薪酬增加值高于业绩下降时的薪酬减少值（方军雄，2009）。高管收入尺蠖效应的存在使高管与普通职工的收入差距存在进一步扩大的趋势。由于普通职工中这种效应相对微弱，因此，随着国有企业普遍实行高管年薪制和增加管理者权力，高管与普通劳动者的工资收入差距迅速扩大（吕长江等，2008；方军雄，2011；陈震等，2011；徐细雄等，2013）。高管与普通劳动者的工资收入差距扩大，也开始在理论层面上受到重视（张正堂，2008）。过大的内部职工薪酬差距对企业经营绩效具有一定的负面影响（张正堂，2008）。但也有部分学者指出，相对规模、行政垄断和业绩等薪酬决定性因素，管理者权力对自身薪酬的影响水平较为有限（权小锋等，2010；陈震等，2011）。

与此同时，我国国有企业在改革过程中高管薪酬与市场业绩的联系难以有效提升，其中的原因包括改制过程中的冗员（薛云奎等，2008）、薪酬管制（陈冬华等，2005；陈信元等，2009）、预算软约束（卢峰等，2004；盛明泉等，2012）、攀比效应（Ana et al.，2013；Michael and Yang，2013）、对控制权收益的追求（Fama，1980；张维迎，1998）以及监管等方面的缺位（张军等，2004），导致国有企业工资分配改革逐渐偏离了既定方向。在放权让利的改革过程中，国有企业高管经营管理权逐步扩大（卢锐，2007），且自身权威不断得到强化（张军等，2004），由此导致权力薪酬的出现（权小锋等，2010；徐细雄等，2013）。在此情况下，如何有效设计董事会构成以监督高管权力成为一个重要命题（Baldenius et al.，2014）。高管对国有企业内部资源配置的能力不断提升，增强了自身在薪酬设定上的优势地位，而普通劳动者则逐渐变得弱势（张军等，2004；权小峰，2010），成为尺蠖效应的制度基础（秦晖，2006）。由于薪酬管制的存在，在职消费也是高管重要的隐性收入之一（陈冬华等，2005；Rajan and Wulf，2006）。对高管薪酬的规范，需要政府介入和媒体监管同时发挥作用（杨德明等，2012）。

虽然高管与普通劳动者之间的薪酬差距过大对国有企业的发展和薪酬公平性存在一定的负面影响，但高管团队内部的薪酬差距，却在一定程度上有助于公司绩效的提升。林浚清等（2003）认为，高管间内部收入差距越大，越有助于企业绩效的提升。他们进一步指出，国有股份的比重越高，会在一定程度上减少高管内部的绝对和相对收入差距，从而削弱了锦标赛理论中的激励作用。

（二）普通职工工资是否过低

那么，目前国有企业中普通职工的薪酬水平过低？部分学者指出，在所有制和行业垄断等因素的影响下，国有企业内部劳动者的收入水平还是显著高于非国有企业劳动者的工资收入水平（张原等，2008；陆正飞等，2012）。

综上所述，国有企业内部高管与普通职工收入差距的产生和发展具有其特定的历史背景。迄今为止，仅有少数学者对这种可能的激励效应进行了分析，如黎文靖等（2012）。为了便于计算 *TFP*，黎文靖等（2012）将研究样本限制在国有制造业行业，尚未对其他行业中国有企业的激励效应进行分析，并且其对高管与普通职工收入差距的内涵上仍有可拓展之处。那么，在国有企业改革再次成为社会关注焦点的背景下，这种高管与普通职工差距是否在国有企业内部具有激励效应？如果存在这种激励效应，那么，是否对高管和普通职工都具有一定的影响？随着分工进程不断细化，这种激励效应是否也会出现显著的产业效应和规模特征？部分行业中国有企业存在的垄断性是否又会使这种激励效应与其他竞争型行业中的激励效应存在差异？基于目前已取得的研究成果，本书拟对上述问题进行必要的解释。

二、研究设计及数据来源

根据已有的研究成果和研究方法，此部分将首先对研究设计进行阐述，然后介绍采用的主要指标，并对数据来源和样本选择进行说明。

（一）研究设计

研究设计主要包括两个部分：首先是对高管与普通职工薪酬差距激励效应的检验，其次是对这种激励的传导机制进行分析。借鉴黎文靖等（2012）和梁上坤等（2014）的研究思路，提出如下检验方程：

$$Incentive_{i,t} = \beta_0 + \beta_1 \times XJCJ_{i,t-1} + \theta_i \times Controls_{i,t-1} + \lambda_i \times Crossterms_{i,t-1}$$
$$+ \mu_{i,t-1} + v_{i,t-1} + \varepsilon_{i,t-1} \tag{3.1}$$

其中，$Incentive_{i,t}$ 表示激励性指标，具体包括企业层面的市场业绩和财务业绩，即 *ROA*、*ROE* 和 *Tobin Q*，以及职工层面上的 *TFP*[①]，职工平均产出以及职工平均增加值；$XJCJ_{i,t}$ 和 $Controls_{i,t}$ 分别代表平减以及对数化后的高管与普通职工薪酬差距以及主要控制变量；下文将进一步指出，这种薪酬差距包括

---

① TFP 的计算方式和黎文靖等（2012）基本类似，但在指标的度量上存在一定的差异，详见指标解释部分。

五种形式的度量，主要控制变量则包括企业经济层面和属性层面的指标，以及以劳动力供给和税收政策为代表的宏观经济环境主要指标；$Crossterms_{i,t}$代表研究过程中所设定的交叉项，根据需要解释的国企归属层级效应、产业特征、规模效应和垄断效应，主要包括国有企业归属层级、产业特征、企业规模、劳动密集以及垄断与五种薪酬差距指标的交叉项；μ_i 和 v_i 分别代表时间效应和地区效应；$\varepsilon_{i,t}$ 为特定异质性。

（二）指标选择

所选取的指标包括两个层面上的，即解释变量和被解释变量。被解释变量是激励性指标。主要解释变量是高管与普通职工薪酬差距，其他解释变量分为三类：一是企业经济层面的指标，包括企业绩效和公司治理结构等。二是企业属性层面的指标，包括企业所有制和生产经营类型等。三是宏观经济环境的度量，通过引入劳动楔子和税收楔子加以刻画。

1. 高管与普通职工薪酬差距。有效地测度高管的收入数量是准确判断高管与普通职工收入差距的重要前提之一。目前学者的研究主要从市场上薪酬设定的合理性来分析（方军雄等，2009），也有部分学者从道德风险和逆向选择的角度对上述问题进行分析（皮建才，2011；Sun，2014）。在上述研究过程产生了度量高管薪酬的多种方式，如直接使用会计报表中高管的年度报酬总额作为度量依据（方军雄等，2009，2011），或在此过程中考虑社会保障和股权激励的影响（黎文靖等，2012）。除了上述正常的高管收入之外，部分学者还从高管货币性私有收益的角度对高管薪酬进行度量和分析，具体包括研究高管操纵的货币化薪酬（权小锋，2010）、高管的在职消费等（陈冬华，2005；姜付秀，2011；梁上坤等，2014）以及高管的非预期性收入（辛清泉，2007；马连福等，2013）。上述学者提出度量高管收入的方式均在一定程度上反映了高管收入市场性和非市场性的一面。为了较好地研究高管收入与普通职工收入间的差距问题，综合研究和判断这种差距对企业经济等层面的影响是较为合适的。因此，根据目前的研究成果，在此使用如下五种方式定义高管和普通职工的收入差距①。

第一，仅考虑包括现金薪酬在内的高管收入，这也是目前文献中广泛使

---

① 为了控制物价变动的影响，本书根据省级层面的物价指数变动对相关收入进行了平减，然后再取对数进行分析。

用的定义方式之一（陈冬华，2005；陈信元，2009）。具体而言，使用高管中收入最高前三名的平均数额作为高管的薪酬，同时按照会计的一般方式对职工平均薪酬进行核算[①]。由此，得到高管与普通职工的薪酬差距度量指标Ⅰ（以下简称"差距Ⅰ"）。

第二，在薪酬差距中剥离社会保障所可能产生的影响，这和刘春等（2010）以及黎文靖等（2012）的处理方式是一致的[②]。由此，得到高管与普通职工的薪酬差距度量指标Ⅱ（以下简称"差距Ⅱ"）。

第三，在高管的收入中考虑股权激励所可能具有的影响。虽然部分学者指出我国上市公司中高管持股数量比例较低，但这与研究者当时所处的市场环境和政策背景具有密切联系。事实上，高管持股能够显著影响企业价值，通过为企业创造价值来提高自身收入（Morck et al.，1988；Baranchuk et al.，2014）。随着企业管权改革的推进，我国国有上市公司高管持股的比重在近年来都得到了较大的提升（苏冬蔚，2010），也由此产生了诸多通过上市产生的富人群体。在技术层面上，这里和黎文靖等（2012）的方式较为相似[③]，构建高管与普通职工的薪酬差距度量指标Ⅲ（以下简称"差距Ⅲ"）。

第四，将高管的超额薪酬纳入考虑范围。高管的超额薪酬也被称为未预期的经理薪酬，Fama（1980）认为高管薪酬超出平均值的部分就是高管个人能力的体现。部分学者已经从此角度研究了该收入对资本投资效率（辛清泉，2007）、薪酬外部公平性（吴联生等，2010）、企业绩效的滞后影响（方军雄，2012）以及与企业党组织治理之间（马连福等，2013）的关联。在此参考吴联生等（2010）和马连福等（2013）的技术处理方式，使用如下方程对高管超额薪酬进行估计：

$$\ln(comp_t) = \alpha_0 + \alpha_1 \times size_t + \alpha_2 \times lev_t + \alpha_3 \times roa_t + \alpha_4 \times roa_{t-1} + \alpha_5 \times dual_t$$
$$+ \alpha_6 \times bds_t + \alpha_7 \times soe_t + \alpha_8 \times con_t + \varepsilon_t \qquad (3.2)$$

其中，$\ln(comp_t)$ 是高管薪酬的自然对数，等式右边的变量依次是企业规模、

---

① 具体而言，将现金流量表中"支付给职工以及为职工所支付的现金"减去高管薪酬总额，从而得到普通职工薪酬总额。然后通过职工人数总额减去高管人数总额，得到普通职工人数总额。通过普通职工薪酬总额除以普通职工人数，由此得到普通劳动者的平均薪酬。

② 在技术层面上，按照刘春等（2010）以及黎文靖等（2012）的处理方式，将现金流量表中"支付给职工以及为职工所支付的现金"除以1.56，作为剔除社会保障因素后的职工收入。

③ 和黎文靖等（2012）技术处理方式类似，采用前三名高管持股数量与年末股价的乘积，作为股权激励条件下高管薪酬水平。

资产负债率、ROA、董事长和总经理是否两职合一、董事人数、国有企业虚拟变量和管理层持股。本书将采用分行业和分年度的方式对式（3.2）进行回归，将回归残差作为高管的未预期薪酬。对超额薪酬进行估算后再定义高管与普通职工的薪酬差距度量指标Ⅳ（以下简称"差距Ⅳ"）。

第五，由于在职消费是高管的一种替代性薪酬（陈信元，2009），本书尝试将高管在职消费货币化为高管自身的收入，这能够在一定程度上将高管所获得的隐性福利显性化（陈冬华等，2005；Rajan and Wulf，2006；姜付秀等，2011；梁上坤等，2014）。一般而言，目前有两种主要处理在职消费的方法，一种是根据公开的企业信息直接计算在职消费，如陈冬华等（2005）和姜付秀等（2011）的研究就是按照此思路进行的。另一种方法是将在职消费视为与企业的部分财务指标存在关联，从而通过方程估算出在职消费，如权小锋等（2010）和张敏等（2013）。为了克服年报数据披露中的诸多数据缺失问题，对有相关数据披露的公司进行数据搜集，采用八大类数据的加总作为在职消费的数据。对缺乏的数据按照权小锋等（2010）的方式进行估算。由此计算出高管与普通职工的薪酬差距度量指标Ⅴ（以下简称"差距Ⅴ"）。

2. 企业经济层面相关指标的构建。企业经济层面的指标包括企业绩效、公司治理结构以及劳动生产率。

（1）企业绩效的度量。迄今为止，学者对企业绩效主要从会计业绩和市场业绩两方面予以度量。具体而言，前者的度量指标包括资产回报率（ROA）和净利润/股东权益余额（ROE）。主要采用 ROA 和 ROE 作为企业业绩的度量指标。就市场业绩而言，在这里采用市场价值与期末总资产的比值（$Tobin\ Q$）。

（2）公司治理结构。根据目前公司治理方面的文献，这里采用资产负债率、董事长和总经理是否两职合一（权小锋等，2010；方军雄，2009；徐细雄等，2013）、管理层持股比重（吴联生等，2010；李增福等，2013）和独立董事的比重（方军雄，2009，2011；Cornett et al.，2008）作为公司治理的度量指标。

（3）劳动生产率。这里使用的劳动生产率指标和黎文靖等（2012）使用的较为类似，产出、资本和劳动指标分别使用的是企业的营业总收入、固定资产和员工人数，劳动生产率即为分行业分年度回归后的残差。采用这种方法，就能够在一定程度上将研究的样本从制造业的国有企业拓展到全部的国有企业。为了对企业劳动生产率进行更加全面的刻画并检验本书结论的可靠性，还使用员工平均产出和员工平均增加值对其进行定义。

（4）企业规模。诸多机构对企业规模做出过定义，如 OECD 对企业规模的定义。参考 OECD 对企业规模的定义，并结合我国的实际情况，将企业划分为大中小三种类型。

3. 企业属性层面相关指标的构建。这里所选取企业属性层面的指标包括企业所有制类型、企业的生产类型以及企业面临的行业间竞争三个指标。

（1）企业所有制。

目前对企业所有制的定义是按照最终实际控制人来判断的，通常使用色诺芬数据库来实现。本书也采取类似的做法，将样本中的企业细分为中央所属的国有企业（以下简称"央属国企"）、地方所属的国有企业（以下简称"地属国企"）和私营企业三类。

（2）企业生产类型。从企业是劳动密集型还是资本密集型的角度对企业类型进行了划分。陈冬华等（2011）曾经从人均营业收入的角度对次进行了划分，但存在如下问题使该指标存在局限：首先，劳动密集与资本密集的叙事空间是就劳动和资本而言，劳动和资本之间的替代关系是判断劳动密集型和资本密集型的核心。遵循这一思路，目前已有学者尝试从此角度研究我国劳动和资本的要素市场化过程（张莉等，2012）。其次，人均营业收入中包含有较多的干扰因素，某些年度由于市场需求因素的变化而可能导致营业收入出现较大的波动，或者可能存在营业收入不变的情况下员工规模出现较大变动，如国有企业改革过程中的减员增效，就更多的是在存量不变的前提下进行的结构性调整。由于难以有效估算微观层面上的 CES 生产函数，第一种思路难以直接被采用。此外，也难以有效控制第二个问题中的干扰性因素。即便如此，可以使用类似的思路对这一问题进行分析，在此采用劳动者人均资产作为判断企业是否能够归属于劳动密集型企业。

（3）行业间竞争。根据证监会 2012 年公布的行业分类标准所所属行业对小类行业和大类行业进行定义。为了对行业间竞争程度进行判断，在此引入赫芬达尔指数（the herfindahl index，HHI）来进行判断。考虑到年度间的差异并遵照一般的判定标准，由此定义了国有企业中的垄断行业和竞争性行业。

4. 宏观经济环境的度量。宏观经济指标的度量有多种。由于企业的生产经营活动主要受到劳动力供给、税收政策、国有经济比重以及市场化程度的影响，因此，使用劳动力市场上和税收层面的两项指标来分别刻画宏观经济环境。就劳动力市场上的指标而言，本书选用劳动楔子①（labor wedge）予以刻画。劳动楔子构建的核心思想是同时考虑收入正效用与劳动负效用下微观个体就劳动时间的分配，也即研究市场上劳动与闲暇时间的配置问题。在税收层面上，相应使用税收楔子（tax wedge）来测度市场上企业所面临的税收环境。国有经济比重与区域内国有经济的发展具有密切联系。因此，使用国有企业利润占当地全部工业企业利润总额的比重来度量。此外，为了刻画我国市场化的相对进程，使用樊纲的《中国市场化指数 2011》中的数据进行分析。为了便于分析，假定省域内各县所面临的市场发展限制和制度约束基本相似，由此将省级层面的市场化指数转换为企业微观层面的市场化指数。

劳动楔子的具体构建过程如下：Loukas（2014）使用的 CD 生产函数和效用函数，从企业和个人两个角度分别定义了劳动楔子的测度方式，其核心思想是劳动者获得的实际工资水平与经济学中断言的边际产品和税收调整后的消费闲暇替代率之间均存在差异，具体为：

$$\tau_t^f = \log(1 - \alpha_m) - \log(s_t) \tag{3.3}$$

$$\tau_t^h = \log(1/\alpha_l - 1) + \log(s_t) + \log(l_t/n_t) + \log(y_t/c_t) - \log[(1 + q^c)/(1 - q^n)] \tag{3.4}$$

其中，α_m 和 s_t 分别为理论和实际层面劳动者的收入份额；α_l 是消费和闲暇之间闲暇的相对份额；y_t、c_t、l_t 和 n_t 分别代表产出、消费、闲暇和劳动力数量；q^c 和 q^n 是消费和劳动的实际有效税率（effective tax rate）。

式（3.3）和式（3.4）分别为企业层面的劳动楔子和个人层面的劳动楔子。Loukas（2014）认为企业层面楔子即劳动者实际所得偏离理论所得，而个人楔子则是实际所得与劳动闲暇效用之间的差异。

为了进一步检验 Loukas（2014）提出劳动楔子测算方程的有效性，本书继续引入 Shimer（2009）提出的劳动楔子方程：

$$wedge(s^t) = 1 - \frac{\gamma}{1 - \alpha_m}\left(\frac{c(s^t)}{y(s^t)}\right)h(s^t)^{\frac{1+\varepsilon}{\varepsilon}} \tag{3.5}$$

其中，γ 为劳动厌恶系数。在该方程中，消费率、工作时间、劳动收入份额、

---

① 无论是在成熟的市场经济体还是在成熟中的市场经济体中，劳动者在市场中的边际产品与其税收调整后消费闲暇的替代率（tax-adjusted marginal rate of substitution）之间总是存在一个差额，即为近期研究中所称的劳动楔子。关于劳动楔子和税收楔子的具体测度方式及结果，详见赵颖，《中国劳动楔子的测度研究》，工作论文。

劳动负效用以及 Frisch 弹性将共同决定劳动楔子的大小。可以看出，劳动负效用的提升、劳动时间的增加、消费率的增长以及劳动收入份额的下降，都会在一定程度上减少这种劳动楔子。

（三）样本选择

本书的研究样本是沪深两市的上市公司，考察时间覆盖 1999～2012 年。对样本进行了如下筛选：（1）剔除金融行业和样本缺失的数据；（2）对收入类指标按照 2012 年的不变价进行了平减；（3）对 1% 的极端值进行 Winsorize 处理。由此，一共获得 14 个年度 20993 个样本。数据来源于国泰安数据库以及色诺芬数据库。主要变量的统计描述见表 3－1。总体而言，五种薪酬差距指标中，股权激励也对薪酬差距具有较大影响①，纳入高管在职消费收入对数化后的差距较为显著。

表 3－1　　　　　　　　　　　　　　主要变量的统计描述

类别	变量	样本数	均值	中位数	最小值	最大值	标准差
五类薪酬差距指标	薪酬差距Ⅰ	19029	0.0642	0.0469	0.0016	0.3585	0.0597
	薪酬差距Ⅱ	19029	0.1033	0.0748	0.0022	0.5979	0.0980
	薪酬差距Ⅲ	19026	0.0288	0.0006	0.0000	0.7598	0.1076
	薪酬差距Ⅳ	19788	0.0419	0.0186	0.0003	0.4460	0.0687
	薪酬差距Ⅴ	19775	2.4939	1.0269	0.0284	34.5175	4.6317
企业经济层面指标	ROA	20989	0.0288	0.0353	-0.4046	0.1969	0.0777
	ROE	19597	0.0581	0.0739	-0.9698	0.4099	0.1711
	Tobin Q	20983	1.6509	1.3374	0.6905	6.9504	0.9899
	负债率	20990	0.4886	0.4783	0.0496	1.7978	0.2593
	两职合一	20993	0.1696	0.0000	0.0000	1.0000	0.3753
	管理层持股	20992	0.0477	0.0001	0.0000	0.6624	0.1406
	独立董事比重	20993	0.2998	0.3333	0.0000	0.8000	0.1343
	资产规模	20991	21.3896	21.2314	18.8373	25.8267	1.1763
	TFP	20781	0.0067	-0.0770	-2.3723	2.6397	0.9163

① 需要指出的是，这里高管与普通职工的薪酬经过了对数化处理，因此两者差值大于 0 就意味着这种差距为正。联系到高管或者普通职工对数化后的实际数值，本书才能够根据这种差距还原差距的绝对额。

类别	变量	样本数	均值	中位数	最小值	最大值	标准差
企业经济层面指标	员工平均产出	20793	13.3167	13.2399	10.5468	16.8319	1.1648
	员工平均增加值	9750	−0.6407	−0.7386	−3.9034	3.6600	1.4764
企业属性层面指标	小型企业	20993	0.0373	0.0000	0.0000	1.0000	0.1896
	中型企业	20993	0.2933	0.0000	0.0000	1.0000	0.4553
	大型企业	20993	0.6694	1.0000	0.0000	1.0000	0.4705
	国有企业	20993	0.5187	1.0000	0.0000	1.0000	0.4997
	央属国企	20993	0.1571	0.0000	0.0000	1.0000	0.3639
	地属国企	20993	0.3616	0.0000	0.0000	1.0000	0.4805
	劳动密集	20993	0.5001	1.0000	0.0000	1.0000	0.5000
	HHI	20993	0.0156	0.0001	0.0000	1.0000	0.0948
宏观经济环境指标	市场化	20993	8.2251	8.2000	0.2900	14.2100	2.7229
	劳动楔子	20993	0.3148	0.3096	0.0973	0.6762	0.0867
	税收楔子	20993	1.0881	1.0897	1.0760	1.0925	0.0041
	国有经济比重	20993	0.3916	0.3873	0.0000	5.3333	0.2942

需要说明的是，样本中并未包含中国超大型的国有企业，主要是因为这部分国有企业要么在海外上市，要么样本信息不全，要么难以匹配，国有企业主要是国有上市公司中在沪深两市上市的企业。

三、高管与普通职工收入差距的激励效应

在上述研究设计和数据的支持下，在此部分中将就高管与普通职工收入差距所可能具有的激励效应进行分析，尝试解答这种企业内部收入差距是否对企业发展具有何种影响。为了更好地进行分析，本书在高管和普通职工中采用不同的效率指标来进行分析。在高管层面上，研究这种内部职工收入差距对企业绩效的影响，包括企业 ROA、ROE 以及 Tobin Q。在普通职工层面上，使用 TFP、职工平均产出和职工平均增加值进行刻画。

（一）对高管人员的激励效应

在研究过程中控制了企业所有制类型、包含治理结构在内的企业特征和

宏观环境等因素的前提下，将内部职工收入差距对企业绩效影响的结果汇总于表 3-2。可以发现，除了将高管在职消费纳入考虑的高管与普通职工收入差距指标外，其余四项指标均显示内部收入差距能够显著提升企业净利润与总资产余额的比值（*ROA*）。虽然 Rajan 和 Wulf（2006）曾指出在职消费能够在一定程度上为高管提供激励，但不甚透明使这一激励机制难以有效实现，这种情况在美国也是如此（Bebchuk and Fried，2004）。此结果和目前的效率工资理论具有一致之处，即更多的激励能够促使高管更好地为企业创造价值，这和黎文靖等（2012）的结论基本一致。虽然这种激励会导致高管与普通职工收入之间的分化，但企业发展需要在分配公平与效率提升之间做出适当的权衡，通过部分的牺牲内部分配公平来实现企业效率的提升，往往是诸多企业采取的发展策略。

表 3-2　　　　　内部差距对企业绩效的影响：被解释变量为 *ROA*

	1（a）	1（b）	1（c）	1（d）	1（e）	2（a）	2（b）	2（c）	2（d）	2（e）
薪酬差距	0.086 ***	0.049 ***	0.070 ***	0.092 ***	-0.001 ***	0.075 ***	0.041 ***	0.029 ***	0.085 ***	-0.001 ***
	(0.011)	(0.006)	(0.006)	(0.009)	(0.000)	(0.009)	(0.005)	(0.006)	(0.007)	(0.000)
企业规模	0.009 ***	0.009 ***	0.010 ***	0.009 ***	0.012 ***	0.014 ***	0.014 ***	0.015 ***	0.014 ***	0.016 ***
	(0.001)	(0.001)	(0.001)	(0.001)	(0.001)	(0.001)	(0.001)	(0.001)	(0.001)	(0.001)
央属国企	-0.010 ***	-0.010 ***	-0.008 ***	-0.010 ***	-0.012 ***	-0.005 ***	-0.005 ***	-0.007 ***	-0.006 ***	-0.007 ***
	(0.002)	(0.002)	(0.002)	(0.002)	(0.002)	(0.002)	(0.002)	(0.002)	(0.002)	(0.002)
地属国企	-0.007 ***	-0.007 ***	-0.005 **	-0.007 ***	-0.009 ***	-0.001	-0.001	-0.002	-0.001	-0.003 *
	(0.002)	(0.002)	(0.002)	(0.002)	(0.002)	(0.001)	(0.001)	(0.001)	(0.001)	(0.001)
市场化	0.002 ***	0.002 ***	0.002 ***	0.002 ***	0.002 ***	0.001 **	0.001 **	0.001 **	0.001 **	0.001 **
	(0.001)	(0.001)	(0.001)	(0.001)	(0.001)	(0.000)	(0.000)	(0.000)	(0.000)	(0.000)
劳动密集	-0.007 ***	-0.007 ***	-0.005 ***	-0.007 ***	-0.003 ***	-0.003 **	-0.002 **	-0.001	-0.003 **	0.000
	(0.001)	(0.001)	(0.001)	(0.001)	(0.001)	(0.001)	(0.001)	(0.001)	(0.001)	(0.001)
劳动楔子						-0.015 **	-0.015 **	-0.016 **	-0.015 **	-0.016 **
						(0.007)	(0.007)	(0.007)	(0.007)	(0.007)
税收楔子						-0.223 ***	-0.226 ***	-0.237 ***	-0.223 ***	-0.267 ***
						(0.013)	(0.013)	(0.013)	(0.012)	(0.013)
公司治理结构	N	N	N	N	N	Y	Y	Y	Y	Y
其他控制变量	Y	Y	Y	Y	Y	Y	Y	Y	Y	Y

	1 (a)	1 (b)	1 (c)	1 (d)	1 (e)	2 (a)	2 (b)	2 (c)	2 (d)	2 (e)
年份	Y	Y	Y	Y	Y	Y	Y	Y	Y	Y
行业	Y	Y	Y	Y	Y	Y	Y	Y	Y	Y
地域	Y	Y	Y	Y	Y	Y	Y	Y	Y	Y
R-squared	0.2348	0.2346	0.2512	0.2381	0.2396	0.5328	0.5324	0.5318	0.5380	0.5307
N	19026	19026	19023	19786	19772	19025	19025	19022	19786	19771

注：a、b、c、d、e分别代表差距Ⅰ~差距Ⅴ。其他控制变量包括普通职工的平均工资和省级层面内国有经济的比重，公司治理结构包括资产负债率、董事长和总经理是否两职合一、管理层持股和独立董事比重。为了节省版面，这里仅汇报主要变量和统计指标的结果。本书还从四层面度对结果进行检验：减少样本数量、缩短检验时间、更换检验方法以及调整度量指标。此外，为了对传导机制的结果进行分析，在此部分中就不区分企业归属中央还是地方条件下，按照上述前两方法国有企业内部五种收入差距对企业会计业绩所可能具有的影响进行分析。详细结果汇总备索。* p < 0.1，** p < 0.05，*** p < 0.01。

　　但在国有企业中，这种激励机制要比私营企业稍差一些。如果在基准模型中不对央属国企和地属国企进行区分，那么，这种高管与普通职工薪酬差距下，国有企业对 ROA 的影响系数为负且显著。如果进一步将国有企业划分为央属国企和地属国企，那么，前者的效率表现是最差的。这可能是由以下原因导致的：首先，部分行业国有企业更多的是通过规模优势而非竞争优势来实现自身的发展（Gabaix and Landier, 2008）。其次，国有企业中较为严格的显性薪酬管制使经理薪酬与企业绩效的关联较弱，相应的激励机制也难以有效发挥作用（吕长江等，2008；陈信元等，2009；姜付秀等，2011）。国有企业中负债问题的预算软约束也是潜在的重要原因（卢峰等，2004）。最后，上述行业中国有企业的所面临的竞争压力较小，高管特别是经理人的主要目标是可能会偏离既定提升企业价值的目标（Shleifer and Vishny, 1994；陈信元，2009），而有可能将目标更换为市场份最大化或者利益集团利润最大化。在此情况下，一定的销售情况下如何有效控制成本成为一种可取的策略。

　　和目前的研究结果基本一致，市场化程度提升在一定程度上使企业财务指标有更好的表现（辛清泉等，2009）。企业发展过程中的规模效应也是较为明显的，较大的企业往往倾向于有更高的 ROA，也倾向于支付更高的工资（Baker and Hall, 2004）。但如果企业是以劳动密集作为主要的生产方式，那么，相对资本密集型企业，这类企业的 ROA 会相对较低。虽然劳动和资本的合理配置能够为企业发展提供有利的条件，但现有的文献均指出，更多的资本往往与更高的技术水平相联系。人均资本量更高，通常也意味着职工平均创造的价值也相对较大，也即生产率更高。在此情况下，*ROA* 的指标就会倾向于更好。

如果将企业的治理结构和所处的宏观环境纳入考虑范围，本书发现前述几项指标的结论基本是一致的。企业资产负债率越高，对企业 *ROA* 的影响就越负面，一种原因是由资本使用成本所决定的，另一种原因则是企业成长机会较多时也会为负（McConnell and Servaes，1995）。两职合一对企业的 *ROA* 具有负面影响，这主要是因为存在较大的道德风险问题（皮建才，2011；Sun，2014），特别是容易将企业的发展目标转换为私利集团的目标。但管理层持股比重能够在一定程度上控制这种情形的发生，因而对 *ROA* 具有一定的正面影响。虽然独立董事能够进行适当的外部监督，但其正面作用并未被证实。一般而言，外部董事比重越高，越倾向于向高管提供股权激励而非现金薪酬（Ryan and Wiggins，2004）。股权激励实际上是鼓励高管促进企业创新行为，通过提升企业长期价值进而增加高管收入（Baranchuk et al.，2014）。

作为宏观经济度量的劳动楔子和税收楔子对企业 *ROA* 具有显著的负面影响。这主要是因为劳动楔子中包含了企业层面和个人层面的劳动楔子，前者的核心是职工应分配的收入分配和实际分配收入份额之间的差异，后者则侧重于度量劳动者在劳动负效用和消费正效用综合影响下对劳动时间的安排。如果企业层面或个人层面的劳动楔子作用方向相反，但综合作用仍旧为正的话，那么就会对劳动者的生产积极性具有较为负面的影响，不利于企业生产率的提升。如果两者的作用方向相同且都为正，那么，这种对劳动生产率的影响就更高，对生产率的负面影响也就更大。就两者影响的绝对水平而言，后者的影响更大。税收楔子也对 *ROA* 具有显著的负面影响。这种情况的出现说明税收政策安排往往对企业财务指标的影响更为直接。这也是诸多地方在发展过程中重视提供税收优惠环境的重要依据之一。

（二）对普通职工的激励效应

企业内部高管与普通职工薪酬差距对企业层面 *TFP* 具有负面影响（见表3－3），这与黎文靖等（2012）的结论有所差异，主要是因为如下两个方面的原因：首先，对产出度量指标的不同。黎文靖等（2012）使用的是销售成本与存货变动额的对数，因此，其产出主要是一种成本意义上的概念，此时的 *TFP* 也即在成本意义上而言的。而本书采用的是营业总收入的对数，测算出的 *TFP* 主要是就收入层面意义而言的。其次，样本在行业间分布的差异。黎文靖等（2012）将样本限制于制造业，而本书由于使用更为一般的产出指标，样本分布涵盖了证监会定义的近90类行业，因此，个体异质性会更强。为了同黎文靖等（2012）的结果进行对比，将样本限制在国有制造业中，发现与此处结果差异不大。

表3-3　　　　内部差距对职工生产率的影响：被解释变量为 *TFP*

	5（a）	5（b）	5（c）	5（d）	5（e）	6（a）	6（b）	6（c）	6（d）	6（e）
薪酬差距	-1.205***	-0.705***	-0.022	-0.299***	-0.007***	-1.239***	-0.729***	-0.023	-0.324***	-0.006***
	(0.090)	(0.054)	(0.066)	(0.073)	(0.001)	(0.089)	(0.053)	(0.066)	(0.073)	(0.001)
企业规模	0.281***	0.279***	0.261***	0.266***	0.273***	0.294***	0.292***	0.274***	0.276***	0.283***
	(0.007)	(0.007)	(0.007)	(0.007)	(0.007)	(0.007)	(0.007)	(0.007)	(0.007)	(0.007)
央属国企	0.123***	0.124***	0.158***	0.147***	0.151***	0.168***	0.169***	0.192***	0.189***	0.192***
	(0.036)	(0.036)	(0.037)	(0.036)	(0.036)	(0.038)	(0.038)	(0.038)	(0.038)	(0.038)
地属国企	0.046	0.047*	0.077***	0.068**	0.065**	0.095***	0.095***	0.115***	0.114***	0.112***
	(0.028)	(0.028)	(0.029)	(0.028)	(0.028)	(0.030)	(0.030)	(0.030)	(0.030)	(0.030)
市场化	0.010*	0.010*	0.010*	0.014**	0.015**	0.008	0.008	0.008	0.012**	0.012**
	(0.006)	(0.006)	(0.006)	(0.006)	(0.006)	(0.006)	(0.006)	(0.006)	(0.006)	(0.006)
劳动密集	-0.279***	-0.282***	-0.308***	-0.308***	-0.305***	-0.267***	-0.270***	-0.297***	-0.299***	-0.296***
	(0.011)	(0.011)	(0.011)	(0.011)	(0.011)	(0.011)	(0.011)	(0.011)	(0.011)	(0.011)
劳动楔子						-0.092	-0.092	-0.103	-0.113	-0.109
						(0.095)	(0.095)	(0.095)	(0.095)	(0.095)
税收楔子						-6.058***	-6.020***	-5.721***	-5.781***	-5.922***
						(0.171)	(0.171)	(0.171)	(0.168)	(0.172)
公司治理结构	N	N	N	N	N	Y	Y	Y	Y	Y
其他控制变量	Y	Y	Y	Y	Y	Y	Y	Y	Y	Y
年份	Y	Y	Y	Y	Y	Y	Y	Y	Y	Y
行业	Y	Y	Y	Y	Y	Y	Y	Y	Y	Y
地域	Y	Y	Y	Y	Y	Y	Y	Y	Y	Y
R-squared	0.3804	0.3800	0.3725	0.3719	0.3733	0.3760	0.3756	0.3683	0.3671	0.3683
N	18979	18979	18976	19734	19721	18978	18978	18975	19734	19720

注：a、b、c、d、e 分别代表差距 I ~ 差距 V。其他控制变量包括普通职工的平均工资和省级层面内国有经济的比重，公司治理结构包括资产负债率、董事长和总经理是否两职合一、管理层持股和独立董事比重。为了节省版面，这里仅汇报主要变量和统计指标的结果。本书还从四层面度对结果进行检验：减少样本数量、缩短检验时间、更换检验方法以及调整度量指标。此外，为了对传导机制的结果进行分析，在此部分中就不区分企业归属中央还是地方条件下，按照上述前两种方法国有企业内部五种收入差距对企业会计业绩所可能具有的影响进行分析。详细结果汇总备索。* p < 0.1，** p < 0.05，*** p < 0.01。

公司治理结构变量的符号即显著性与表3－2基本类似，特别是税收楔子对 *TFP* 所具有的负面影响提升了。企业规模对 *TFP* 的影响较大，说明 *TFP* 的提升可能具有较为显著的规模效应。而劳动密集型产业中对 *TFP* 的影响显著为负，说明 *TFP* 可能是资本密集型的。

央属国企比地属国企更能促进 *TFP* 的增长，说明这两类企业中 *TFP* 产生及影响因素存在一定的差异，总体而言，央属国企中存在促进 *TFP* 提高的诸多优势。

四、激励效应的特征分析

以上证实了高管与普通职工收入差距存在一定的激励效应。那么，这种激励效应是如何产生和发展的？在央属国企和地属国企中，这种激励效应是否对称？由于产业部分的差异，传导机制是否也存在非对称性？企业规模的大小是否也显著影响了这种机制作用的发挥？此外，部分行业中的国有企业可能存在垄断性，那么这种垄断企业中的传导机制又是如何的？为尝试解决上述问题，在此部分中将着重对这种激励的传导机制进行分析，主要从国有企业归属层级差异、产业特征、规模效应、劳动密集和垄断效应分别进行分析。

（一）政府控制级别的差异

1. 内部职工收入差距与企业发展。如果不区分国有企业属于中央还是地方，不难发现以下两个结论：首先，国有企业内差距 I 对 *ROA* 的正面影响是最大且显著。这种情形说明相对其他形式的收入形式而言，现金薪酬的外在性和直接性对高管具有较大的激励作用。纳入股权激励和在职消费后，这种影响机制仍然存在。其次，剔除社会保障因素后的高管与普通职工收入差距对企业 *ROA* 具有显著的负面影响，这种情形的出现说明社会保障在缩小高管与普通职工收入差距以及由此提供的激励具有重要作用。

如果进一步将企业所属类型细分为央属国企和地属国企，可以发现较为类似的结论依然存在（见表3－4）。较之于央属国企而言，地属国企各种口径下高管与普通职工收入差距对 *ROA* 的影响机制更为清晰。这种情形的出现，一方面可能说明央属国企确实存在多任务特征（Bai and Xu, 2005），社会目标和政治目标可能在经济目标之上（姚洋等, 2001），企业绩效与经济才能之间的关系可能较为模糊，从而在一定程度上削弱了绩效导向的薪酬管理这一次优选择（Jensen and Murphy，1990；陈冬华等，2005）。另一方面此时市场化的作用机制可能较为有限，可能也暗示着地方国企在委托代理的执行层面较央属国企更有效率。

表3-4　　　　　　　　内部差距对企业绩效的央地国企差异：*ROA*

模型	差距类型	系数		央属国企交叉项	地属国企交叉项	其他控制变量	年份	行业	地域	R-squared	N
3（a）	差距Ⅰ	0.099***	0.012	Y	Y	N	Y	Y	Y	0.0679	19026
3（b）	差距Ⅱ	0.058***	0.007	Y	Y	N	Y	Y	Y	0.0675	19026
3（c）	差距Ⅲ	0.066***	0.006	Y	Y	N	Y	Y	Y	0.0729	19023
3（d）	差距Ⅳ	0.097***	0.011	Y	Y	N	Y	Y	Y	0.0705	19786
3（e）	差距Ⅴ	0.000	0.000	Y	Y	N	Y	Y	Y	0.0638	19772
4（a）	差距Ⅰ	0.067***	0.011	Y	Y	Y	Y	Y	Y	0.312	19025
4（b）	差距Ⅱ	0.039***	0.006	Y	Y	Y	Y	Y	Y	0.3119	19025
4（c）	差距Ⅲ	0.025***	0.006	Y	Y	Y	Y	Y	Y	0.3105	19022
4（d）	差距Ⅳ	0.077***	0.010	Y	Y	Y	Y	Y	Y	0.3171	19786
4（e）	差距Ⅴ	-0.000	0.000	Y	Y	Y	Y	Y	Y	0.313	19771

注：这里央属国企交叉项和地属国企交叉项具体包括央国企差距Ⅰ～央国企差距Ⅴ和地国企差距Ⅰ～地国企差距Ⅴ共10个，分别代表央属国企和地属国企与五种不同口径下高管普通职工薪酬差距的交叉项。其他控制变量包括资产负债率、董事长和总经理是否两职合一、管理层持股、独立董事比重、企业规模、央属国企、地属国企、劳动密集、劳动楔子、税收楔子、市场化、普通职工的平均工资、省级层面内国有经济的比重以及年份、行业和区域的控制变量。本书在分析过程中对不区分国企类型的作用机制进行了分析，也从四个层面对结果进行了分析，结论和此处基本类似。详细结果汇总备索。*** p<0.01。

　　在五种高管与普通职工收入差距指标与央属国企和地属国企的交叉项中，地属国企交叉项各项指标的传导机制相对较为显著。如果剔除社会保障后，高管与普通职工薪酬差距会导致职工对企业 *ROA* 的贡献下降。而纳入高管在职消费后的差距Ⅴ显示，过大的差距可能会减弱生产激励，从而也对 *ROA* 具有负面影响。总体而言，现金薪酬对 *ROA* 的正面意义是最大的，这主要是因为现金薪酬与大部分普通职工的业绩相关，且报酬过程中的时滞较短不确定性也相对较小，具有的激励作用是最大的。将高管的股权激励和未预期薪酬纳入考虑范围，本书发现正面的激励效应仍然存在，但存在逐渐弱化的趋势。在央属国企中，现金薪酬差距对 *ROA* 的影响并不显著，只有差距Ⅲ和差距Ⅳ才对企业 *ROA* 具有一定的正面影响。

　　2. 内部职工收入差距与生产率。为了进一步分析薪酬差距在央属国企和地属国企中对 *TFP* 的不同传导机制（见表3-5），在此部分中纳入央属国企和地属国企与五类收入差距指标的交叉项。

表 3 - 5   内部差距对生产率的央地国企差异：*TFP*

模型	差距类型	系数		央属国企交叉项	地属国企交叉项	其他控制变量	年份	行业	地域	R-squared	N
7（a）	差距Ⅰ	-1.248***	0.120	Y	Y	N	Y	Y	Y	0.1706	18979
7（b）	差距Ⅱ	-0.754***	0.072	Y	Y	N	Y	Y	Y	0.1706	18979
7（c）	差距Ⅲ	-0.001	0.063	Y	Y	N	Y	Y	Y	0.1557	18976
7（d）	差距Ⅳ	-0.394***	0.109	Y	Y	N	Y	Y	Y	0.1556	19734
7（e）	差距Ⅴ	0.003	0.002	Y	Y	N	Y	Y	Y	0.1529	19721
8（a）	差距Ⅰ	-1.382***	0.113	Y	Y	Y	Y	Y	Y	0.3763	18978
8（b）	差距Ⅱ	-0.820***	0.067	Y	Y	Y	Y	Y	Y	0.3759	18978
8（c）	差距Ⅲ	-0.042	0.067	Y	Y	Y	Y	Y	Y	0.3642	18975
8（d）	差距Ⅳ	-0.544***	0.102	Y	Y	Y	Y	Y	Y	0.3664	19734
8（e）	差距Ⅴ	-0.006***	0.002	Y	Y	Y	Y	Y	Y	0.3665	19720

注：这里央属国企交叉项和地属国企交叉项具体包括央国企差距Ⅰ～央国企差距Ⅴ和地国企差距Ⅰ～地国企差距Ⅴ共 10 个，分别代表央属国企和地属国企与五种不同口径下高管普通职工薪酬差距的交叉项。这里的其他控制变量包括资产负债率、董事长和总经理是否两职合一、管理层持股、独立董事比重、企业规模、央属国企、地属国企、劳动密集、劳动楔子、税收楔子、市场化、普通职工的平均工资、省级层面内国有经济的比重以及年份、行业和区域的控制变量。本书还在分析过程中对不区分国企类型的作用机制进行了分析，从四个层面对结果进行了分析，结论和此处基本类似。详细结果汇总备索。*** p < 0.01。

总体而言，高管与普通职工薪酬差距对企业 *TFP* 具有负面影响，这和表 3 - 3 的结论基本一致。在两种类型的国有企业中，小口径的薪酬差距对 *TFP* 的贡献并不显著，甚至还在一定程度上具有负面影响。只有将高管的超额薪酬和在职消费考虑进来后，才会产生一定的激励作用。这种情况的出现可能说明国企高管在经营过程中只有获得了足够高的薪酬后，才会在一定程度上成功地促进企业 *TFP* 的提升，这种情况在央属国企中更为明显。这也与目前央属国企技术进步普遍相对较慢的现实是相吻合的（盛明泉等，2012）。在产业层面上，本书发现第三产业中促进 *TFP* 增长的因素是最多的。地域层面上，东部地区最为明显。劳动楔子和税收楔子依然较好地解释了对 *TFP* 的负面影响。

（二）产业特征

既然央属国企和地属国企对 *ROA* 和 *TFP* 存在较为显著的差异，那么，这种差异主要是由产业分布的不同还是规模特征的区别所导致的？在此部分中，将研究两种类型企业中薪酬差距对 ROA 和 TFP 的产业效应，在下一节中就可能存在的规模效应进行分析。

在此引入央属国企和地属国企与两个变量的交叉项，即产业特征和薪酬差距指标。这样，就能够得到第二和第三产业中两类企业每种薪酬差距的变量，从而使产业特征的研究成为可行。纳入股权激励和超额薪酬在内的高管与普通职工薪酬差异，对第二产业中的央属国企具有显著地促进作用（见表 3-6）。这在一定程度上意味着第二产业中的央属国企职工对一般的现金薪酬差异所可能产生的激励效应相对较小，而只有在高管薪酬形式多样化并且与企业业绩密切相连时，这种激励的作用机制才开始变得较为显著。但在第三产业中，纳入更多的高管薪酬类型，反而对企业的发展具有一定的负面影响，特别是纳入高管在职消费后的高管与普通职工薪酬差异对企业 ROA 具有较为显著的负面影响。

表 3-6   **传导机制的产业特征：ROA**

模型	差距类型	系数		央企×产业×差距	地企×产业×差距	其他控制变量	年份	行业	地域	R-squared	N
9（a）	差距Ⅰ	0.106 ***	0.0120	Y	Y	N	Y	Y	Y	0.2220	18996
9（b）	差距Ⅱ	0.062 ***	0.0070	Y	Y	N	Y	Y	Y	0.2212	18996
9（c）	差距Ⅲ	0.065 ***	0.0060	Y	Y	N	Y	Y	Y	0.2269	18993
9（d）	差距Ⅳ	0.102 ***	0.0110	Y	Y	N	Y	Y	Y	0.2277	19762
9（e）	差距Ⅴ	0.0000	0.0000	Y	Y	N	Y	Y	Y	0.2156	19772
10（a）	差距Ⅰ	0.073 ***	0.0100	Y	Y	Y	Y	Y	Y	0.3106	18995
10（b）	差距Ⅱ	0.042 ***	0.0060	Y	Y	Y	Y	Y	Y	0.3104	18995
10（c）	差距Ⅲ	0.025 ***	0.0060	Y	Y	Y	Y	Y	Y	0.3087	18992
10（d）	差距Ⅳ	0.081 ***	0.0090	Y	Y	Y	Y	Y	Y	0.3168	19762
10（e）	差距Ⅴ	0.0000	0.0000	Y	Y	Y	Y	Y	Y	0.3132	19771

注：这里的央企×产业×差距交叉项和地企×产业×差距具体包括央二差距Ⅰ~央二差距Ⅴ、央三差距Ⅰ~央三差距Ⅴ、地二差距Ⅰ~地二差距Ⅴ和地三差距Ⅰ~地三差距Ⅴ共 20 个，分别代表第二产业和第三产业的央属国企和地属国企与五种不同口径下高管普通职工薪酬差距的交叉项。这里的其他控制变量包括资产负债率、董事长和总经理是否两职合一、管理层持股、独立董事比重、企业规模、央属国企、地属国企、劳动密集、劳动楔子、税收楔子、市场化、普通职工的平均工资、省级层面内国有经济的比重以及年份、行业和区域的控制变量。本书还在分析过程中对不区分国企类型的作用机制进行了分析，结论和此处基本类似。此外，在被解释变量更换为 ROE 或者 Tobin Q 后，结果和此处差别不大。详细结果汇总备索。*** $p < 0.01$。

在地属国企中，传导机制较央属国企更为清晰。现金薪酬对第二产业中的地属国企具有显著的促进作用，这和央属国企存在一定的区别。如果剔除社会保障因素后，第二产业中的地属国企薪酬差距会对企业 *ROA* 具有负面影响。这说明社会保障在此类企业发展过程中的不可或缺。如果纳入股权激励，那么，第三产业中地属国有企业高管与普通职工薪酬差异对 *ROA* 的影响显著高于第二产业中的地属国企。这主要是因为第三产业中的国企价值与市场联系更为紧密，只有创造了良好市场价值的高管才能够获得较为可观的收入。高管的在职消费对第二产业地属国企的影响较为显著，主要是因为第二产业中更多涉及营销活动实施的成本，地属国企的高管可能在此方面较央属国企更有优势。

央属国企和地属国企对 *TFP* 传导机制的产业特征差异，与对 *ROA* 的差异存在较大区别（见表 3 - 7）。加入股权激励后，第三产业中央属国企对 *TFP* 的促进作用显著高于地属国企。考虑超额薪酬后，第三产业中的央属国企对 *TFP* 的激励作用显著高于第二产业中的央属国企。这种情形在地属国企中恰好相反，第二产业中地属国企薪酬差距对 *TFP* 的促进作用高于第三产业中地属国企的积极影响。纳入在职消费后的高管与普通职工薪酬差距对第二、第三产业中的央属国企均具有不同程度的激励作用，但对第三产业中地属国企的影响确实较为负面。

表 3 - 7　　　　　　　　　　　传导机制的产业特征：*TFP*

模型	差距类型	系数		央企×产业×差距	地企×产业×差距	其他控制变量	年份	行业	地域	R-squared	N
11 (a)	差距Ⅰ	-1.214***	0.1170	Y	Y	N	Y	Y	Y	0.1689	18950
11 (b)	差距Ⅱ	-0.738***	0.0700	Y	Y	N	Y	Y	Y	0.1690	18950
11 (c)	差距Ⅲ	0.0040	0.0630	Y	Y	Y	Y	Y	Y	0.1549	18947
11 (d)	差距Ⅳ	-0.398***	0.1050	Y	Y	Y	Y	Y	Y	0.1547	19711
11 (e)	差距Ⅴ	0.004**	0.0020	Y	Y	Y	Y	Y	Y	0.1527	19721
12 (a)	差距Ⅰ	-1.365***	0.1100	Y	Y	Y	Y	Y	Y	0.3781	18949
12 (b)	差距Ⅱ	-0.814***	0.0660	Y	Y	Y	Y	Y	Y	0.3777	18949
12 (c)	差距Ⅲ	-0.0400	0.0670	Y	Y	Y	Y	Y	Y	0.3659	18946
12 (d)	差距Ⅳ	-0.542***	0.0980	Y	Y	Y	Y	Y	Y	0.3682	19711
12 (e)	差距Ⅴ	-0.006***	0.0020	Y	Y	Y	Y	Y	Y	0.3670	19720

注：这里的央企×产业×差距交叉项和地企×产业×差距具体包括央二差距Ⅰ~央二差距Ⅴ、央三差距Ⅰ~央三差距Ⅴ、地二差距Ⅰ~地二差距Ⅴ和地三差距Ⅰ~地三差距Ⅴ共20个，分别代表第二产业和第三产业的央属国企和地属国企与五种不同口径下高管普通职工薪酬差距的交叉项。这里的其他控制变量包括资产负债率、董事长和总经理是否两职合一、管理层持股、独立董事比重、企业规模、央属国企、地属国企、劳动密集、劳动楔子、税收楔子、市场化、普通职工的平均工资、省级层面内国有经济的比重以及年份、行业和区域的控制变量。本书还在分析过程中对不区分国企类型的作用机制进行了分析，结论和此处基本类似。此外，也将被解释变量更换为员工平均产出和员工平均增加值，和此处的结论基本一致。详细结果汇总备索。** p < 0.05，*** p < 0.01。

（三）规模效应

在上一小节中，希望分析央属国企和地属国企中五种薪酬差距所可能具有的规模效应。为此，通过纳入有两种类型企业与另外两个变量的交叉项，即企业规模和薪酬差距指标，来进行这一分析。加入差额薪酬后，发现中等规模的央属国企具有显著的规模效应，比小型规模的央属企业高约 $0.398 \sim$ 0.577（见表 $3-8$）。在央属大型企业中，股权激励和超额薪酬的影响也显著高于效应的央属国企，但绝对效应却出现了一定程度的下降。在地属国企中，大型企业的规模效应更为显著。剔除社会保障后的薪酬差距对 ROA 的影响是负面的，这和之前的结论是一致的。在五种薪酬差异指标中，大型地属国企的现金薪酬仍具有最大的激励作用。随着纳入股权激励和超额薪酬，这种影响也不断降低，但依旧显著。在大型地属国企中，在职消费所具有规模效应是偏向负面的。

表 $3-8$ 传导机制的规模效应：ROA

模型	差距类型	系数		央企×规模×差距	地企×规模×差距	其他控制变量	年份	行业	地域	R-squared	N
13 (a)	差距 I	0.104 ***	0.0120	Y	Y	N	Y	Y	Y	0.2227	19026
13 (b)	差距 II	0.059 ***	0.0070	Y	Y	N	Y	Y	Y	0.2217	19026
13 (c)	差距 III	0.067 ***	0.0060	Y	Y	N	Y	Y	Y	0.2301	19023
13 (d)	差距 IV	0.100 ***	0.0110	Y	Y	N	Y	Y	Y	0.2241	19786
13 (e)	差距 V	0.0000	0.0000	Y	Y	Y	Y	Y	Y	0.2110	19772
14 (a)	差距 I	0.073 ***	0.0110	Y	Y	Y	Y	Y	Y	0.3122	19025
14 (b)	差距 II	0.039 ***	0.0060	Y	Y	Y	Y	Y	Y	0.3118	19025
14 (c)	差距 III	0.025 ***	0.0060	Y	Y	Y	Y	Y	Y	0.3104	19022
14 (d)	差距 IV	0.080 ***	0.0100	Y	Y	Y	Y	Y	Y	0.3173	19786
14 (e)	差距 V	0.0000	0.0000	Y	Y	Y	Y	Y	Y	0.3130	19771

注：这里的央企×规模×差距交叉项和地企×规模×差距具体包括央属国企 I 、央属国企 II 、地属国企 II ~ 地属国企 III 共 20 个，分别代表央属国企和地属国企与五种不同口径下高管普通职工薪酬差距的交叉项。这里的其他控制变量包括资产负债率、董事长和总经理是否两职合一、管理层持股、独立董事比重、企业规模、央属国企、地属国企、劳动密集、劳动楔子、税收楔子、市场化、普通职工的平均工资、省级层面内国有经济的比重以及年份、行业和区域的控制变量。本书还在分析过程中对不区分国企类型的作用机制进行了分析，结论和此处基本类似。此外，在被解释变量更换为 ROE 或者 $Tobin\ Q$ 后，结果和此处差别不大。详细结果汇总备索。*** $p < 0.01$。

在对 *TFP* 的影响中，存在较为显著的规模效应。在高管与普通职工薪酬差距中考虑股权激励的影响，那么该项在中等规模的央属国企将比小规模的央属国企高。在大型企业中，纳入超额薪酬和在职消费后的差距指标也反映出显著的规模效应。在地属国企中，以现金薪酬计算的差距指标在中等规模的企业反而不如小规模的企业在促进 *TFP* 方面的优势（见表 3 – 9）。在大型的地属国企中，差距Ⅳ和差距Ⅴ所具有的影响机制与央属国企基本一致。

表 3 – 9　　　　　　　　传导机制的规模效应：*TFP*

模型	差距类型	系数		央企×规模×差距	地企×规模×差距	其他控制变量	年份	行业	地域	R-squared	N
15 (a)	差距Ⅰ	– 1.173 ***	0.1200	Y	Y	N	Y	Y	Y	0.1716	18979
15 (b)	差距Ⅱ	– 0.702 ***	0.0710	Y	Y	N	Y	Y	Y	0.1715	18979
15 (c)	差距Ⅲ	– 0.0020	0.0630	Y	Y	N	Y	Y	Y	0.1578	18976
15 (d)	差距Ⅳ	– 0.363 ***	0.1090	Y	Y	N	Y	Y	Y	0.1574	19734
15 (e)	差距Ⅴ	0.0030	0.0020	Y	Y	N	Y	Y	Y	0.1548	19721
16 (a)	差距Ⅰ	– 1.310 ***	0.1130	Y	Y	Y	Y	Y	Y	0.3768	18978
16 (b)	差距Ⅱ	– 0.770 ***	0.0670	Y	Y	Y	Y	Y	Y	0.3763	18978
16 (c)	差距Ⅲ	– 0.0420	0.0670	Y	Y	Y	Y	Y	Y	0.3654	18975
16 (d)	差距Ⅳ	– 0.515 ***	0.1020	Y	Y	Y	Y	Y	Y	0.3678	19734
16 (e)	差距Ⅴ	– 0.006 ***	0.0020	Y	Y	Y	Y	Y	Y	0.3679	19720

注：这里的央企×规模×差距交叉项和地企×规模×差距具体包括央属国企Ⅰ、央属国企Ⅱ、地属国企Ⅱ～地属国企Ⅲ共 20 个，分别代表央属国企和地属国企与五种不同口径下高管普通职工薪酬差距的交叉项。这里的其他控制变量包括资产负债率、董事长和总经理是否两职合一、管理层持股、独立董事比重、企业规模、央属国企、地属国企、劳动密集、劳动楔子、税收楔子、市场化、普通职工的平均工资、省级层面内国有经济的比重以及年份、行业和区域的控制变量。本书还在分析过程中对不区分国企类型的作用机制进行了分析，此外，也将被解释变量更换为员工平均产出和员工平均增加值，和此处的结论基本一致。结论和此处基本类似。详细结果汇总备索。*** $p < 0.01$。

（四）劳动密集和垄断效应

根据企业中使用劳动与资本的相对密集程度，进一步将央属国企和地属国企划分为劳动密集型和资本密集型，从而研究不同劳动资本组合差异条件

下对企业 *ROA* 和 *TFP* 所可能具有的影响（见表 3 – 10 和表 3 – 11）。超额薪酬对劳动密集型的央属国企具有显著的正面影响，这种影响程度略低于劳动密集型的地属国企。在劳动密集型地属国企中，薪酬差距对 *ROA* 的作用最明显。在劳动密集型企业中，无论是央属国企还是地属国企，高管过多的在职消费对企业价值均具有负面影响。

表 3 – 10　　　　　　　　　传导机制的劳动密集型特征：*ROA*

模型	17 (a)	17 (b)	17 (c)	17 (d)	17 (e)	18 (a)	18 (b)	18 (c)	18 (d)	18 (e)
差距类型	差距 I	差距 II	差距 III	差距 IV	差距 V	差距 I	差距 II	差距 III	差距 IV	差距 V
系数	0.113 ***	0.065 ***	0.068 ***	0.107 ***	0.0000	0.074 ***	0.041 ***	0.029 ***	0.081 ***	– 0.000 **
	0.0110	0.0070	0.0060	0.0100	0.0000	0.0100	0.0060	0.0060	0.0080	0.0000
央企×密集×差距	Y	Y	Y	Y	Y	Y	Y	Y	Y	Y
地企×密集×差距	Y	Y	Y	Y	Y	Y	Y	Y	Y	Y
央企×垄断×差距	Y	Y	Y	Y	Y	Y	Y	Y	Y	Y
地企×垄断×差距	Y	Y	Y	Y	Y	Y	Y	Y	Y	Y
其他控制变量	N	N	N	N	N	Y	Y	Y	Y	Y
年份	Y	Y	Y	Y	Y	Y	Y	Y	Y	Y
行业	Y	Y	Y	Y	Y	Y	Y	Y	Y	Y
地域	Y	Y	Y	Y	Y	Y	Y	Y	Y	Y
R-squared	0.2173	0.2163	0.226	0.2216	0.2058	0.3101	0.3097	0.308	0.3158	0.3104
N	19026	19026	19023	19786	19772	19025	19025	19022	19786	19771

注：这里的央企×密集×差距交叉项、地企×密集×差距、央企×垄断×差距和地企×垄断×差距具体包括央属国企 I、央属国企 II、地属国企 II ~ 地属国企 III，央国企差距 I ~ 央国企差距 V 和地国企差距 I ~ 地国企差距 V 分别代表央属国企和地属国企与五种不同口径下高管普通职工薪酬差距的交叉项共 20 个。这里的其他控制变量包括资产负债率、董事长和总经理是否两职合一、管理层持股、独立董事比重、企业规模、央属国企、地属国企、劳动密集、劳动楔子、税收楔子、市场化、普通职工的平均工资、省级层面内国有经济的比重以及年份、行业和区域的控制变量。本书还在分析过程中对不区分国企类型的作用机制进行了分析，结论和此处基本类似。此外，在被解释变量更换为 *ROE* 或者 *Tobin Q* 后，结果和此处差别不大。详细结果汇总备索。** p < 0.05，*** p < 0.01。

表 3 – 11　　　　　　　　　　传导机制的劳动密集型特征：*TFP*

模型	19（a）	19（b）	19（c）	19（d）	19（e）	20（a）	20（b）	20（c）	20（d）	20（e）
差距类型	差距 Ⅰ	差距 Ⅱ	差距 Ⅲ	差距 Ⅳ	差距 Ⅴ	差距 Ⅰ	差距 Ⅱ	差距 Ⅲ	差距 Ⅳ	差距 Ⅴ
系数	0.113 ***	0.065 ***	0.068 ***	0.107 ***	0.0000	0.074 ***	0.041 ***	0.029 ***	0.081 ***	– 0.000 **
	0.0110	0.0070	0.0060	0.0100	0.0000	0.0100	0.0060	0.0060	0.0080	0.0000
央企×密集× 差距	Y	Y	Y	Y	Y	Y	Y	Y	Y	Y
地企×密集× 差距	Y	Y	Y	Y	Y	Y	Y	Y	Y	Y
央企×垄断× 差距	Y	Y	Y	Y	Y	Y	Y	Y	Y	Y
地企×垄断× 差距	Y	Y	Y	Y	Y	Y	Y	Y	Y	Y
其他控制 变量	N	N	N	N	N	Y	Y	Y	Y	Y
年份	Y	Y	Y	Y	Y	Y	Y	Y	Y	Y
行业	Y	Y	Y	Y	Y	Y	Y	Y	Y	Y
地域	Y	Y	Y	Y	Y	Y	Y	Y	Y	Y
R-squared	0.2173	0.2163	0.226	0.2216	0.2058	0.3101	0.3097	0.308	0.3158	0.3104
N	19026	19026	19023	19786	19772	19025	19025	19022	19786	19771

注：这里的央企×密集×差距交叉项、地企×密集×差距、央企×垄断×差距和地企×垄断×差距具体包括央属国企Ⅰ、央属国企Ⅱ、地属国企Ⅱ~地属国企Ⅲ，央国企差距Ⅰ~央属国企差距Ⅴ和地国企差距Ⅰ~地国企差距Ⅴ分别代表央属国企和地属国企与五种不同口径下高管普通职工薪酬差距的交叉项共 20 个。这里的其他控制变量包括资产负债率、董事长和总经理是否两职合一、管理层持股、独立董事比重、企业规模、央属国企、地属国企、劳动密集、劳动楔子、税收楔子、市场化、普通职工的平均工资、省级层面内国有经济的比重以及年份、行业和区域的控制变量。本文还在分析过程中对不区分国企类型的作用机制进行了分析，结论和此处基本类似。此外，本书也将被解释变量更换为员工平均产出和员工平均增加值，和此处的结论基本一致。详细结果汇总备索。** p < 0.05，*** p < 0.01。

就 *TFP* 而言，央属劳动密集型国企中，包含超额薪酬在内的差距对 *TFP* 影响最显著，这种影响在地属国企中同样存在，并且影响程度更大。就央属国企和地属国企可能存在的垄断效应而言，央属垄断国企中现金薪酬差异对 *TFP* 的影响是巨大的，说明这种垄断效应是存在的。但在地属国企中，这种机制仅在薪酬差距 Ⅴ 中才被证实。也即，地属垄断国企中包含在职消费的高管与普通职工薪酬差距对 *TFP* 具有一定的负面影响。较之于央属国企而言，

地属国企促进 *TFP* 的垄断效应相对较弱。

五、进一步的考察

在分析高管薪酬与普通职工收入差距所具有的激励效应以及传导机制的前提下，需要对这种结论所具有的可靠性进行分析，也即稳健性分析。在此部分中，将从四个层面对前述结果进行稳健型分析，以检验结论是否可靠。这里的稳健性分析主要从四层面度进行：减少样本数量、缩短检验时间、更换检验方法以及调整度量指标。此外，为了对传导机制的结果进行分析，还在此部分中就不区分企业归属中央还是地方条件下，按照上述前两种方法国有企业内部五种收入差距对企业会计业绩所可能具有的影响进行分析。

（一）内部职工收入差距与企业发展

为进行稳健性分析，还将样本分别限制在国有企业和制造业行业中的国有企业两类进行分析，结论与此处的基本相同。为控制检验方法的对结果所可能产生的影响，还使用了 Diff 和 Sys 的面板分析，结论与此也基本类似。由于 2008 年产生了金融危机，为控制这种外生冲击所可能产生的影响，将样本的时间选择为 1999~2007 年，分析结果也与此类似。

在度量指标上，如果将企业绩效的指标更换为会计业绩的另一种度量指标 *ROE* 或者市场业绩的度量指标 *Tobin Q*（见表 3-12），各主要变量的结果与表 3-1 基本类似，但影响程度均显著提升了。这说明在表 3-2 中得到的结果是较为稳健的。

表 3-12　　　　　　　　内部差距对企业绩效影响的稳健性分析

被解释变量	差距 I		差距 II		差距 III		差距 IV		差距 V	
ROA：国有企业	0.093 ***	0.012	0.051 ***	0.008	0.092 ***	0.030	0.097 ***	0.010	-0.001 ***	0.000
ROA：制造业国有企业	0.106 ***	0.017	0.062 ***	0.011	0.085 **	0.037	0.100 ***	0.013	-0.001 ***	0.000
ROA：缩短时间	0.042 ***	0.015	0.021 **	0.009	0.036 **	0.018	0.065 ***	0.011	-0.001 ***	0.000
ROA：更换方法	0.211 ***	0.062	0.093 **	0.037	0.052 **	0.022	0.208 ***	0.039	-0.002 ***	0.001

续表

被解释变量	差距Ⅰ		差距Ⅱ		差距Ⅲ		差距Ⅳ		差距Ⅴ	
ROE Ⅰ	0.241 ***	0.024	0.140 ***	0.014	0.125 ***	0.012	0.244 ***	0.019	-0.002 ***	0.000
ROE Ⅱ	0.191 ***	0.022	0.108 ***	0.014	0.042 ***	0.015	0.198 ***	0.018	-0.002 ***	0.000
Tobin Q Ⅰ	0.586 ***	0.113	0.356 ***	0.068	0.817 ***	0.078	0.790 ***	0.091	0.008 ***	0.001
Tobin Q Ⅱ	0.635 ***	0.112	0.388 ***	0.067	0.815 ***	0.078	0.801 ***	0.090	0.007 ***	0.001
国企差距Ⅰ	0.222 **	0.103	0.318 ***	0.103	0.311 ***	0.102	0.306 ***	0.103	0.280 ***	0.103
国企差距Ⅱ	-0.197 ***	0.063	-0.254 ***	0.064	-0.198 ***	0.063	-0.197 ***	0.064	-0.194 ***	0.064
国企差距Ⅲ	0.135 ***	0.032	0.135 ***	0.032	0.072 ***	0.032	0.134 ***	0.031	0.134 ***	0.032
国企差距Ⅳ	0.119 ***	0.020	0.120 ***	0.020	0.123 ***	0.020	0.030		0.133 ***	0.019
国企差距Ⅴ	-0.001 ***	0.000	-0.001 ***	0.000	-0.001 ***	0.000	-0.001 ***	0.000	-0.001 ***	0.000

注：差距Ⅰ～差距Ⅴ分别代表衡量高管与普通职工薪酬差距的五种不同方法，而国企差距Ⅰ～国企差距Ⅴ分别代表不区分国企归属中央还是归属地方环境中，与高管与普通职工薪酬差距的五种不同方法的交叉项。由于无论是按照 ROA 还是 ROE 对控制变量进行控制，结论均基本相似，因此这里仅汇报为控制其他控制变量的结果。减少样本数量与缩短样本期时间的影响也较为有限。*ROE* Ⅰ和 *Tobin Q* Ⅰ分别对应表 3 - 2 中 1（a）～ 1（e）中的回归，*ROE* Ⅱ和 *Tobin Q* Ⅱ分别对应表 3 - 2 中 1（a）～ 1（e）中的回归。"*ROA*：更换方法"中实际上使用了差分和系统的动态面板，由于结果比较类似，这里仅汇报 Diff-GMM 的结果。这里的其他控制变量包括资产负债率、董事长和总经理是否两职合一、管理层持股、独立董事比重、企业规模、央属国企、地属国企、劳动密集、劳动楔子、税收楔子、市场化、普通职工的平均工资、省级层面内国有经济的比重以及年份、行业和区域的控制变量。详细结果汇总备索。** p < 0.05，*** p < 0.01。

（二）内部职工收入差距与生产效率

这里的稳健性分析和前一节是一致的，主要从四层面度进行：减少样本数量、缩短检验时间、更换检验方法以及调整度量指标。企业的国有属性对企业层面的 *TFP* 具有一定的负面影响，这和前述结论基本一致（见表 3 - 13）。当使用员工平均产出和员工平均增加值来度量企业生产效率时，结论基本保持不变。如果不区分国有企业的归属层级，本书发现虽然国有企业总体上对 *TFP* 具有一定的负面影响，但其自身内部的收入差距对 *TFP* 的提升仍具有一定的积极意义。这种情况的出现说明国有企业虽然存在诸多限制 *TFP* 提高的因素，但内部薪酬差距依然在一定程度上为 *TFP* 的增加产生了积极作用。

表 3 – 13　　　　　　　　　　内部差距对生产率影响稳健性分析

被解释变量	差距 I		差距 II		差距 III		差距 IV		差距 V	
ROA：国有企业	− 1.205 ***	0.090	− 0.705 ***	(0.054)	0.106 *	0.057	− 0.299 ***	0.073	− 0.007 ***	0.001
ROA：制造业国有企业	− 0.785 ***	0.135	− 0.507 ***	0.083	− 0.082	0.317	− 0.063	0.100	− 0.007 ***	0.002
ROA：缩短时间	− 1.033 ***	0.126	− 0.607 ***	0.075	− 0.142	0.170	− 0.078	0.100	− 0.003 **	0.001
ROA：更换方法	− 3.472 ***	0.395	− 2.109 ***	0.244	− 0.109	0.187	− 0.052	0.232	− 0.027 ***	0.004
ROE I	− 3.211 ***	0.099	− 1.863 ***	0.059	− 0.212 ***	0.063	− 1.324 ***	0.082	− 0.026 ***	0.001
ROE II	− 3.235 ***	0.098	− 1.880 ***	0.059	− 0.268 ***	0.074	− 1.346 ***	0.082	− 0.026 ***	0.001
Tobin Q I	− 2.262 ***	0.151	− 1.422 ***	0.093	− 0.341	0.314	− 0.804 ***	0.114	− 0.021 ***	0.002
Tobin Q II	− 2.318 ***	0.151	− 1.457 ***	0.093	− 0.567	0.357	− 0.825 ***	0.114	− 0.021 ***	0.002
国企差距 I	− 1.088	0.819	− 2.336 ***	0.813	− 2.138 ***	0.814	− 2.057 **	0.816	− 2.011 **	0.818
国企差距 II	0.276	0.496	1.032 **	0.501	0.271	0.497	0.351	0.500	0.350	0.502
国企差距 III	0.628 *	0.330	0.628 *	0.330	0.657 *	0.336	0.622 *	0.333	0.629 *	0.334
国企差距 IV	1.040 ***	0.172	1.039 ***	0.172	0.972 ***	0.172	1.236 ***	0.194	0.825 ***	0.159
国企差距 V	0.009 ***	0.002	0.009 ***	0.002	0.009 ***	0.002	0.009 ***	0.002	0.006 ***	0.002

注：差距 I ~ 差距 V 分别代表衡量高管与普通职工薪酬差距的五种不同方法，而国企差距 I ~ 国企差距 V 分别代表不区分国企归属中央还是归属地方环境中，与高管与普通职工薪酬差距的五种不同方法的交叉项。由于无论是按照 ROA 还是 ROE 对控制变量进行控制，结论均基本相似，因此这里仅汇报为控制其他控制变量的结果。减少样本数量与缩短样本期时间的影响也较为有限。ROE I 和 Tobin Q I 分别对应表 3 – 2 中 1（a）~ 1（e）中的回归，ROE II 和 Tobin Q II 分别对应表 3 – 2 中 1（a）~ 1（e）中的回归。"ROA：更换方法"中实际上使用了差分和系统的动态面板，由于结果比较类似，这里仅汇报 Diff-GMM 的结果。这里的其他控制变量包括资产负债率、董事长和总经理是否两职合一、管理层持股、独立董事比重、企业规模、央属国企、地属国企、劳动密集、劳动楔子、税收楔子、市场化、普通职工的平均工资、省级层面内国有经济的比重以及年份、行业和区域的控制变量。详细结果汇总备索。* p < 0.1，** p < 0.05，*** p < 0.01。

第二节　动态层面：内部薪酬差距对国企发展的影响

在理论层面上，学者主要将研究重心置于高管薪酬的有效性和规范性问题上（Jensen MC，Meckling，1976；陈冬华等，2005；Cornett et al.，2008；

Gabaix and Landier, 2008; 方军雄, 2009; 梁上坤等, 2014), 而在国有企业改制的背景下分析高管与普通职工薪酬差距对企业发展影响的文献就相对较少。随着研究的不断推进, 理论层面上的锦标赛理论和社会比较理论也在一定程度上得到了现实经验证据的支持 (周权雄等, 2010; 黎文靖等, 2012)。国企内部收入分配问题固然涉及各群体收入合理数量的确定问题, 但这主要是一个应然层面的问题。那么, 在实然层面上, 既定的分配格局下这种高管与普通职工薪酬差距对企业特别是改制的国有企业发展所可能具有的影响, 也是正确认识差距的另一种视角。黎文靖等 (2012) 在国企内部薪酬差距的剂效应研究中, 提出了锦标赛理论和社会比较理论适用的具体条件, 认为薪酬差距较小时锦标赛理论能够较好地解释现状, 而薪酬差距一旦变大, 社会比较理论就与现实更相符。但黎文靖等 (2012) 的文章仍存在三方面拓展之处: 首先, 为了计算 *TFP* 的需要, 黎文靖等 (2012) 将研究的国有企业样本限制在制造业行业中。虽然诸多国有企业处于制造业行业, 但由于国企内部薪酬差距广泛地存在于诸多行业中, 因此, 全面地评估这种影响以及分析这种影响的传导机制就显得较为必要。并且由于国有企业存在显著的产业特征、规模效应以及部分国有企业中所可能存在的垄断效应, 都在一定程度上使这种可能存在的激励效应出现一定的差异。其次, 高管薪酬的内涵不甚全面。目前的研究指出, 除却股权激励外, 高管未预期的薪酬以及在职消费都能够在一定程度上成为高管的隐性收入形式 (陈冬华等, 2005; Rajan and Wulf, 2006; 权小锋等, 2010; 姜付秀等, 2011; 张敏等, 2013), 并且在职消费所占的比重有逐年增加的趋势 (梁上坤等, 2014)。黎文靖等 (2012) 虽然考察了包括现金薪酬在内的两种差距形式以及股权激励所可能具有的影响, 但显然忽略了后两者所可能具有的影响。因此, 在全面定义高管收入的基础之上研究这种高管与普通职工薪酬差距就显得较为必要。再次, 国有企业发展过程中重要的问题之一就是国有企业改制, 改制过程前后国有企业内部高管与普通职工薪酬差距会发生较大的变化, 这种收入差距分化对改制后国有企业发展具有何种影响尚未得到深入分析。2006 年后, 国有企业中总资产贡献率的比重便不再提升, 甚至在一定程度上出现了一定的减少 (见图 3-2)。在此情况下, 研究国有企业改制过程中内部收入差距的分化对企业绩效影响显得较为必要。

在实践层面上, 我国高管与普通劳动者之间的收入差距在 20 世纪初尚未达到最优水平, 国有企业受到政策因素的影响较大, 其内部劳动者的收入差距目前仍处于受抑制的状态 (林浚清等, 2003)。2003 年实行年薪制后, 国企内部劳动者收入差距显著扩大，从 2000 年的 3.06 倍扩大至 2012 年的 7.33 倍，但总资产回报率却显著低于私营企业和外商投资企业。就 2012 年度而言，房地产业中的国有企业薪酬差距达到 8.68 倍的峰值。André（2014）从公司内部个人主义文化的角度对此现象进行了阐释，他认为更多的个人主义文化将使管理行为更复杂化。即便如此，如果高管和普通职工薪酬差距持续扩大，是否真的对企业发展有利而无害？就目前的研究结论而言，一般支持国企内部薪酬差距对企业发展是有利的（黎文靖等，2012）。

一、理论基础与假说提出

（一）国企内部收入分配的来源

现实层面上，国有企业中劳动者工资收入的来源以及与企业绩效的关联性是正确认识国有企业中工资收入分配的重要方面。1985～1992 年，国有企业中劳动者的工资收入和奖金主要来源于利润留成，而与劳动者的生产率和企业绩效关联较弱（Meng，2000）。1978～1993 年，奖金在国有企业劳动者工资中的比重从 2.4% 上升到 23.3%，各种物价补贴的比重则从 6.5% 上升到 25.1%（Meng，2000）。国有企业高管的经营目标是福利最大化，因此在企业亏损的情况下仍不惜通过贷款发给职工高额奖金（Walder，1987，1989）。即便国有企业在减员增效过程中，未下岗职工的工资仍得到了一定程度的提升（Appleton et al.，2005；白重恩等，2006）。20 世纪 90 年代上半期，国有企业的亏损开始变得较为普遍。从企业的长期发展而言，这种重分配而轻发展模式是难以持续的。80 年代后期，当决策层开始控制国有企业的利润留成比重后，以及同时伴随着市场化过程的不断推进，这种分配方式的在微观层面上的矛盾进一步凸显，具体体现为内部职工工资收入分配问题开始趋于恶化。

（二）国企改制与国有企业发展

20 世纪末开展的国有企业改制，逐渐通过部分市场化的方式使国有企业的经济效益开始出现改善（白重恩等，2006），不但减轻了对经济发展的拖累（刘瑞明，2011），反而开始对经济增长开始起到积极作用（Song et al.，2011）。在改制过程中，"靓女先嫁"的现象是普遍存在的（胡一帆等，2006）。

具体而言，国有企业在改制过程中对资源进行了市场为导向的改革，最为明显地体现为裁退冗员（薛云奎等，2008；Dong and Pandey，2012）。在减员增效中，技能水平较低的女性成为下岗职工的主体（Dong and Pandey，2012）。在此过程中，国有企业的负担得到减轻，企业发展开始出现转机。但也有部分学者指出，国企改制过程并不是就业数量下降的主要原因，相反还在一定程度上减缓了失业增加的趋势（黄玲文等，2007）。究竟如何正确认识国企改制过程中下岗职工的问题？刘瑞明（2009）认为，应该从包含国有企业劳动者和私营企业劳动者的整体就业市场进行考虑。虽然国有企业在改革过程中裁撤了部分冗员，但也承担了一定数量的冗员，由国企冗员导致的预算软约束和拖累效应，损害了私营企业以及全社会的就业机会，从而对经济增长产生一定的负面影响，此即所谓的双重损失。导致国企在改革过程中继续负担冗员的主要原因，在于国企内部的党组治理（马连福等，2013）。

国企改制显著促进了企业生产效率的提升，从而对国有企业发展具有积极作用（刘小玄等，2005；胡一帆等，2006；Song et al.，2011）。虽然改制对国企产生了一定的积极作用，但相对非国有控股企业的改制而言，国有企业改制的效益仍更多地体现为社会效益（白重恩等，2006）。虽然早期改制的国企利润率得到了较为显著的提升，但这种改善并不是由劳动生产率的提升带来的（宋立刚等，2005）。2003年后改制的国有企业，在经济绩效表现上显著区别于之前改制的国有企业，效率提升成为这一时期国有企业改制成功的主要原因（李楠等，2010）。刘瑞明等（2010）指出，正确认识国有企业的效率损失，需要同时从国企内部效率损失和这种效率损失的外溢性两个角度，也即从所谓的"双重效率损失"角度来理解。

（三）国企发展与内部收入分化

在国有企业改革过程中，由于高管在经营目标、权力约束和受到的监管等方面与普通劳动者存在较大的差异，其工资收入中的个性特征也较为明显。国有企业高管的工资分配是否合理往往涉及人力资本、管理层权力和企业绩效等方面的分析。一般的研究文献支持高管具有对自身薪酬操控的动机和能力。一般而言，高管具有的权力越大越容易为自己创造私有收入（陈震等，2011；徐细雄等，2013）。由于管理者的收益也是企业规模的增函数，大公司支付的薪酬水平往往也会更高（Baker and Hall，2004；Gabaix and Landier，2008，2013）。为对归属层级不同的国有企业进行详细分析，部分学者开始区分央属国企和地属国企，发现中央属国企的高管更倾向于隐性的非货币性私有收益，而地属央企则更偏好显性的货币性私有收益（权小锋等，2010）。

在国有企业内部，较大的薪酬差距使企业投资效率降低，也使普通劳动者积极性出现一定程度的降低（黎文靖等，2012）。

随着国企改革的深入推进，上市公司总经理的收入与公司业绩的相关性被广泛证实（Murphy，1985；陈冬华等，2005；李维安等，2005；辛清泉等，2007，2009；方军雄，2009，2012），这主要是由于市场化进程不断深化（辛清泉等，2009）、预算约束不断硬化（方军雄，2007）以及高管强化自身背景信息的需要（黄继承等，2013）等。高管收入存在显著的尺蠖效应，即业绩上升时的薪酬增加值高于业绩下降时的薪酬减少值（方军雄，2009）。由于高管收入尺蠖效应的存在，使高管与普通职工的收入差距存在进一步扩大的趋势。这主要是因为在普通职工中这种效应相对微弱，因此在国有企业普遍实行高管年薪制和增加管理者权力，是高管与普通劳动者的工资收入差距迅速扩大重要的制度原因（吕长江等，2008；方军雄，2011；陈震等，2011；徐细雄等，2013）。高管与普通劳动者的工资收入差距扩大，也开始在理论层面上受到重视（张正堂，2008）。过大的内部职工薪酬差距对企业经营绩效具有一定的负面影响（张正堂，2008）。但也有部分学者指出，相对于规模、行政垄断和业绩等薪酬决定性因素，管理者权力对自身薪酬的影响水平较为有限（权小锋等，2010；陈震等，2011）。

与此同时，我国国有企业在改革过程中高管薪酬与市场业绩的联系难以有效提升，其中的原因包括改制过程中的冗员（薛云奎等，2008）、薪酬管制（陈冬华等，2005；陈信元等，2009）、预算软约束（卢峰等，2004；盛明泉等，2012）、攀比效应（Ana et al.，2013；Michael and Yang，2013）、对控制权收益的追求（Fama，1980；张维迎，1998）以及监管等方面的缺位（张军等，2004），导致国有企业工资分配改革逐渐偏离了既定的方向。在放权让利的改革过程中，国有企业高管经营管理权的逐步扩大（卢锐，2007），且自身权威不断得到强化（张军等，2004），由此导致权力薪酬的出现（权小锋等，2010；徐细雄等，2013）。在此情况下，如何有效设计董事会构成以监督高管权力成为一个重要命题（Baldenius et al.，2014）。在此情况下，高管对国有企业内部资源配置的能力不断提升，增强了自身在薪酬设定上的优势地位，而普通劳动者则逐渐变得弱势（张军等，2004；权小峰，2010），成为尺蠖效应的制度基础（秦晖，2006）。由于薪酬管制的存在，在职消费也是高管重要的隐性收入之一（陈冬华等，2005；Rajan and Wulf，2006）。对高管薪酬的规范，需要政府介入和媒体监管同时发挥作用（杨德明等，2012）。

　　虽然高管与普通劳动者之间的薪酬差距过大对国有企业的发展和薪酬公平性存在一定的负面影响，但高管团队内部的薪酬差距，却在一定程度上有助于公司绩效的提升。林浚清等（2003）认为，高管间内部收入差距越大，越有助于企业绩效的提升。他们进一步指出，国有股份的比重越高，会在一定程度上减少高管内部的绝对和相对收入差距，从而削弱了锦标赛理论中的激励作用。

　　那么，目前国有企业中普通职工的薪酬水平过低？部分学者指出，在所有制和行业垄断等因素的影响下，国有企业内部劳动者的收入水平还是显著高于非国有企业劳动者的工资收入水平（张原等，2008；陆正飞等，2012）。

　　综上所述，国有企业内部高管与普通职工收入差距的产生和发展具有其特定的历史背景。迄今为止，仅有少数学者对这种可能的激励效应进行了分析，如黎文靖等（2012）。为了便于计算 *TFP*，黎文靖等（2012）将研究样本限制在国有制造业行业，尚未对其他行业中国有企业的激励效应进行分析，并且其对高管与普通职工收入差距的内涵上仍有可拓展之处。那么，在国有企业改革再次成为社会关注焦点的背景下，高管与普通职工薪酬差距的扩大是否给改制的国有企业带来了长足的发展？如果确实存在这种正面影响，那么本文应该如何进行评估？基于目前已取得的研究成果，本章拟采用 PSM-DID 方法对上述问题进行解释。

二、研究设计及数据来源

　　根据迄今为止的研究成果和既定的研究目的，首先对数据来源和样本选择进行一定的说明，然后对研究设计进行阐述，并介绍本书中采用的主要指标。

（一）样本选择

　　本书的研究样本是沪深两市的上市公司，考察时间覆盖 1999 ~ 2012 年。对样本进行了如下筛选：（1）剔除金融行业和样本缺失的数据；（2）对 1% 的极端值进行 Winsorize 处理；（3）对相关数据进行了平减。由此，一共获得 13 个年度 20993 个样本。数据来源于国泰安数据库以及色诺芬数据库。总体而言，五种薪酬差距指标中，股权激励也对薪酬差距具有较大影响[①]，纳入

---

　　① 需要指出的是，这里高管与普通职工的薪酬经过了对数化处理，因此两者差值大于 0 就意味着这种差距为正。联系到高管或者普通职工对数化后的实际数值，本书才能够根据这种差距还原差距的绝对额。

高管在职消费收入对数化后的差距较显著。

(二) 研究方法

由于普通回归方法中存在对因变量效应具有同质性的假设以及存在潜在的自选择问题，容易出现估计偏误。倾向得分匹配估计 (propensity score matching, PSM) 方法能够通过降维的方法 (dimension reduction)，在处理过程中较好地控制协变量对结果所可能产生的影响 (Rosenbaum and Donald, 1985)。为了解决上述两个问题，将采用 PSM – DID 的方法来开展研究。借鉴盛丹 (2013) 的研究，首先采用 PSM 的方法从控制组中筛选出合适的样本，与处理组一起展开分析。

倾向得分匹配的使用需要满足如下两个假设条件，即条件独立假设 (conditional independence assumption, CIA) 和共同支持假设 (common support assumption, CSA)。前者的核心思想是通过控制合适的协变量，使主要解释变量的选择成为随机性选择，从而减少外部因素对结果测度所可能产生的影响。后者的核心思想是在控制组中选择具有可比性的样本与处理组进行比较，虽然这样会在一定程度上减少样本数量，但能够提高估计结果的质量 (Heckman, 1997)。在此基础之上，计算处理组和控制组之间真实的平均处理效应 (average treatment effects, ATE) 以及控制组的平均处理效应 (average treatment effects on the treated, ATT) (Rosenbaum and Rubin, 1983)。

$$ATT \equiv E\{Y_{1i} - Y_{0i} | D_i = 1\} = E[E\{Y_{1i} - Y_{0i} | D_i = 1, p(X_i)\}]$$
$$= E[E\{Y_{1i} | D_i = 1, p(X_i)\} - E\{Y_{0i} | D_i = 0, p(X_i)\} | D_i = 1] \quad (3.6)$$

其中，Y_{1i} 和 Y_{0i} 分别代表处理组合控制组的反事实状态；D 是处理组与控制组的虚拟变量；$p(X)$ 是控制组中和处理组中样本得分的条件概率，具体为 $p(X) \equiv Pr(D = 1 | X) = E(D | X)$；$X$ 是处理前企业特征的多维变量。

在 PSM 匹配的基础之上，参考李楠等 (2010) 以及盛丹 (2013) 的处理方法，使用 DID (difference in difference) 就改制前后国有企业绩效变化的真实情况进行测度。

$$Y_{it} = \beta_{1,it} X_{it-1} + \beta_{2,it} X_{it-1} D_{it} + \beta_{3,it} X_{it-1} dS + \beta_{4,it} X_{it-1} D_{it} dS + u_{it} \quad (3.7)$$

其中，Y_{it} 是绩效层面的指标，包括企业层面的绩效和员工层面的绩效，分别使用 ROA 等以及 TFP 等进行测度；X_{it-1} 是主要的解释变量，即薪酬差距。为了更好地研究高管收入形式差异对国企内部收入差距的影响，下文将从五个方面分别对高管的收入内涵进行定义，进而评估这种影响的大小；D_{it} 为区分控制组和处理组的虚拟变量；dS 为区分改制时间的虚拟变量。根据样本中年度间改制企业数量的差异，按照盛丹（2013）的方法，将改制企业数量最多的 2005 年定义为改制年，u_{it} 是误差项；根据 DID 模型构建的基本思路和分析方法①，$\beta_{4,it}$ 包含了本书所需要研究改制前后企业绩效变化的信息。

（三）指标选择

这里选取的指标和前一节相同。

三、样本的匹配及平均处理效应

根据上一节研究设计中的安排，首先需要使用倾向得分匹配对样本进行筛选，以便寻找合适的处理组和控制组样本。在此部分中，将使用上述方法，对初步筛选的结果进行分析，进而判断筛选结果是否符合 PSM 的匹配标准。在此基础上，将对主要解释变量进行初步的 DID 检验，模拟反事实状态下国有企业改制的所可能受到的影响。由于存在所有制差异和规模差异的影响，还将进一步分组研究处理组的平均处理效应（ATT）。

（一）PSM 匹配结果

首先采用非替代性的 1∶1② 匹配方式对控制组中的数据进行筛选。1999~2012 年，处理组中包含 1896 个样本。通过 1∶1 的匹配方式，也在控制组中筛选出 1896 个③样本。那么，这种匹配是否有效？为此，引入 PSM 数据匹配的检验方式对匹配后的数据进行检验（见表 3－14）。一般而言，PSM 匹配后的数据质量可以从两方面进行检验：首先，标准偏差的绝对值在 5%

---

① 具体的分析过程，可以参见盛丹（2013）。
② 为了对结果进行稳健性分析，在后文的稳健性检验部分中将匹配方式更换为 1∶5。
③ 这是最近邻成对匹配的一种方法，该方法实际上是一种不放回的抽样，核心思想是尽量从控制组中找出和处理组最相似的样本。需要说明的是，虽然是按照 1∶1 的方式进行匹配，但由于诸多原因，并不代表 PSM 匹配出的样本数和处理组中的样本数应该完全一致，这里数值上的相等是一种巧合，因为在每一年度中按照 1∶1 方式匹配出控制组的样本量均不一样。

以下，标准偏差绝对值大于20%时，也可以在一定程度上判断这种匹配是较差的（Rosenbaum and Donald，1985）。其次，匹配后的数据应该不存在显著性偏差，具体体现为匹配后 t 值的伴随概率应该不显著。根据表3-14中主要解释变量匹配前后的相关统计量，发现匹配后的标准偏差绝对值均小于5%，而且匹配后的 p 值高于0.1，说明匹配前后的数据并不存在显著差异[①]。匹配后标准偏差减少的幅度也是较大的，这说明此处非替代性一对一匹配的数据结果是可靠的。

表3-14　　　　　　　　　　数据匹配的平衡性检验

变量名称	处理状态	处理组	对照组	标准偏差（%）	标准偏差减少（%）	T 值	P 值
企业规模	匹配前	21.285	21.455	-14.4		-5.92	0.000
	匹配后	21.285	21.282	0.3	97.8	0.10	0.918
负债率	匹配前	0.365	0.505	-57.4		-22.46	0.000
	匹配后	0.365	0.368	-1.1	98.1	-0.38	0.706
两职合一	匹配前	0.261	0.159	25.1		11.22	0.000
	匹配后	0.261	0.262	-0.1	99.5	-0.04	0.971
董事会持股比重	匹配前	0.166	0.039	67.0		37.21	0.000
	匹配后	0.166	0.172	-3.2	95.3	-0.76	0.445
独立董事比重	匹配前	0.348	0.322	26.7		9.82	0.000
	匹配后	0.348	0.346	1.6	93.9	0.60	0.551
央属国企	匹配前	0.135	0.160	-6.9		-2.78	0.005
	匹配后	0.135	0.139	-1.2	82.8	-0.38	0.706
地属国企	匹配前	0.264	0.367	-22.4		-8.96	0.000
	匹配后	0.264	0.247	3.7	83.7	1.19	0.233
市场化程度	匹配前	9.150	8.421	28.3		11.39	0.000
	匹配后	9.150	9.194	-1.7	94.0	-0.52	0.601
劳动密集型	匹配前	0.404	0.486	-16.6		-6.83	0.000
	匹配后	0.404	0.414	-1.9	88.5	-0.59	0.552

注：这里采用非替代性一对一匹配算法进行匹配的。

[①] 事实上，也可以通过构建匹配前后处理组和控制组得分的核密度函数分析来直观判断匹配结果是否合适。在此也使用了类似的方法进行判断，和正文中的判断结果是一致的。

（二）初步的 DID 分析

根据匹配数据，此处对国有企业改制的反事实情况进行模拟，进而分析改制的真实效应。本书发现，在企业绩效层面上，该值对企业绩效提升具有显著的正面影响，改制为私营企业的积极作用是最大的。如果将企业绩效的测度指标更换为 *ROE* 或者是 *Tobin Q*，这种结论均是一致的（见表 3 – 15）。这说明国有企业改制对其自身确实具有积极的作用。如果改制后仍为国有企业，则获益程度则相对较弱，甚至还有可能在一定程度上遭受负面影响。

表 3 – 15　　　　　　　　　　企业绩效层面 DID 检验结果

	ROA	*ROA*：Ⅰ	*ROA*：Ⅱ	*ROA*：Ⅲ	*ROE*	*Tobin Q*
情形 A（0，0）	0.032	0.037	0.035	0.032	0.050	2.034
情形 B（1，0）	0.051	0.036	0.039	0.056	0.069	2.599
情形 C（0，1）	0.026	0.020	0.041	0.024	0.045	2.719
情形 D（1，1）	0.056	0.042	0.036	0.066	0.082	3.746
B – A	0.019 ***	– 0.001	0.004	0.025 ***	0.019 ***	0.565 ***
t 值	9.400	– 0.170	1.010	9.810	3.750	11.390
C – A	0.029 ***	0.022	– 0.005	0.043 ***	0.037 **	1.027 ***
t 值	2.970	1.510	– 1.210	3.710	2.020	3.750
D – A	0.011 *	0.023	– 0.009	0.018 ***	0.018	0.463 ***
t 值	1.770	1.410	– 0.750	2.220	1.180	3.020

注：*ROA*、*ROA*：Ⅰ、*ROA*：Ⅱ、*ROA*：Ⅲ、*ROE* 和 *Tobin Q* 分别代表总资产净利润率、央属国企的总资产净利润率、地属国企的总资产净利润率、私营企业的资本回报率、净资产收益率以及市场价值与期末总资产的比值（*Tobin Q*）。本文也计算了后两者细分样本的结果，汇总备索。* $p < 0.1$，** $p < 0.05$，*** $p < 0.01$。

就员工层面的效率而言，本书发现，国有企业改制则可能具有负面作用，这种影响机制在三种度量指标中均可能存在。导致这种局面的主要原因，可能在于国有企业改制后，部分生产要素配置开始逐步实现市场化，要素价格也开始回归到与其贡献程度基本一致的水平。在此过程中，改制前由于非市场化因素导致的生产率水平过高的情形难以持续，因此，就产出层面的员工效率而言，会出现一定程度的下降。即便如此，这种下降也仅是静态层面上的。那么，在动态层面上，这种改制的影响会如何变化？下一节将通过引入改制的时间项来分析这种可能的滞后效应。

（三）处理组的平均处理效应

在初步的 DID 分析过程中，本书发现，改制对企业发展具有正面的促进作用，具体体现为对企业层面效率的积极影响（见表 3 - 16）。但对员工层面的效率具有一定的负面作用。那么这种影响在不同类别的处理组之间有何差异？这种差异既可能包括所有制归属层面上的，又可能涵盖企业规模上的。为此，需要对处理组的平均处理效应 ATT 进行估计，从而尝试回答上述问题（见表 3 - 17）。

表 3 - 16　　　　　　　　　员工绩效层面 DID 检验结果

	TFP	*TFP*：Ⅰ	*TFP*：Ⅱ	*TFP*：Ⅲ	员工人均产出	员工人均增加值
情形 A（0，0）	0.007	0.134	0.057	- 0.104	13.419	- 0.519
情形 B（1，0）	- 0.036	0.247	0.115	- 0.131	13.366	- 0.357
情形 C（0，1）	0.050	0.178	0.264	- 0.147	13.617	- 0.519
情形 D（1，1）	- 0.052	0.365	- 0.007	- 0.190	13.404	- 0.357
B - A	- 0.043	0.113	0.059	- 0.027	- 0.053	0.162 **
t 值	- 1.570	1.380	0.960	- 0.840	- 1.580	2.030
C - A	- 0.102	0.188	- 0.270	- 0.043	- 0.214	0.162 **
t 值	- 0.780	0.820	- 2.640	- 0.430	11.010 **	0.160
D - A	- 0.059	0.075	- 0.329 *	- 0.015	- 0.160	0.000
t 值	- 0.700	0.320	- 1.780	- 0.150	- 1.540	n. a.

注：*TFP*、*TFP*：Ⅰ、*TFP*：Ⅰ 和 *TFP*：Ⅲ 分别代表劳动生产率、央属国企劳动生产率、地属国企劳动生产率、私营企业劳动生产率。本书也计算了后两者细分样本的结果，汇总备索。* p < 0.1，** p < 0.05。

表 3 - 17　　　　　　　　　ATT 效应：所有制和企业规模的差异

	处理组	控制组	ATT	标准差	t 值		处理组	控制组	ATT	标准差	t 值
			ROA						*ROE*		
全部样本	3792	3419	1.994	0.179	11.138	全部样本	3792	3299	1.929	0.449	4.297
央属国企	520	500	0.978	0.428	2.287	央属国企	520	497	1.653	1.130	1.462
地属国企	968	921	1.022	0.308	3.314	地属国企	968	911	1.585	0.898	1.765
私营企业	2304	1956	2.708	0.252	10.766	私营企业	2304	1848	2.324	0.580	4.011
小型企业	90	197	3.843	1.952	1.968	小型企业	90	156	- 3.013	4.090	- 0.737
中型企业	1483	1168	3.060	0.304	10.069	中型企业	1483	1125	3.287	0.833	3.947
大型企业	2219	2037	1.399	0.214	6.539	大型企业	2219	1998	1.341	0.529	2.534

续表

	处理组	控制组	ATT	标准差	t 值		处理组	控制组	ATT	标准差	t 值
			Tobin Q						*TFP*		
全部样本	3792	3420	-1.994	2.508	-0.795	全部样本	3792	3404	-2.358	2.265	-1.041
央属国企	520	500	6.090	5.945	1.024	央属国企	520	500	3.029	5.959	0.508
地属国企	968	921	9.232	4.376	2.110	地属国企	968	918	5.370	4.551	1.180
私营企业	2304	1956	-14.317	3.532	-4.054	私营企业	2304	1943	-4.082	2.947	-1.385
小型企业	90	197	-35.590	29.148	-1.221	小型企业	90	183	4.875	20.825	0.234
中型企业	1483	1168	-16.414	4.559	-3.600	中型企业	1483	1166	-6.563	4.346	-1.510
大型企业	2219	2037	1.864	2.681	0.695	大型企业	2219	2037	0.302	2.508	0.120

	处理组	控制组	ATT	标准差	t 值		处理组	控制组	ATT	标准差	t 值
			人均产出						人均增加值		
全部样本	3792	3410	0.070	0.029	2.428	全部样本	3792	1475	0.296	0.050	5.941
央属国企	520	500	0.102	0.076	1.349	央属国企	520	248	0.324	0.108	2.993
地属国企	968	919	0.185	0.058	3.175	地属国企	968	418	0.239	0.088	2.701
私营企业	2304	1947	0.043	0.037	1.146	私营企业	2304	782	0.351	0.071	4.928
小型企业	90	188	0.324	0.258	1.255	小型企业	90	92	0.109	0.129	0.850
中型企业	1483	1166	-0.093	0.049	-1.917	中型企业	1483	510	0.129	0.057	2.246
大型企业	2219	2037	0.077	0.031	2.520	大型企业	2219	868	0.205	0.041	5.001

注：在此采用的是非替代性的 1∶1 匹配。人均产出和人均增加值均进行了平减并采用的对数形式。

就企业层面的 *ROA* 和 *ROE* 而言，改制在处理组中的平均处理效应显著为正，说明改制确实对国有企业的发展产生了一定的促进作用。就所有制差异而言，改制为私营企业的效果较仍为国有企业更大，这主要是因为私营企业的经营方式更加注重资源的市场化配置。在国有企业内部，这种平均处理效应也存在一定的差异：央属国企的 *ROA* 表现比地属国企较差，但 *ROE* 较地属国企更高。这种情况的出现，说明改制过程可能对地属国企的总资产净利润率改善具有帮助，但对净资产收益率的提升作用较小。但如果以 *Tobin Q* 衡量改制效果时，总体效应为负，但国有企业内部的效应仍旧为正。导致这种现象的主要原因在于改制为私营企业后，短期内企业的市场价值可能会从原来国有企业的市场价值水平上出现一定程度的下降，从而导致对企业业绩产生一定的负面影响。

就员工层面的效率而言，三种度量方式下国有企业的改制效应均为正，说明这种改制是具有微观生产率效应的。就 *TFP* 而言，改制为私营企业后的 *TFP* 会出现暂时的下降，主要是因为资本和劳动力资源配置的总量较原先的国有企业可能相对较少，从而可能在一定程度内导致无效率的配置。虽然私营企业的人均产出显著低于国有企业，但人均增加值却与国有企业接近，这也在一定程度上说明私营企业的改制效应更多的是由总量资源不足而非结构配置无效导致的。

如果细分企业规模，发现大型企业在改制过程中总能在一定程度上获益，而中小企业则可能遭受改制的损失。即便大企业在改制中获益，其获益水平也是较低的。大型企业具有较大的规模效应，使其能够承受改制的成本。但规模过大也容易形成对改革的阻力，从而不利于改革红利的释放。

四、国企改制下效率的真实变化

在数据匹配的基础之上，在此使用 DID 方法对国有企业改制过程中绩效层面的变化进行分析。首先给出基本回归结果，然后再从四个不同的角度对这种结果的稳健性进行检验。

（一）基本回归结果

本书使用匹配后处理组合控制组的数据进行 DID 分析。基本回归汇总于表 3 – 18 和表 3 – 19 中，分别是对企业绩效和员工绩效进行检验。按照盛丹（2013）的方法，在分析过程中将可能存在的滞后性纳入考虑范围，以检验这种差异是否具有显著的时滞性。

表 3 – 18　　　　　　　　　PSM – DID 基本回归：企业绩效

	ROA			ROE		
	2005 年	2006 年	2007 年	2005 年	2006 年	2007 年
dX	0. 103 ***	0. 094 ***	0. 082 ***	0. 305 ***	0. 285 ***	0. 259 ***
	0. 01	0. 01	0. 01	0. 03	0. 03	0. 03
dX_dt	0. 108 ***	0. 123 ***	0. 122 ***	0. 131 ***	0. 155 ***	0. 167 ***
	0. 02	0. 02	0. 02	0. 04	0. 04	0. 04
dX_dS	− 0. 275 ***	− 0. 069 ***	0. 090 ***	− 0. 605 ***	− 0. 129 *	0. 230 ***
	0. 03	0. 03	0. 02	0. 07	0. 07	0. 06

续表

	ROA			ROE		
	2005 年	2006 年	2007 年	2005 年	2006 年	2007 年
dX_dt_dS	0. 123 *	− 0. 04	− 0. 07	0. 335 *	0. 03	− 0. 19
	0. 07	0. 05	0. 05	0. 20	0. 15	0. 13
Constant	0. 025 ***	0. 025 ***	0. 025 ***	0. 027 ***	0. 027 ***	0. 027 ***
	0. 00	0. 00	0. 00	0. 00	0. 00	0. 00
R-squared	0. 0775	0. 0735	0. 0702	0. 0422	0. 0413	0. 0418
N	19026	19026	19026	18574	18574	18574

注：对照组主要是采用非替代性的一对一匹配算法进行匹配的。为了对上述结论进行稳健性分析，参考盛丹（2013）的方法，还分别引入了部分控制变量，其中包含衡量市场发育程度的市场化指数以及反映市场竞争程度的 HHI 指数，结论基本保持不变。汇总备索。* $p < 0.1$，*** $p < 0.01$。

表 3 – 19　　　　　　　　　　PSM – DID 基本回归：员工绩效

	TFP			员工人均产出		
	2005 年	2006 年	2007 年	2005 年	2006 年	2007 年
dX	− 0. 879 ***	− 0. 866 ***	− 0. 901 ***	− 1. 488 ***	− 1. 522 ***	− 1. 631 ***
	− 0. 09	− 0. 09	− 0. 10	− 0. 13	− 0. 13	− 0. 13
dX_dt	0. 230 *	0. 19	0. 230 *	− 0. 329 *	− 0. 332 *	− 0. 28
	− 0. 12	− 0. 13	− 0. 13	− 0. 17	− 0. 17	− 0. 18
dX_dS	− 0. 30	− 0. 470 **	0. 08	− 1. 850 ***	− 0. 934 ***	0. 662 ***
	− 0. 20	− 0. 20	− 0. 18	− 0. 27	− 0. 27	− 0. 24
dX_dt_dS	0. 17	0. 742 *	0. 04	− 0. 38	0. 40	− 0. 73
	− 0. 55	− 0. 42	− 0. 37	− 0. 76	− 0. 58	− 0. 51
Constant	0. 02	0. 02	0. 02	13. 484 ***	13. 483 ***	13. 484 ***
	− 0. 02	− 0. 02	− 0. 02	− 0. 02	− 0. 02	− 0. 02
R-squared	0. 0056	0. 0058	0. 0055	0. 0304	0. 0287	0. 0269
N	18979	18979	18979	18991	18991	18991

注：对照组主要是采用非替代性的一对一匹配算法进行匹配的。为了对上述结论进行稳健性分析，参考盛丹（2013）的方法，还分别引入了部分控制变量，其中包含衡量市场发育程度的市场化指数以及反映市场竞争程度的 HHI 指数，结论基本保持不变。汇总备索。* $p < 0.1$，** $p < 0.05$，*** $p < 0.01$。

就企业绩效而言，在企业改制发生的 2005 年，企业的绩效水平得到了较为显著的提升。如果将企业绩效的度量指标更换为 ROE 时，发现改制当年的影响仍旧为正，改制随后两年可能存在的差距缩小趋势同样未被证实。本书也在分析过程中分别逐步纳入控制变量，如市场化指数和市场竞争等，发现结论依旧。

伴随着企业绩效的改善，高管与普通职工薪酬差距会在一定程度上扩大。为什么在国有企业改制的当年，会出现高管与普通职工收入差距扩大的趋势？一般而言，国有企业改制过程主要从两方面进行，即减员和增效。虽然在减员过程中，收入水平较低的员工往往更容易被裁，其中这类员工中又以女性为主（Dong and Pandey，2012）。但国有企业在增效过程中需要将高管的薪酬水平与企业绩效相联系，此即股权激励。近期的研究也指出，除却股权激励外，高管未预期的薪酬以及在职消费都能够在一定程度上成为高管的隐性收入形式（陈冬华等，2005；Rajan and Wulf，2006；权小锋等，2010；姜付秀等，2011；张敏等，2013），并且在职消费所占的比重有逐年增加的趋势（梁上坤等，2014）。那么这两种效应的综合影响对高管与普通劳动者的收入究竟有何影响？如果冗员规模过大，那么会在一定程度上弱化高管薪酬与企业绩效的相关性，反而会在一定程度上促进高管在职消费的增加（张敏等，2013）。由此，国企改制当年应该会在一定程度上伴随着高管与普通职工收入差距的扩大。

但国企内部同样有这种薪酬差距扩大的因素，如国有企业中的党组治理会在一定程度上增加冗员规模，并且在一定程度上通过限制高管的超额薪酬，并以此抑制高管与普通职工薪酬差距的扩大（马连福等，2013）。但马连福等（2013）证实国企党组对高管薪酬的控制，更多的是显性经济层面上差额薪酬，而对诸多隐性层面上在职消费和权力薪酬等是否同样具有约束力则并未提供相应的证据①。随着在职消费等隐性形式的收入在高管收入中的占比逐渐提升，在改制当年高管与普通职工收入差距仍存在进一步扩大的可能。

在员工绩效层面，改制过程对高管与普通职工内部收入差距对生产率的影响具有一定的滞后性，但这种滞后的影响仅有一年（见表3－19）。将员工绩效的度量指标更换为员工人均产出，发现改制滞后效应可能会对内部收入差距具有扩大的作用，但并未被证实。同样本书在分析过程中分别引入控制变量，也发现了内部收入差距可能扩大的证据。在员工绩效改善的同时，也

① 为了对这一情形进行检验，后文中通过更换主要解释变量，即高管在高管收入中纳入未预期薪酬和在职消费等五种不同的方式，重新对高管与普通职工的薪酬差距进行定义。

会在一定程度上导致高管与普通职工薪酬差距的扩大。这种内部收入差距存在扩大的可能性是比较好理解的，因为这往往与国有企业的"增效"相联系，其中的重要一部分即为通过提高劳动生产率来实现增效。在国有企业改制过程中，高管薪酬与企业绩效相联系，实际上类似一种承包责任制，高管也会进一步强化普通职工的收入与企业绩效之间的联系，以此来保证自身契约的实现。普通职工的收入水平也会与其自身的生产率水平或者是对企业绩效的贡献度相联系，从而在普通员工内部也会产生相应的收入差距。在此意义上，改制的过程使企业的生产经营与市场中的因素更为紧密地联系在一起，而市场化的过程在促进企业发展的同时，也必然会在一定程度上导致内部职工收入的分化。此外，伴随着两权分离条件下高管隐性薪酬的不断增加，这种内部收入差距扩大的趋势将在一定时间内持续。

（二）稳健性检验

为了对上述的基本回归结论进行检验，在此主要进行稳健性检验。稳健性检验主要包括四个层面的内容：首先是更改匹配方式，即对使用的非替代性1∶1匹配方式替换为1∶5的匹配方式，检验这种匹配方式的差异对结论所可能存在的影响。其次是更换对国有企业改制时间的定义，即从定义2005年①为改制年份调整为2009年为改制年。再次是调整国有企业改制的定义方式，即从绝对控制的定义变为绝对控股和相对控制的定义方式。最后是对主要解释变量进行变更，这里主要是对高管与普通职工薪酬差距的内涵进行重新定义，方式是在高管收入形式中逐步纳入股权激励和在职消费等五种不同的度量指标。此外，在稳健性检验过程中同样会从不同的角度对企业绩效以及员工绩效进行定义，以此来综合判断就国企改制对高管与普通职工内部收入差距所可能具有影响的结论。

1. 匹配方式的变更。首先使用非替代性的1∶5匹配方式对数据重新进行匹配，这里的匹配也是有效的。

按照1∶5方式匹配的数据，再次对企业层面的绩效和员工层面的绩效进行分析，从而检验两者的双重差分效应。在此情况下的高管与普通职工薪酬差距在改制的当年仍存在扩大的趋势。在改制的随后年份中，也存在差距缩小的趋势，但在这里并未被证实。将企业绩效层面的指标更换为 *ROE* 时，结

---

① 这和2005年是股权分置改革第一年的现实状况是相符合的。

论依旧。按照基本回归的方式，分别逐步加入相关控制变量，发现对结论的影响较为有限。因此，国有企业改制对企业业绩的改善具有显著的意义。那么在员工绩效层面，国有企业改制是否也对企业存在正面意义？使用匹配的数据分析后发现，在改制后的第二年可能存在一定的正面影响，但此处并未被证实。

2. 改制开始时间的变更。国有企业改制对企业绩效和员工绩效的影响，是否会由改制发生时间上的差异而有所分别？由于 2009 年实行改制国有企业的数量仅次于 2005 年，因此将国有企业改制的时间调整为 2009 年，并由此进行 DID 分析。

本书发现，国有企业改制时间的调整对本书得到结果产生的影响较为有限，均会对 *ROA* 和 *ROE* 产生显著的积极作用，这种积极影响的滞后性也得到了一定程度上的证实。这种情况的出现，说明国有企业改制开始年份差异并不会影响到对企业绩效的促进，但不同的宏观环境确实会对这种积极影响的持续时期产生一定的影响。

在员工绩效层面，本书证实了改制当年对人均产出所可能存在的负面影响，但对 *TFP* 的影响仍未被证实，滞后一期的影响在此处也未得到相关数据的支持。

3. 国企改制定义方式的变更。上述结论的得出，均是在国有股份从 50% 以上变为 50% 以下的前提下得出的，即国有股份失去了绝对意义层面上的控股权，但仍可能具有相对意义层面的控股权。为了考虑这种情形对结论所可能带来的影响，在此将国有企业绝对意义层面上的控股更改为相对意义层面上的控股，从而对国有企业改制进行定义。本书认为，只有国有企业真正失去了相对意义层面上的控股权，才是真正意义上的改制。在此思路下，重新对企业层面和员工层面上的绩效影响进行了分析。

在国有企业相对控股的条件下，国有企业改制对当年及滞后期的影响都比绝对控股条件下的影响更显著。这种情形的出现和显示事项是相符合的，即相对控股权的转移也是国有企业改制中的一种情形，并且这种情形中改制对企业绩效的影响更为明显。但滞后一期出现的负面影响说明这种改制的益处难以有效持续。

在员工层面上，改制对 *TFP* 的影响依旧不显著，对员工人均产出的影响得到了证实。在相对控股权转移的环境中，对人均产出具有持续的负面影响。

4. 主要解释变量定义的变更。虽然本书使用了不同的匹配方式，更换了国有企业改制开始的时间，调整了国有企业改制的内涵，但相关解释变量定义方式的差异是否会对结论产生影响？为了分析这种潜在的影响，在此使用另外四种方式对高管薪酬①进行定义，通过调整使用的高管与普通职工薪酬差距指标，从而实现这种分析。本书发现，即便是调整了相关的薪酬差距指标，对结论影响也较为有限。在员工绩效层面，这种情形基本是相似的。

　　在前面的分析中，使用 PSM – DID 的方法就国有企业改制过程对国有企业发展的影响进行了分析，发现虽然部分因素会影响国有企业改制效果的持续性，但对基本结论产生的影响相对较小。

本章小结

　　本章通过采用 1999～2012 年非金融行业的微观企业数据，使用现金薪酬差距、剔除社会保障因素后的现金薪酬差距、考虑高管股权激励的薪酬差距、加入高管未预期薪酬的薪酬差距以及将高管在职消费纳入考虑范围内五种方式对高管与普通职工收入差距进行了定义，在此基础上对这种企业内部薪酬差距对高管与普通职工所可能具有的激励效应进行分析，并从国有企业归属层级的差异、产业特征、规模效应、劳动密集和垄断效应对这种激励效应的传导机制进行了分析。

　　总体而言，较之私营企业而言，国有企业中 *ROA* 的表现相对较差，这主要是由国有企业本身的属性所造成的。就 *TFP* 而言，国有企业的身份特征能够在一定程度上促进 *TFP* 的增加，但总体效应仍旧是负面的。在对传导机制的分析过程中，更关注央属国企和地属国企各自内部高管与普通职工收入差距对企业绩效的影响，因此通过引入交叉项来进行分析。总体而言，内部薪酬的激励效应具有显著的归属层级效应，同时也具有产业和规模效应。由于部分行业中的国有企业具有垄断型，通过 HHI 指数对这一因素加以分析后，发现央属国企和地属国企中也存在较为明显的垄断效应。企业内部的薪酬差距并不总是会对高管和普通职工提供薪酬激励，上述因素都会在一定程度上影响这种激励的实现。一般而言，无论是在央属国企还是地属国企中，现金薪酬差距所可能产生的激励效应并不具有持续的作用，这种情况在上述几种

---

①　即薪酬差距 Ⅱ、薪酬差距 Ⅲ、薪酬差距 Ⅳ 和薪酬差距 Ⅴ。

效应中的差别较为明显。如果剔除社会保障的因素，那么这种情况下薪酬差距往往会对企业发展产生较为负面的影响。而考虑高管股权激励或者将高管未预期薪酬纳入分析范围的高管与普通职工收入差距对员工激励和 *TFP* 具有一定的正面影响。而将高管在职消费纳入考虑范围后，此时的薪酬差距对员工激励和 *TFP* 则会具有微弱的负面影响。这种情况的出现说明部分合理或者部分未预期薪酬导致的高管与普通职工收入差距对企业发展具有较为正面的意义。

本章对企业经济层面、属性层面以及企业所处的宏观经济环境等主要变量进行了控制，发现这些变量也较好地解释了对高管和普通职工的激励。总体而言，负债成本以及董事长总经理两职合一对 *ROA* 和 *TFP* 均具有一定程度的负面影响，而管理层持股则具有一定的正面意义。本章使用劳动楔子和税收楔子分别对劳动力供给状况和税收环境进行度量，也较好地解释了这两种环境变化对企业发展的影响。

在此意义上，规范高管与普通职工薪酬差距的主要措施应该重视与业绩相关的报酬分配，既需重视高管收入与企业绩效弱化以及潜在道德风险对企业发展所可能具有的负面影响，同时需要注重高管可能衍生的权力薪酬。虽然两者都会导致内部职工收入差距的扩大，但前者强调的是对职工努力程度的合理分配，而后者则更多地是由非市场化因素所导致的，在扩大内部职工薪酬差距扩大时，也会由此滋生对权力使用的质疑，进而对企业的健康发展产生一定的负面影响。

此外，采用了 1999~2012 年国有上市企业改制数据，采用基于倾向得分匹配的差分中差分方法（PSM - DID），就改制过程中高管与普通职工薪酬差距对企业层面效率和员工层面效率的影响进行了分析。国有企业改制总体上能够促进企业层面效率的改善，但这种作用存在显著的非对称性。就归属层级的差异而言，央属国企比地属国企在 *ROE* 上有更好的表现，但 *ROA* 的表现相对较差。就所有制差异而言，改制为私营企业后企业层面的效率会有一定的提升，但受制于资源配置总量的限制，这种效率的提升作用是较为有限的。就企业规模而言，虽然大型企业在改制过程中能够承担改制的成本，但所能够获得的收益也是较为有限的。为了检验结论的可靠性，从四个方面对结论进行了检验，分别以更换 1∶1 的匹配方式，变更改制的开始时间，调整国有企业改制的定义以及重新定义主要解释变量。即便在技术上做出了相关的调整，但对本书所能得到结论的影响较为有限。

　　在国有企业改制过程中，既要看到内部高管与普通职工薪酬差距对企业层面绩效发展的积极作用，同样也需要重视一定时期内这种差距对员工层面绩效所可能具有的负面影响。有效控制这种消极影响的持续时间以及对企业层面效率的负面冲击，是国有企业改制后所需要积极面对的问题。在国有企业改制转向私营企业过程中，资源配置的约束（如融资约束等）将在一定程度上影响改制效果，从而妨碍企业的持续成长。为此，在我国市场化的过程中，逐渐实现资源的有效合理配置，是推动改制企业实现良好发展的重要举措。

第四章　国企高管收入增加的内外部原因

第三章的分析为国有企业高管薪酬与普通职工薪酬差距大小提供了一个判断标准，属于价值观层面的分析。那么在方法论层面上，怎样认识这种内部薪酬差距形成和变化的趋势？为了解决这一问题，本章以及第五章将主要从高管和所有者的角度①来尝试回答这一问题。具体而言，本章将主要从内部和外部两个层面的原因来解释高管薪酬的变化趋势以及潜在收入刚性形成的原因。

第一节　内部原因：两权分离对高管薪酬的影响

由 Grossman 和 Hart（1982）等学者提出的委托代理成本假说指出，分散监督主体会降低企业实际控制人控制权和现金流权之间的差异，并能够在一定程度上降低企业的代理成本，从而提升企业价值（Jensen，1986；Ang et al.，2000）。但由于信息不对称、道德风险的存在以及直接监督成本的高昂，无论是以银行为代表的外部监督者还是企业内部的利益相关者，往往难以对企业高管提供有效的监督。此时，权力在利益相关者之间的适度分散便成为提升监督效率的重要方式（Houston and James，1996；Chen et al.，2011，2013）。企业对高管监督的有效性在较大程度上直接体现为高

---

① 然而，普通职工的薪酬却不能按照这一思路进行分析，主要是因为如下两个原因：首先，大部分普通职工的议价能力较低，并且由于工会带有诸多行政化特征，现代企业制度下普通职工的工资设定会更加灵活，但并不一定会更高。在国有企业中，职工工资的设定还带有某种程度上的行政性和垄断性因素，因此难以完全按照市场化的逻辑进行分析。其次，虽然普通职工中也具有薪酬的同群效应，但国有企业中的薪酬待遇和保障往往高于同类型的企业，因此这种同群效应更多地体现为对其他企业中职工影响的溢出，而非反向受他们的影响。

管薪酬的多寡①和企业绩效的高低。相对后者而言，前者更易于观察和分析。在中国的企业中，实际控制人控制权和现金流权的分散是否会真正的影响企业内部对高管的监督？如果是，那么分散的权力如何影响企业内部高管的薪酬水平？遗憾的是，学者们主要将研究重心置于高管薪酬的有效性和规范性问题上（Jensen and Meckling，1976；陈冬华等，2005；方军雄，2009；梁上坤等，2014），而就企业内部实际控制人控制权和现金流权分散度对高管薪酬影响问题的关注仍相对较少，导致难以回答上述问题。本节拟采用2003～2012年中国非金融上市公司的数据，就两权分离对企业高管的薪酬进行分析，并尝试厘清这种影响的内在机理，以期对相关的研究有所助益。

本节可能的贡献主要体现在如下两个方面：首先，在委托代理的分析框架内，将企业内部实际控制人控制权和现金流权之间的差异视为企业内部监督者分散的度量指标，就两权分离对包含未预期薪酬和在职消费在内的五类高管薪酬的影响进行分析。由于中国企业存在所有制的差别以及生产经营过程中的风险，将分别从这两个角度进行分析。其次，为了量化宏观环境的影响，首次测算劳动楔子和税收楔子，并将两者分别作为劳动力供给和税收政策变化的代理指标，对宏观经济环境进行描述。

一、理论基础与假说提出

在诸多国家的企业中，由于采用了金字塔式的所有制结构以及多种控制链等方式导致委托代理制的出现，控制权和现金流权之间经常存在一定的偏离（La Porta et al.，1999；Bebchuk et al.，2000；Claessens et al.，2000；Laeven and Levine，2008；Chen et al.，2011）。就两权分离对高管的影响而言，实际控制人的控制权过大容易导致对代理人的有效监督不足，高管的控制权过大容易使高管产生以公谋私的动机②（Johnson et al.，2000）。而实际控制人的现金流权过小难以让高管做出对企业负责任的投资决策行为，进而不利于企业发展（Shleifer and Vishny，1997；Johnson et al.，2000）。在此意

---

① 随着2014年公司年报的披露，部分公司高管的薪酬水平甚至高过了公司的净利润，使高管薪酬的合理性以及公司监管的有效性再次成为公众议论的话题。详见周小苑：《企业高管薪酬超净利575位高管年薪超百万》，《人民日报》（海外版），2014年4月25日。

② 此即隧道效应（tunneling effect）。主要的方式包括非效率投资和其他形式的利益输送。

义上，控制权和现金流权在一定程度上反映了企业内部对高管监督主体的分散程度和监督方式的有效性问题。由此便产生了控制权和现金流权在配置过程中对企业代理者的激励和监督问题，在诸多委托代理的相关研究领域中，高管薪酬的决定及其变化便是其中值得关注的问题之一。

（一）两权分离对高管薪酬的潜在影响

在理论层面上，高管薪酬安排主要涉及最优契约理论、委托代理理论以及管理者权力理论等。最优契约理论的核心是有效的薪酬安排能够促使高管最大化企业价值（Jensen and Meckling，1976），但现实中的情形并不总是与理论一致（Jensen and Murphy，1990）。委托代理理论主要尝试解决具有经济人属性的高管如何在信息不对称条件下最大化私有收益的现象（Spence and Zeckhauser，1971；Fama，1980；Grossman and Hart，1983）。管理者权力理论提出管理者权力在薪酬制定中不可替代的作用（Weisbach，2007；徐细雄等，2013）。由于企业中实际控制人权力的集中和分散既是微观经济人的选择，又在一定程度上反映了企业内部对高管的监督状况。此处主要在委托代理的框架内就两权分离对高管薪酬的影响进行分析。

在现代较为分散的委托代理关系中，由于信息不对称和道德风险的存在，企业实际控制人往往难以有效监督代理者的努力程度，由此导致企业高管存在掠夺企业利益达到自身目的的动机。并且由于监督成本相对较高，企业的实际控制人通常情况下难以也不愿提供最优的监督水平，为高管谋取私人利益创造了一定的外部条件。如果企业中某个或某类控制人的持股比重过高，虽然能够在一定程度上解决实际控制人对代理者努力程度的监督问题，但容易诱发另外一个问题，即大股东和少数股东之间的利益冲突[①]。通常情况下，发展中国家的企业中更容易出现这样大的持股者，从而诱发此类问题。因此，企业中的隧道效应和对高管的监督成为实际控制人及其他股东在选择合适的控制权分散程度是需要慎重权衡的内容。即便如此，股权集中度的提升也能够在一定程度上强化对代理者行为的威慑力，从而在一定程度上规范企业高管的决策行为（Bebchuk et al.，2000）。

此外，如果实际控制人的控制权和现金流权之间的差异过大，那么还会引发股东与代理者之间较高的代理成本问题（Shleifer and Vishny，1997；Gu

---

① 换言之，也即企业中大股东通过过度投资等方式将小股东的利益输送到自身的隧道效应。

et al. ，2010），同时由于潜在隧道效应的存在激化和其他投资者之间的矛盾。公司中的其他股东为了在一定程度上避免这种情形的发生，通常希望会有几个与实际控制人持股比例相对接近的股东，与实际控制人形成相互的监督和制约，从而监督监督者。随着监督主体的逐渐增多，实际控制人的控制权就会被相对稀释，与现金流权之间的差额也就会随之缩小。因此，实际控制人控制权和现金流权的缩小，在一定程度上意味着公司对高管的监督主体更为分散，更为全面的监督方式和相对较低的监督成本将会使高管薪酬出现一定程度的下降。由此提出第一个假说：

假说4.1：在现代公司治理中，控制权和现金流权之间的差异越小，意味着高管受到更为严格的监管，高管的薪酬水平也会相对较低。

（二）两权分离与外部监督的联动作用

虽然同时存在几个大股东能够在一定程度上限制高管的自利性动机，但也会造成企业内部的寡头治理格局。特别是如果高管自身成为企业中少数的几个大股东，那么这种寡头治理就可能面临更大的风险，即为高管提供以权谋私创造更好的机会。这种情形出现的可能性，将会在一定程度上削弱假说4.1。在此情况下，企业往往会通过引入外部监督者在一定程度上降低这种潜在的风险。实现这种监督的核心在于企业选择合理的负债率，通过银行等外部监督者弥补企业内部监督者动机的不足也高昂的成本。一般而言，更高的资本结构能够将经理人置于外部债权人的约束下，通过分散监督主体从而在一定程度上降低企业的代理成本，从而提升企业价值（Grossman and Hart，1982；Jensen，1986；Ang et al.，2000）。因此，企业提高资本结构有助于从外部引入监督主体以及在内部转嫁代理成本，双向实现对经理人的有效监督。Berk 等（2010）认为，如果资本结构调整的边际税收收益高于员工调整和债务成本之和，那么就不会出现这种替代性关系。

但由于以银行为代表的外部监督者同样面临信息不对称，并且他们监督的重点是高管为企业创造价值而并非是高管自身薪酬的高低。这就导致了第二类代理成本[①]的产生。Jensen（1986）指出，外部债权人对经理人的监督存在逐渐增加的趋势，从而有可能到达高于最优监督水平的状态。Ang 等

---

① Jensen 和 Meckling（1976）曾指出，现代企业的代理成本主要包括公司内部和外部的两类。具体而言，一是企业内部所有者和代理者之间产生的成本，二是股票持有者和债权人之间所可能产生的成本。在这两类成本中，现金流控制权的分布差异将会使代理成本存在上升的趋势。

（2000）同时认为，虽然外部债权人可以通过财产所有权对经理人进行约束，但由于监督主体分散为内部和外部，在此过程中也会由于信息不对称产生一定的代理成本，这在一定程度上可以通过适当增加高管股票持有份额予以解决。在此情况下，高管对企业的控制权就会出现一定程度的上升，而实际控制人的控制权就会相对被弱化，从而减小了实际控制人实际控制权和现金流权之间的差额。随着此种差额逐渐缩小，企业内部对高管的监督随之增强，所可能产生的隧道效应也会相应减少。即便如此，这种通过提高资本结构降低代理成本是存在临界值的①，过高的资本结构反而会在一定程度上增加代理成本（Jensen and Meckling，1976；Titman，1984）。这种负面影响产生的主要原因在于企业破产风险的增加（Titman，1984）、高管低效率的使用企业资金（Jensen，1986）以及经理人缺少降低企业经营风险的动力或者通过转移风险而非消除风险对自身利益所可能带来的损害（Berger and Bonaccorsi，2005）。由此提出第二个假说：

假说 4.2：在企业控制权和现金流权一定的条件下，企业资本结构越高，在一定程度上说明企业内部对高管的监督相对不足，并由于 Jensen 和 Meckling（1976）指出两类代理成本的存在，高管薪酬也会相对较高。

综上所述，企业中实际控制人控制权和现金流权之间差额的大小，在一定程度上反映了企业内部对高管监督水平的强弱。企业强化内部对高管更多的监督，以及企业减少以银行为代表的外部监督，往往会使实际控制人的控制权弱化，从而减少两权之间的差异。因此，企业中两权差异与高管薪酬应具有一种负向的关系。本节拟采用 2003～2012 年非金融上市企业的数据，对上述假说进行验证，并就这种潜在的影响机制进行分析和探讨。

二、研究设计及数据来源

根据已有的研究成果和研究目的，在此将对本书的研究进行设计。具体而言，首先介绍数据来源，然后引入基本的检验方程，并对变量的定义进行说明。

---

① Jensen 和 Meckling（1976）也认为存在一个最优的资本结构，在此情形下企业代理成本是最低的。在这个最优点上，债务产生的税收优惠效应和代理成本产生的财富损失相等。他们认为，通过外部股票融资额与公司从外部获得的全部融资数量之比，可以计算出这种最优资本结构。

（一）数据来源

研究样本是沪深两市的上市公司，考察时间覆盖 2003～2012 年。对样本进行如下筛选：（1）剔除金融行业和缺失的数据样本。（2）对收入类指标按照 2012 年的不变价进行了平减。（3）对 1% 的极端值进行 Winsorize 处理。由此，一共获得 10 个年度 302890 个样本。数据来源于国泰安数据库以及色诺芬数据库。

（二）主要变量

两权分离。根据 Chen 等（2013）的思路，将企业内部两权分离定义为企业实际控制人的控制权和现金流权之间的差。现金流权是按照实际控制人控股的链式法则计算得出，而控制权则是根据控制链中最低比重予以确定的。

高管薪酬。详细的定义见第三章第一节的指标选择部分，这里不再赘述。

资本结构。根据 Welch（2011）和 Chemmanur 等（2013）的思路，从三个角度对资本结构进行定义。由于企业内部资本结构也即资金来源的组成，因此在一定意义上也就是企业的杠杆率。

$$Market\ Leverage = \frac{经常债务 + 长期债务}{经常债务 + 长期债务 + 股票市场价值} \quad (4.1)$$

$$Alternative\ Market\ Leverage = \frac{一年内到期的短期债务 + 长期债务}{一年内到期的短期债务 + 长期债务 + 股票市场价值}$$

$$(4.2)$$

$$Alternative\ Book\ Leverage = \frac{一年内到期的短期债务 + 长期债务}{一年内到期的短期债务 + 长期债务 + 股票账面价值}$$

$$(4.3)$$

首先，将市场杠杆（market leverage，mlev）定义为企业经常债务与长期债务之和同这两者与企业股票市场价值之和的比重。此指标衡量的是主要债务在企业资金流中的比重大小。其次，将经常性债务替换为一年内到期的短期债务，作为市场杠杆率的替换指标（alternative market leverage，amlev）。最后，引入账面的杠杆率（alternative book leverage，ablev），主要是将市场杠杆率中企业股票市场价值替换为账面价值。

研究发现，市场杠杆率（mlev）和替代性的账面杠杆率（ablev）测度结果较为接近，而替代性的市场杠杆率（amlev）测度的指标较低，这和 Chemmanur 等（2013）测度基本结果是一致的。

三、两权分离对高管薪酬的影响

在上述研究设计和数据准备的基础之上，就两权分离对高管薪酬的影响进行分析。分析思路如下：首先，考虑一个基本的回归模型，然后从三个层面上逐步克服内生性和遗漏变量等因素对结论可能产生的影响。其次，将单独考虑传导机制过程中 CEO 同时影响两权分离和自身薪酬的影响。最后，将就企业所有制的组别特征进行分析。

（一）实际影响

1. 基本回归。借鉴 Fama 和 MacBeth（1973）和 Chemmanur 等（2013）的思路，通过如下方程，就企业内部控制权和现金流权分离对高管薪酬的影响进行分析：

$$CEOpay_{i,t} = \gamma_0 + \gamma_1 Separation_{i,t-1} + \gamma_2 Firm_{i,t-1} + \gamma_3 Ind_{i,t}$$
$$+ \gamma_4 Macro_{i,t-1} + \eta_{i,t} + \nu_{i,t} + \phi_{i,t} + \varepsilon_{i,t} \tag{4.4}$$

其中，等式左边是 CEO 薪酬的对数形式，右边的解释变量分别是两权分离、企业特征、高管个人特征、宏观经济环境和时间效应、地域和产业效应以及误差项。具体而言，企业特征包含现金流权、企业规模、杠杆率、市盈率、每股收益和所有制，高管个人特征包括高管年龄、任职年限和性别，宏观环境包括企业所处的市场环境。

在基本回归中，资本结构对 CEO 薪酬具有正面影响（见表 4 - 1）。在三种资本结构测度方式下，这种正面影响均存在。就第一种测度方式而言，如果市场杠杆率提升一个标准差，将使 CEO 的现金薪酬、现金和股权激励薪酬以及包含在职消费在内的薪酬水平分别提升 11.31%、8.9% 以及 50.42%。这种正面激励的存在有助于企业在引入风险因素后，使 CEO 做出有利于企业价值提升的决策，从而提高自身的薪酬（Grossman and Hart，1982；Chemmanur et al.，2013）。

两权分离在一定程度上降低了高管的薪酬水平（见表 4 - 1）。根据定义，两权分离主要是指实际控制人控制权和现金流权之间的差额。在样本中，实际控制人控制权往往高于其现金流权。即便实际控制人的控制权较大，但由于较多让渡了自身的现金流权，使权力出现了一种错配。此时，高管有可能获得较高的现金流权和较少的控制权，虽然在一定程度上控制了高管以损害企业成长方式谋取私利的动机，但强化了高管投资决策与自身薪酬间的联系，可能会使高管采取风险中性或者风险厌恶的投资偏好决策（Johnson et al.，2000），通过相对减少企业的成长机会对自身薪酬造成一定的负面影响。

表 4 − 1　　　　　　　　　　　CEO 薪酬的基本回归

	基本回归				
	薪酬 I	薪酬 II	薪酬 III	薪酬 IV	薪酬 V
两权分离	− 0.021 *** (0.001)	− 0.033 *** (0.001)	− 0.024 *** (0.001)	− 0.009 *** (0.000)	0.002 *** (0.000)
现金流权	− 0.011 *** (0.001)	− 0.021 *** (0.001)	− 0.013 *** (0.001)	− 0.009 *** (0.000)	− 0.003 *** (0.000)
资本结构	0.579 *** (0.056)	0.038 (0.059)	0.454 *** (0.058)	− 0.017 (0.014)	2.598 *** (0.010)
企业规模	0.351 *** (0.011)	0.387 *** (0.012)	0.430 *** (0.012)	0.360 *** (0.003)	0.774 *** (0.002)
市盈率	− 0.000 *** (0.000)	− 0.000 *** (0.000)	− 0.000 *** (0.000)	− 0.000 *** (0.000)	− 0.000 *** (0.000)
每股收益	0.152 *** (0.018)	0.236 *** (0.019)	0.227 *** (0.019)	0.330 *** (0.005)	0.059 *** (0.003)
年龄	− 0.012 *** (0.001)	0.025 *** (0.001)	0.000 (0.001)	− 0.001 ** (0.001)	0.000 (0.000)
任职年限	0.053 *** (0.006)	0.044 *** (0.006)	0.061 *** (0.006)	− 0.009 *** (0.001)	0.002 * (0.001)
性别	0.186 *** (0.027)	0.192 *** (0.028)	0.255 *** (0.028)	0.023 *** (0.007)	− 0.027 *** (0.005)
其他变量	Y	Y	Y	Y	Y
行业	Y	Y	Y	Y	Y
地域	Y	Y	Y	Y	Y
年份	Y	Y	Y	Y	Y
R-squared	0.214	0.122	0.261	0.260	0.554
N	266886	266886	266886	262689	262754

注：这里控制的其他变量主要包括公司财务、治理结构、宏观经济环境变量和所有制变量。具体而言，公司财务发面的指标主要包企业股票市场价值测度的企业规模、市盈率和每股收益。公司治理结构包括资产负债率、董事长和总经理是否两职合一、管理层持股和独立董事比重，宏观经济环境则包括劳动楔子以及税收楔子。所有制变量主要包括央属国企和地属国企的虚拟变量。本书还更换了两权分离的测度指标，即使用股权控制链计算所得，而非上述定义中根据年报中公布的数据为主，结论与此处基本一致。为了节省版面，这里仅汇报主要变量和统计指标的结果。其他结果汇总备索。
*p<0.1，**p<0.05，***p<0.01。

现金流权对高管薪酬的负面影响在组别间基本一致，这主要是因为高管承担过多的现金流权，就需要承担起更多的投资责任。在概率较小的高风险收益和概率较大的低风险收益之间，较为稳健的投资方式成为此情形下高管的最优选择，由此可能导致失去部分市场机会，从而影响自身的薪酬水平。资本结构对高管薪酬具有一定的正面影响。

由于管理者的收益也是企业规模的增函数，大公司支付的薪酬水平往往也会更高（Baker and Hall，2004）。在市场层面上，企业规模对 CEO 薪酬具有正面影响，意味着市值越高的企业更倾向于对 CEO 支付更高的薪酬，这种结论也和目前的研究是一致的。每股收益的提升，也能在一定程度上促进 CEO 薪酬的增加，这说明 CEO 薪酬与企业发展之间存在较为密切的联系。CEO 年龄的增加会提升其所能获得的股权激励水平，但其现金薪酬和超额薪酬都会出现一定程度的减少。男性 CEO 和任职年限较长的 CEO，其薪酬水平也会相对较高[①]，这也和目前的相关研究是一致的（葛玉好，2007）。

2. 组别特征。上述稳健性检验显示，企业内部两权分离确实会对高管薪酬产生一定的抑制作用。那么，在不同的所有制企业中，由于所有者和代理者权力分散程度的较大差异，以及经营目标和经营机制上的显著区别，这种情形是否同样存在？在此按照企业的所有制形态，对国有企业和私营企业中这种影响机制进行分析。

（1）按企业所有制划分。无论是在国有企业还是在私有企业中，两权分离对高管薪酬的影响与基本回归的结论基本一致（见表 4-2）。较之于私营企业，国有企业中高管薪酬与企业绩效的相关度往往相对较低，这主要是由政府过度控制导致的（Gu et al.，2010）。在此情形下，现金流权和控制权之间的差异对高管薪酬的负面影响往往也就较大。如果在薪酬中包含在职消费，那么两权分离将会在一定程度上增加这种形式的高管薪酬水平。因此，就两权分离对高管薪酬抑制方面的作用而言，国有企业和私营企业间还是较为相似的。

---

① The Conference Board2014 年 4 月发布的报告显示，《财富》美国 500 强企业中 2013 年 CEO 平均任职年限已经达到 9.7 年，为 2002 年以来最长的平均任职年限。

表4-2   区分所有制的情形

所有制	薪酬类别	两权分离	现金流权	资本结构	其他变量	行业、地域、年份	R²	N
国有企业	薪酬Ⅰ	-0.096 *** (0.011)	-0.013 *** (0.001)	2.995 *** (0.236)	Y	Y	0.179	140660
	薪酬Ⅱ	-0.081 *** (0.009)	-0.017 *** (0.001)	3.228 *** (0.192)	Y	Y	0.043	140660
	薪酬Ⅲ	-0.105 *** (0.011)	-0.014 *** (0.001)	3.320 *** (0.234)	Y	Y	0.201	140660
	薪酬Ⅳ	-0.046 *** (0.003)	-0.010 *** (0.000)	-0.427 *** (0.055)	Y	Y	0.298	137896
	薪酬Ⅴ	0.017 *** (0.002)	-0.004 *** (0.000)	7.472 *** (0.039)	Y	Y	0.584	137873
央属国企	薪酬Ⅰ	-0.026 *** (0.004)	-0.015 *** (0.002)	0.655 *** (0.147)	Y	Y	0.153	46081
	薪酬Ⅱ	-0.027 *** (0.003)	-0.016 *** (0.001)	0.493 *** (0.111)	Y	Y	0.055	46081
	薪酬Ⅲ	-0.032 *** (0.004)	-0.019 *** (0.002)	0.757 *** (0.146)	Y	Y	0.173	46081
	薪酬Ⅳ	-0.004 *** (0.001)	-0.001 * (0.000)	-0.420 *** (0.032)	Y	Y	0.346	45206
	薪酬Ⅴ	0.004 *** (0.001)	-0.003 *** (0.000)	2.518 *** (0.023)	Y	Y	0.662	45130
地属国企	薪酬Ⅰ	-0.047 *** (0.003)	-0.024 *** (0.001)	0.568 *** (0.099)	Y	Y	0.200	94579
	薪酬Ⅱ	-0.058 *** (0.002)	-0.030 *** (0.001)	0.431 *** (0.083)	Y	Y	0.056	94579
	薪酬Ⅲ	-0.056 *** (0.003)	-0.026 *** (0.001)	0.498 *** (0.098)	Y	Y	0.224	94579
	薪酬Ⅳ	-0.016 *** (0.001)	-0.016 *** (0.000)	-0.355 *** (0.023)	Y	Y	0.319	92690
	薪酬Ⅴ	-0.002 *** (0.000)	-0.004 *** (0.000)	2.629 *** (0.017)	Y	Y	0.550	92743

续表

所有制	薪酬 类别	两权分离	现金流权	资本结构	其他 变量	行业、地域、 年份	R^2	N
私营 企业	薪酬 I	-0.014^{***} (0.002)	0.001 (0.001)	0.709^{***} (0.093)	Y	Y	0.238	105271
	薪酬 II	-0.028^{***} (0.003)	-0.012^{***} (0.001)	0.153 (0.130)	Y	Y	0.146	105271
	薪酬 III	-0.013^{***} (0.002)	-0.000 (0.001)	0.562^{***} (0.101)	Y	Y	0.292	105271
	薪酬 IV	-0.006^{***} (0.001)	-0.004^{***} (0.000)	0.170^{***} (0.025)	Y	Y	0.268	104081
	薪酬 V	0.003^{***} (0.000)	-0.001^{***} (0.000)	2.535^{***} (0.017)	Y	Y	0.505	104182

注：这里控制的其他变量主要包括公司财务、治理结构、宏观经济环境变量和所有制变量。具体而言，公司财务发面的指标主要包企业股票市场价值测度的企业规模、市盈率和每股收益。公司治理结构包括资产负债率、董事长和总经理是否两职合一、管理层持股和独立董事比重，宏观经济环境则包括劳动楔子以及税收楔子。所有制变量主要包括央属国企和地属国企的虚拟变量。本书还更换了两权分离的测度指标，即使用股权控制链计算所得，而非上述定义中根据年报中公布的数据为主，结论与此处基本一致。为了节省版面，这里仅汇报主要变量和统计指标的结果。其他结果汇总备索。
$*p<0.1$，$**p<0.05$，$***p<0.01$。

（2）按破产风险划分。由于市场上的企业存在较为显著的成长潜力差异，那么普通员工受杠杆率的负面影响，是否具有某些企业成长性差异方面的影响？在此部分中，尝试纳入 Altman（1968）年提出的 Z 指数进行分析（见表4-3）。Z 指数的本义是对企业破产风险进行预测，在这里参考 Chemmanur 等（2013）对该指数的划分方式，定义成长性好、成长性一般和成长性差的企业。具体而言，Z 指数通过如下方式进行构造：

$$Z = 1.2T_1 + 1.4T_2 + 3.3T_3 + 0.6T_4 + T_5 \tag{4.5}$$

其中，T_1 代表经常性净资产与总资产的比重；T_2 代表留存收益与总资产的比重；T_3 代表 EBIT 与总资产的比重；T_4 代表企业股票市场价值与账面总负债的比重；T_5 代表营业收入总额与总资产的比重。通过对上述五项的加权，从而构造出 Z 指数。Agrawal 和 David（2013）也使用该指数的修正形式[①]研究了企业资本结构与员工失业问题。Chemmanur 等（2013）将 Z 指数小于1.8定义为具有破产风险的企业，而将高于3定义为破产风险很小的企业。按照

---

① 在他的分析中，主要是舍弃了 T_4，其余四项的权重不变。

这种划分思路，对样本企业进行评价与分类。需要说明的是，由于中国国有企业特殊性，破产的真实风险相对较小，而更多地体现在企业成长性的大小上。因此，根据上述分类区间定义成长性较好、成长性一般和成长性差的企业进行分析。

表 4 - 3　　　　　　　　　　　　按破产风险分组

破产风险	薪酬类别	两权分离	现金流权	资本结构	其他变量	行业、地域、年份	R^2	N
破产风险小 (Z>3)	薪酬 I	- 0.009 *** (0.002)	- 0.007 *** (0.001)	0.584 *** (0.167)	Y	Y	0.168	89015
	薪酬 II	- 0.033 *** (0.003)	- 0.019 *** (0.001)	0.456 ** (0.204)	Y	Y	0.143	89015
	薪酬 III	- 0.013 *** (0.002)	- 0.008 *** (0.001)	0.280 (0.177)	Y	Y	0.225	89015
	薪酬 IV	- 0.004 *** (0.001)	- 0.008 *** (0.000)	0.476 *** (0.041)	Y	Y	0.238	87664
	薪酬 V	- 0.002 *** (0.000)	- 0.003 *** (0.000)	3.732 *** (0.027)	Y	Y	0.606	87735
破产风险适度 (1.8≤Z≤3)	薪酬 I	- 0.027 *** (0.002)	- 0.011 *** (0.001)	0.592 *** (0.114)	Y	Y	0.223	106831
	薪酬 II	- 0.042 *** (0.002)	- 0.028 *** (0.001)	0.470 *** (0.115)	Y	Y	0.104	106831
	薪酬 III	- 0.032 *** (0.002)	- 0.014 *** (0.001)	0.529 *** (0.116)	Y	Y	0.265	106831
	薪酬 IV	- 0.013 *** (0.001)	- 0.011 *** (0.000)	0.530 *** (0.028)	Y	Y	0.214	105128
	薪酬 V	0.002 *** (0.000)	- 0.003 *** (0.000)	3.034 *** (0.018)	Y	Y	0.569	105150
破产风险大 (Z<1.8)	薪酬 I	- 0.029 *** (0.003)	- 0.016 *** (0.001)	1.044 *** (0.127)	Y	Y	0.234	71040
	薪酬 II	- 0.024 *** (0.002)	- 0.017 *** (0.001)	1.089 *** (0.104)	Y	Y	0.062	71040
	薪酬 III	- 0.030 *** (0.003)	- 0.017 *** (0.001)	1.195 *** (0.126)	Y	Y	0.263	71040

续表

破产风险	薪酬类别	两权分离	现金流权	资本结构	其他变量	行业、地域、年份	R^2	N
破产风险大 （Z<1.8）	薪酬Ⅳ	-0.020 *** (0.001)	-0.012 *** (0.000)	0.729 *** (0.032)	Y	Y	0.333	69897
	薪酬Ⅴ	0.002 *** (0.001)	-0.002 *** (0.000)	2.489 *** (0.025)	Y	Y	0.530	69869

注：这里控制的其他变量主要包括公司财务、治理结构、宏观经济环境变量和所有制变量。具体而言，公司财务发面的指标主要包企业股票市场价值测度的企业规模、市盈率和每股收益。公司治理结构包括资产负债率、董事长和总经理是否两职合一、管理层持股和独立董事比重，宏观经济环境则包括劳动楔子以及税收楔子。所有制变量主要包括央属国企和地属国企的虚拟变量。本书还更换了两权分离的测度指标，即使用股权控制链计算所得，而非上述定义中根据年报中公布的数据为主，结论与此处基本一致。为了节省版面，这里仅汇报主要变量和统计指标的结果。其他结果汇总备索。
* $p<0.1$, ** $p<0.05$, *** $p<0.01$。

无论企业破产风险的大小，两权分离对高管薪酬均在一定程度上具有负面影响（见表4-4）。就其边际影响而言，破产风险越大的组别，两权分离对高管薪酬的边际影响也就越大。实际控制人现金流权越分散，也能在一定程度上增加内部利益相关者，从而对高管的管理决策行为进行监督，在一定程度上减少包含超额薪酬在内的高管收入。企业破产风险越大，这种边际影响越显著。这种情况的出现说明在企业经营风险越大的企业中，通过调整两权分离的水平，在较大程度上减少CEO薪酬这种委托代理成本，从而使企业获益。在规模较大的企业中，CEO的薪酬水平也随之越高，这与现有文献结论一致（Baker and Hall, 2004）。

表4-4 两权分离的边际影响

	薪酬 Ⅰ	薪酬 Ⅱ	薪酬 Ⅲ	薪酬 Ⅳ	薪酬 Ⅴ
两权分离	-0.0019 *** (-17.22)	0.0041 *** (37.92)	-0.0003 *** (-2.18)	0.0008 *** (6.34)	-0.0009 *** (-7.49)
现金流权	-0.0007 *** (-13.14)	0.0009 *** (18.3)	-0.0004 *** (-6.39)	0.0008 *** (14.21)	0.0004 *** (7.01)
资本结构	-0.0698 * (-16.83)	0.0879 ** (22.96)	0.0978 ** (21.98)	-0.0375 ** (-8.02)	-0.0788 ** (-16.98)
企业规模	-0.0056 *** (-7.12)	0.0033 *** (4.51)	0.0015 *** (1.74)	-0.0114 *** (-12.8)	-0.0377 *** (-43.28)

续表

	薪酬 I	薪酬 II	薪酬 III	薪酬 IV	薪酬 V
市盈率	0.0000 *** (−6.36)	0.0001 *** (16.47)	0.0000 *** (2.48)	0.0000 *** (0.08)	0.0000 *** (−7.89)
每股收益	0.0076 ** (5.02)	−0.0335 ** (−23.35)	−0.0249 ** (−14.6)	−0.0222 ** (−12.42)	−0.0005 ** (−0.3)
年龄	−0.0024 *** (−24.96)	−0.0017 *** (−19.91)	−0.0014 *** (−14.58)	0.0004 *** (4.08)	−0.0001 *** (−0.53)
任职年限	0.0043 *** (9.03)	−0.0023 *** (−5.72)	0.0019 *** (3.79)	0.0003 *** (0.58)	−0.0002 (−0.45)
性别	−0.0066 ** (−2.77)	−0.0024 ** (−1.17)	−0.0205 ** (−8.26)	−0.0076 ** (−2.93)	−0.0002 ** (−0.07)

注: 括号内为 z 值。属于高管薪酬基本组的赋值为 1, 属于异常组的赋值为 0。本书还更换了两权分离的测度指标, 即使用股权控制链计算所得, 而非上述定义中根据年报中公布的数据为主, 结论与此处基本一致。为了节省版面, 这里仅汇报主要变量和统计指标的结果。其他结果汇总备索。* $p <$ 0.1, ** $p < 0.05$, *** $p < 0.01$。

(二) 边际影响

在前述分析过程中研究了控制权和现金流权两权分离对高管薪酬的实际影响。那么, 两权分离的边际变动, 对高管薪酬又具有何种影响? 为此, 就这种边际影响进行分析。在技术层面上, 本书首先分别计算五类高管薪酬的行业——年份的均值和标准差, 然后将均值上下各一个标准差之内的高管薪酬定义为基本薪酬, 之外的水平定义为异常薪酬水平。根据基本的 Logit 回归模型, 计算所有变量的偏导数, 主要结果汇总于表 4 - 5。

表 4 - 5　　　　　　　　　　CEO 薪酬的工具变量回归

	两权分离为工具变量				
	薪酬 I	薪酬 II	薪酬 III	薪酬 IV	薪酬 V
两权分离	−0.020 *** (0.006)	−0.042 *** (0.007)	−0.034 *** (0.007)	−0.015 *** (0.002)	0.011 *** (0.001)
现金流权	−0.007 *** (0.001)	−0.015 *** (0.001)	−0.009 *** (0.001)	−0.008 *** (0.000)	−0.004 *** (0.000)
资本结构	2.579 *** (0.163)	1.511 *** (0.170)	2.505 *** (0.167)	0.528 *** (0.041)	7.710 *** (0.028)

	两权分离为工具变量				
	薪酬 I	薪酬 II	薪酬 III	薪酬 IV	薪酬 V
企业规模	0.120 *** (0.017)	0.239 *** (0.018)	0.203 *** (0.018)	0.310 *** (0.004)	0.136 *** (0.003)
市盈率	− 0.000 *** (0.000)	− 0.000 *** (0.000)	− 0.000 *** (0.000)	− 0.000 *** (0.000)	− 0.000 *** (0.000)
每股收益	0.402 *** (0.026)	0.389 *** (0.027)	0.475 *** (0.026)	0.387 *** (0.006)	0.774 *** (0.004)
年龄	− 0.012 *** (0.001)	0.025 *** (0.001)	− 0.000 (0.001)	− 0.001 *** (0.000)	− 0.001 *** (0.000)
任职年限	0.054 *** (0.006)	0.046 *** (0.006)	0.062 *** (0.006)	− 0.008 *** (0.001)	0.002 ** (0.001)
性别	0.179 *** (0.027)	0.182 *** (0.028)	0.247 *** (0.028)	0.019 *** (0.007)	− 0.026 *** (0.005)
其他变量	Y	Y	Y	Y	Y
行业	Y	Y	Y	Y	Y
地域	Y	Y	Y	Y	Y
年份	Y	Y	Y	Y	Y
R-squared	0.214	0.120	0.261	0.258	0.561
N	266856	266856	266856	262689	262724

注：这里控制的其他变量主要包括公司财务、治理结构、宏观经济环境变量和所有制变量。具体而言，公司财务发面的指标主要包企业股票市场价值测度的企业规模、市盈率和每股收益。公司治理结构包括资产负债率、董事长和总经理是否两职合一、管理层持股和独立董事比重，宏观经济环境则包括劳动楔子以及税收楔子。所有制变量主要包括央属国企和地属国企的虚拟变量。本书还更换了两权分离的测度指标，即使用股权控制链计算所得，而非上述定义中根据年报中公布的数据为主，结论与此处基本一致。为了节省版面，这里仅汇报主要变量和统计指标的结果。其他结果汇总备索。
* $p<0.1$, ** $p<0.05$, *** $p<0.01$。

两权分离对高管薪酬的影响在不同类别薪酬之间存在较为显著的区别。两权分离的边际变动将会减少股权激励和包含超额薪酬在内的高管收入，但高管的现金收入和包含在职消费的收入可能会由此增加。由于两权分离主要是控制权和现金流权之间的差异造成的，控制权增加会导致股权激励的边际收益下降。虽然两权分离可能会增加包含超额薪酬在内的高管收入，但过多的超额薪酬激励也会减少其边际效应。而两权分离对现金薪酬和包含在职消费在内的高管收入则具有正面的影响，主要是因为此两种收入形式与企业规模是密切相连的。一般而言，高管的收入是企业规模的增函数，大公司支付的薪酬水平往往也会更高（Baker and Hall, 2004）。企业规模越大，两权分离变动对此两者影响拐点的到来也就相对小公司更远，由此会产生一定程度的正面边际影响。

四、稳健性检验及传导机制分析

本文在第四部分中就两权分离对高管薪酬的影响进行了初步的分析，但其中存在的内生性和遗漏等问题使结论的稳健性具有一定的风险。在此部分中，本文将着力克服这种潜在风险对结论的影响。具体而言，主要从三个方面进行稳健性分析：首先，使用两权分离的工具变量，以初步克服内生性的问题。其次，考虑使用地域年份和行业年份的交互项在一定程度上解决遗漏变量的问题。最后，考虑影响结论的其他因素，包括企业内部的资本结构和现金流权分散程度，以及企业外部的金融危机等因素，与两权分离的交互项，从而减少遗漏变量对结论的影响。至于样本变更对结论的影响，已经在组别特征中从企业所有制和破产风险两个角度进行过研究，此处不再赘述。在上述稳健性检验的过程中，既使用了 Level 模型进行分析，又考虑了 Change 模型中可能具有的影响。在稳健性分析的基础之上，本章最后根据现有文献的技术处理方法，对两权分离对高管薪酬的影响机制进行分析。

（一）工具变量回归

接下来采取四种方式在一定程度上克服这种内生性，分别是控制 CEO 同时影响这两个变量、工具变量、控制部分变量所可能具有的时间特征以及考虑其他可能遗漏因素的影响。本书在上一小节探讨是否仍存在某些方面的不足而难以有效克服潜在的内生性问题？在此部分中，将采用工具变量方法对上述结论进行检验。一般而言，企业的制度安排往往受行业中其他企业以及行业总体的影响，因此，可以将行业内现金流权和控制权作为估算企业内两权分离的指标（Laeven and Levine，2009）。

在使用工具变量分析的结果中，两权分离对高管薪酬影响和基本回归中的影响是一致的（见表 4 - 5）。虽然工具变量不能完全消除这种内生性对结论的影响，但可以认为结论较大程度上是稳健的。

（二）遗漏变量问题

在上述两种稳健性的检验方式中，都假定了区域和行业两权分离是相对稳定的，这就容易出现两个遗漏变量方面问题：首先是区域或者行业内发生的变化难以有效的传导至企业层面，其次是这两个变量对企业内两权分离和高管薪酬同时所具有的影响。为此，在此通过引入区域和年份的交互项以及行业与年份的交互项来克服上述问题。

分别在回归中纳入地域和年份的交叉项以及行业与年份的交叉项。考虑了这种地域和行业的时变因素（time variant factors）的影响后，本书的结论依旧是成立的（见表4-6）。两权分离对前四类高管薪酬的影响依旧显著为负，而对包含在职消费在内的高管薪酬具有正向影响。后者之所以产生正向影响主要与企业规模相关。现金流权对高管薪酬的影响依旧为负。这里的结果显示，遗漏变量对结论的影响较小（见表4-7）。

表4-6　　　　　　　　　　　控制地域、行业的时间效应

	地域×年份					行业×年份				
	薪酬Ⅰ	薪酬Ⅱ	薪酬Ⅲ	薪酬Ⅳ	薪酬Ⅴ	薪酬Ⅰ	薪酬Ⅱ	薪酬Ⅲ	薪酬Ⅳ	薪酬Ⅴ
两权分离	-0.023 ***	-0.032 ***	-0.026 ***	-0.009 ***	0.002 ***	-0.022 ***	-0.031 ***	-0.024 ***	-0.009 ***	0.002 ***
	(0.001)	(0.001)	(0.001)	(0.000)	(0.000)	(0.001)	(0.001)	(0.001)	(0.000)	(0.000)
现金流权	-0.016 ***	-0.020 ***	-0.018 ***	-0.008 ***	-0.002 ***	-0.017 ***	-0.021 ***	-0.020 ***	-0.009 ***	-0.003 ***
	(0.001)	(0.001)	(0.001)	(0.000)	(0.000)	(0.001)	(0.001)	(0.001)	(0.000)	(0.000)
资本结构	0.799 ***	0.076	0.694 ***	0.053 ***	2.636 ***	0.450 ***	0.009	0.278 ***	0.007	2.583 ***
	(0.057)	(0.058)	(0.059)	(0.014)	(0.010)	(0.054)	(0.056)	(0.056)	(0.013)	(0.010)
企业规模	0.476 ***	0.348 ***	0.554 ***	0.356 ***	0.755 ***	0.433 ***	0.290 ***	0.499 ***	0.349 ***	0.724 ***
	(0.011)	(0.012)	(0.012)	(0.003)	(0.002)	(0.011)	(0.011)	(0.011)	(0.003)	(0.002)
市盈率	-0.000 ***	-0.000 ***	-0.000 ***	-0.000 ***	-0.000 ***	-0.000 ***	-0.000 ***	-0.000 ***	-0.000 ***	-0.000 ***
	(0.000)	(0.000)	(0.000)	(0.000)	(0.000)	(0.000)	(0.000)	(0.000)	(0.000)	(0.000)
每股收益	0.147 ***	0.239 ***	0.221 ***	0.329 ***	0.064 ***	0.195 ***	0.272 ***	0.277 ***	0.340 ***	0.089 ***
	(0.019)	(0.019)	(0.019)	(0.005)	(0.003)	(0.018)	(0.019)	(0.019)	(0.005)	(0.003)
年龄	-0.009 ***	0.025 ***	0.003 **	-0.000	0.000	-0.009 ***	0.025 ***	0.003 **	-0.000	-0.000
	(0.001)	(0.001)	(0.001)	(0.000)	(0.000)	(0.001)	(0.001)	(0.001)	(0.000)	(0.000)
任职年限	0.091 ***	0.037 ***	0.101 ***	-0.009 ***	0.003 ***	0.084 ***	0.036 ***	0.094 ***	-0.009 ***	0.000
	(0.006)	(0.006)	(0.006)	(0.001)	(0.001)	(0.006)	(0.006)	(0.006)	(0.001)	(0.001)
性别	0.159 ***	0.202 ***	0.229 ***	0.022 ***	-0.028 ***	0.160 ***	0.197 ***	0.232 ***	0.014 **	-0.047 ***
	(0.027)	(0.028)	(0.028)	(0.007)	(0.005)	(0.027)	(0.028)	(0.028)	(0.007)	(0.005)
其他变量	Y	Y	Y	Y	Y	Y	Y	Y	Y	Y

续表

	地域×年份					行业×年份				
	薪酬I	薪酬II	薪酬III	薪酬IV	薪酬V	薪酬I	薪酬II	薪酬III	薪酬IV	薪酬V
行业×年份	N	N	N	N	N	Y	Y	Y	Y	Y
行业	Y	Y	Y	Y	Y	N	N	N	N	N
地域×年份	Y	Y	Y	Y	Y	N	N	N	N	N
地域	N	N	N	N	N	Y	Y	Y	Y	Y
R-squared	0.181	0.121	0.229	0.265	0.551	0.180	0.116	0.228	0.257	0.515
N	266886	266886	266886	262689	262754	266886	266886	266886	262689	262754

注：这里控制的其他变量主要包括公司财务、治理结构、宏观经济环境变量和所有制变量。具体而言，公司财务发面的指标主要包企业股票市场价值测度的企业规模、市盈率和每股收益。公司治理结构包括资产负债率、董事长和总经理是否两职合一、管理层持股和独立董事比重，宏观经济环境则包括劳动楔子以及税收楔子。所有制变量主要包括央属国企和地属国企的虚拟变量。本书还更换了两权分离的测度指标，即使用股权控制链计算所得，而非上述定义中根据年报中公布的数据为主，结论与此处基本一致。为了节省版面，这里仅汇报主要变量和统计指标的结果。其他结果汇总备索。
$*p<0.1$，$**p<0.05$，$***p<0.01$。

表 4 -7　　　　　　　　　　　**资本结构的影响**

	资本结构				
	薪酬 I	薪酬 II	薪酬 III	薪酬 IV	薪酬 V
两权分离（1）	-0.015*** (0.002)	-0.019*** (0.002)	-0.017*** (0.002)	-0.001 (0.001)	0.003*** (0.000)
因素（2）	-0.108 (0.067)	0.319*** (0.068)	0.271*** (0.069)	0.037** (0.017)	2.568*** (0.011)
交叉项 (1)×(2)	-0.035*** (0.006)	-0.040*** (0.006)	-0.038*** (0.006)	-0.024*** (0.002)	-0.003*** (0.001)
现金流权	-0.020*** (0.001)	-0.019*** (0.001)	-0.023*** (0.001)	-0.008*** (0.000)	-0.002*** (0.000)
企业规模	0.742*** (0.011)	0.329*** (0.011)	0.846*** (0.011)	0.380*** (0.003)	0.740*** (0.002)
市盈率	-0.000 (0.000)	-0.001*** (0.000)	-0.000 (0.000)	-0.000*** (0.000)	-0.000*** (0.000)
每股收益	0.026 (0.019)	0.256*** (0.019)	0.096*** (0.019)	0.333*** (0.005)	0.057*** (0.003)

续表

	资本结构				
	薪酬 I	薪酬 II	薪酬 III	薪酬 IV	薪酬 V
年龄	−0.009 *** (0.001)	0.025 *** (0.001)	0.004 *** (0.001)	0.000 (0.000)	0.000 (0.000)
任职年限	0.066 *** (0.006)	0.041 *** (0.006)	0.075 *** (0.006)	−0.011 *** (0.001)	0.001 (0.001)
性别	0.146 *** (0.028)	0.195 *** (0.028)	0.211 *** (0.029)	0.013 * (0.007)	−0.027 *** (0.005)
其他变量	Y	Y	Y	Y	Y
行业	Y	Y	Y	Y	Y
地域	Y	Y	Y	Y	Y
年份	Y	Y	Y	Y	Y
R-squared	0.162	0.120	0.209	0.222	0.544
N	266886	266886	266886	262689	262754

注：这里控制的其他变量主要包括公司财务、治理结构、宏观经济环境变量和所有制变量。具体而言，公司财务发面的指标主要包企业股票市场价值测度的企业规模、市盈率和每股收益。公司治理结构包括资产负债率、董事长和总经理是否两职合一、管理层持股和独立董事比重，宏观经济环境则包括劳动楔子以及税收楔子。所有制变量主要包括央属国企和地属国企的虚拟变量。本书还更换了两权分离的测度指标，即使用股权控制链计算所得，而非上述定义中根据年报中公布的数据为主，结论与此处基本一致。为了节省版面，这里仅汇报主要变量和统计指标的结果。其他结果汇总备索。
* p<0.1，** p<0.05，*** p<0.01。

（三）其他影响因素

较之于变量水平形式而言，遗漏变量与交叉项的关联较弱，因此成为克服内生性的解决方案之一（Claessens and Laeven，2003；Raddatz，2006）。在此思路下，进一步检验结论的稳健性。主要考虑如下三个因素：资本结构、控制权的分散程度以及2008年金融危机的影响（见表4-8）。

表4-8　　　　　　　　控制权分散度和金融危机的影响

	控制权的分散度					金融危机				
	薪酬 I	薪酬 II	薪酬 III	薪酬 IV	薪酬 V	薪酬 I	薪酬 II	薪酬 III	薪酬 IV	薪酬 V
两权 分离（1）	−0.025 *** (0.002)	−0.037 *** (0.002)	−0.030 *** (0.002)	−0.009 *** (0.000)	0.001 ** (0.000)	−0.026 *** (0.001)	−0.031 *** (0.001)	−0.029 *** (0.001)	−0.008 *** (0.000)	0.002 *** (0.000)

续表

	控制权的分散度					金融危机				
	薪酬I	薪酬III	薪酬III	薪酬IV	薪酬V	薪酬I	薪酬III	薪酬III	薪酬IV	薪酬V
因素 (2)	-1.027 *** (0.103)	-2.602 *** (0.104)	-1.781 *** (0.106)	0.517 *** (0.026)	-0.326 *** (0.018)	3.326 *** (0.045)	-0.111 ** (0.045)	3.536 *** (0.046)	0.300 *** (0.011)	0.159 *** (0.008)
交叉项 (1)×(2)	-0.023 ** (0.010)	0.042 *** (0.010)	-0.005 (0.010)	0.015 *** (0.003)	0.012 *** (0.002)	-0.000 (0.004)	0.003 (0.004)	-0.001 (0.004)	-0.000 (0.001)	-0.001 * (0.001)
现金流权	-0.021 *** (0.001)	-0.022 *** (0.001)	-0.025 *** (0.001)	-0.008 *** (0.000)	-0.003 *** (0.000)	-0.020 *** (0.001)	-0.019 *** (0.001)	-0.023 *** (0.001)	-0.008 *** (0.000)	-0.002 *** (0.000)
资本结构	-0.353 *** (0.058)	0.001 (0.058)	-0.555 *** (0.059)	-0.072 *** (0.014)	2.542 *** (0.010)	-0.305 *** (0.058)	0.093 (0.058)	-0.482 *** (0.059)	-0.097 *** (0.014)	2.552 *** (0.010)
企业规模	0.750 *** (0.011)	0.349 *** (0.011)	0.861 *** (0.011)	0.376 *** (0.003)	0.743 *** (0.002)	0.742 *** (0.011)	0.329 *** (0.011)	0.846 *** (0.011)	0.380 *** (0.003)	0.740 *** (0.002)
市盈率	-0.000 (0.000)	-0.001 *** (0.000)	-0.000 * (0.000)	-0.000 *** (0.000)	-0.000 *** (0.000)	-0.000 (0.000)	-0.001 *** (0.000)	-0.000 (0.000)	-0.000 *** (0.000)	-0.000 *** (0.000)
每股收益	0.028 (0.019)	0.256 *** (0.019)	0.097 *** (0.019)	0.335 *** (0.005)	0.057 *** (0.003)	0.030 (0.019)	0.259 *** (0.019)	0.100 *** (0.019)	0.335 *** (0.005)	0.057 *** (0.003)
年龄	-0.009 *** (0.001)	0.025 *** (0.001)	0.003 *** (0.001)	0.000 (0.000)	0.000 (0.000)	-0.009 *** (0.001)	0.025 *** (0.001)	0.004 *** (0.001)	0.000 (0.000)	0.000 (0.000)
任职年限	0.067 *** (0.006)	0.044 *** (0.006)	0.077 *** (0.006)	-0.011 *** (0.001)	0.001 (0.001)	0.066 *** (0.006)	0.041 *** (0.006)	0.075 *** (0.006)	-0.010 *** (0.001)	0.001 (0.001)
性别	0.149 *** (0.028)	0.203 *** (0.028)	0.216 *** (0.029)	0.013 * (0.007)	-0.026 *** (0.005)	0.147 *** (0.028)	0.196 *** (0.028)	0.212 *** (0.029)	0.014 ** (0.007)	-0.027 *** (0.005)
其他变量	Y	Y	Y	Y	Y	Y	Y	Y	Y	Y
行业	Y	Y	Y	Y	Y	Y	Y	Y	Y	Y
地域	Y	Y	Y	Y	Y	Y	Y	Y	Y	Y
年份	Y	Y	Y	Y	Y	Y	Y	Y	Y	Y
R-squared	0.162	0.122	0.210	0.223	0.545	0.161	0.119	0.209	0.221	0.544
N	266886	266886	266886	262689	262754	266886	266886	266886	262689	262754

注：这里控制的其他变量主要包括公司财务、治理结构、宏观经济环境变量和所有制变量。具体而言，公司财务发面的指标主要包企业股票市场价值测度的企业规模、市盈率和每股收益。公司治理结构包括资产负债率、董事长和总经理是否两职合一、管理层持股和独立董事比重，宏观经济环境则包括劳动楔子以及税收楔子。所有制变量主要包括央属国企和地属国企的虚拟变量。本书还更换了两权分离的测度指标，即使用股权控制链计算所得，而非上述定义中根据年报中公布的数据为主，结论与此处基本一致。为了节省版面，这里仅汇报主要变量和统计指标的结果。其他结果汇总备索。
$*p<0.1$，$**p<0.05$，$***p<0.01$。

资本结构对企业中高管薪酬具有正面的影响，这和前述的研究结论是一致的（见表4-7）。因为企业提升资本结构引入外部监督者，在一定程度上说明了企业内部对高管监督水平的不足。在引入外部监督者的同时，会产生Jensen和Meckling（1976）指出的第二类代理成本，从而在一定程度上弱化这种措施的实际意义。此外，由于此处的资本结构主要度量指标是债务，如果企业的高管知道这种资本结构的提升对自身薪酬所可能具有的负面影响，那么，他们会谨慎地选择债务来源来尽量规避这种负面影响的产生。一般而言，如果企业高管为了减少来自外部的监督或者提升外部监督成本，那么他们更倾向于选择公共融资而非银行融资。因为大众债券所有者即便想真正实现监督，由于主体分散和信息不对称等原因的存在，这种监督水平往往是低水平和无效率的，从而有利于高管实现形式上的监督和实质上的薪酬增加（Houston and James，1996）。资本结构与两权分离的交叉项系数显示，在两权分离一定的情况下，资本结构越高的企业中高管薪酬受到的抑制可能会更大。

其次是控制权的分散程度。Laeven和Levine（2008）指出，控制权在部分大股东之间分散程度越高，企业的市场价值往往会出现一定程度的下降。换言之，如果企业内部的控制人缺乏相应的股东制衡其权力，那么，企业的市场业绩就相对较差。在此按照Laeven和Levine（2008）提出的方法，在第二大股东控制权比重在10%以上的企业中，第一大股东和第二大股东控制权比重的差异作为控制权分散程度的指标。为了进一步分析控制权分散程度对高管薪酬的影响，还纳入了该变量与两权分离指标的交互项。本书发现，控制权分散程度越高，对高管薪酬越具有负面影响（见表4-8）。也即，如果企业内部实际控制人权力过大，将会在一定程度上导致公司业绩表现下滑，进而影响高管薪酬的水平。

最后是金融危机的影响。金融危机对企业的影响既包括市场行业层面的影响，又包括内部控制人隧道效应放大的影响（Johnson et al.，2000）。在前一部分的行业、地域与时间的交互项中，已经考虑第一种情形的影响。那么第二种情形是否也会影响结论？通过引入金融危机的虚拟变量以及两权分离与金融危机的交互项予以验证。结果显示，这种结论也是稳健的（见表4-8）。

（四）传导机制分析

在基本回归中就两权分离对CEO薪酬的影响进行了分析，但存在这样一个问题：虽然CEO的控制权相对最大的实际控制人较弱，但仍能够在一定程度上影响企业内部权力的配置和自身薪酬的设定，由此带来技术层面上的内生性问题。那么应该如何克服这种内生性问题？在经济层面上，如果 CEO 同时影响两权分离和自身薪酬，那么就会削弱本书所提出的影响机制。如果能够证实两权分离对 CEO 薪酬的影响并非源自高管自身的干预，那么本书也就在一定程度上更加接近这种影响的传导机制（见表 4-9）。

表 4-9　　　　　　　　　CEO 对自身薪酬影响较弱的情形

	非董监正副职高管					外聘 CEO				
	薪酬 I	薪酬 II	薪酬 III	薪酬 IV	薪酬 V	薪酬 I	薪酬 II	薪酬 III	薪酬 IV	薪酬 V
两权分离	-0.010 ***	-0.031 ***	-0.014 ***	-0.009 ***	0.001 ***	-0.031 ***	-0.033 ***	-0.034 ***	-0.004 **	0.003 **
	(0.001)	(0.002)	(0.001)	(0.000)	(0.000)	(0.007)	(0.008)	(0.007)	(0.002)	(0.001)
现金流权	-0.004 ***	-0.019 ***	-0.007 ***	-0.009 ***	-0.003 ***	-0.026 ***	-0.017 ***	-0.026 ***	-0.008 ***	-0.002 ***
	(0.001)	(0.001)	(0.001)	(0.000)	(0.000)	(0.004)	(0.004)	(0.004)	(0.001)	(0.001)
资本结构	0.419 ***	-0.153 **	0.304 ***	0.004	2.597 ***	0.381	0.958 ***	0.546 *	-0.019	2.439 ***
	(0.061)	(0.064)	(0.062)	(0.018)	(0.012)	(0.301)	(0.311)	(0.306)	(0.080)	(0.057)
企业规模	0.280 ***	0.306 ***	0.321 ***	0.366 ***	0.776 ***	0.316 ***	0.681 ***	0.432 ***	0.374 ***	0.806 ***
	(0.012)	(0.013)	(0.012)	(0.004)	(0.003)	(0.064)	(0.067)	(0.065)	(0.017)	(0.012)
市盈率	-0.000 ***	-0.000 ***	-0.000 ***	-0.000 ***	-0.000 ***	-0.000	-0.001 ***	-0.001 **	-0.000 ***	-0.000 ***
	(0.000)	(0.000)	(0.000)	(0.000)	(0.000)	(0.000)	(0.000)	(0.000)	(0.000)	(0.000)
每股收益	0.134 ***	0.179 ***	0.181 ***	0.332 ***	0.061 ***	0.269 ***	0.310 ***	0.336 ***	0.142 ***	0.024 *
	(0.019)	(0.020)	(0.020)	(0.006)	(0.004)	(0.075)	(0.078)	(0.077)	(0.020)	(0.014)
年龄	0.008 ***	-0.009 ***	0.008 ***	-0.002 ***	0.000	-0.058 ***	0.083 ***	-0.034 ***	0.008 ***	-0.004 **
	(0.001)	(0.001)	(0.001)	(0.000)	(0.000)	(0.008)	(0.008)	(0.008)	(0.002)	(0.001)
任职年限	0.047 ***	0.039 ***	0.055 ***	-0.010 ***	0.001	0.074 **	0.032	0.045	-0.003	-0.001
	(0.006)	(0.007)	(0.006)	(0.002)	(0.001)	(0.030)	(0.031)	(0.030)	(0.008)	(0.006)
性别	0.560 ***	0.001	0.548 ***	0.028 ***	-0.019 ***	-0.704 ***	-1.239 ***	-0.873 ***	-0.065	-0.092 **
	(0.027)	(0.029)	(0.028)	(0.008)	(0.006)	(0.245)	(0.253)	(0.249)	(0.065)	(0.047)
其他变量	Y	Y	Y	Y	Y	Y	Y	Y	Y	Y
行业	Y	Y	Y	Y	Y	Y	Y	Y	Y	Y
地域	Y	Y	Y	Y	Y	Y	Y	Y	Y	Y
年份	Y	Y	Y	Y	Y	Y	Y	Y	Y	Y
R-squared	0.251	0.054	0.271	0.264	0.564	0.342	0.266	0.404	0.258	0.502
N	162202	162202	162202	159693	159729	8738	8738	8738	8589	8618

注：这里控制的其他变量主要包括公司财务、治理结构、宏观经济环境变量和所有制变量。具体而言，公司财务发面的指标主要包企业股票市场价值测度的企业规模、市盈率和每股收益。公司治理结构包括资产负债率、董事长和总经理是否两职合一、管理层持股和独立董事比重，宏观经济环境则包括劳动楔子以及税收楔子。所有制变量主要包括央属国企和地属国企的虚拟变量。本书还更换了两权分离的测度指标，即使用股权控制链计算所得，而非上述定义中根据年报中公布的数据为主，结论与此处基本一致。为了节省版面，这里仅汇报主要变量和统计指标的结果。其他结果汇总备索。
* p<0.1， ** p<0.05， *** p<0.01。

在经济层面上，需要控制 CEO 同时影响权力分离和自身薪酬的影响。由于难以准确量化 CEO 在企业内部影响力的大小，因此，通过构建指标予以控制的方案也就较难实现。但可以通过 CEO 的变更和 CEO 职务水平来间接刻画这种影响力。此外，由于高管的选任存在内部提拔和外部聘用两种方式，更多维度使测度指标的构建工作更为复杂。为此，希望通过识别小样本的方式对上述机制进行验证。一般而言，就企业内部提拔的高管而言，在董事会和监事会中未担任正职或者副职的高管对公司发展的影响力相对较弱。相对于企业内部自身提拔的高管而言，企业从外部聘请的 CEO 在既定任期中对权力分离和自身薪酬影响均相对较小，特别是在履新的初期。因此，按照区分高管是从企业内部提拔还是从外部选聘的两分法，遵循这种思路就两权分离对 CEO 薪酬的影响进行检验。这也是验证企业中高管影响机制，排除其他潜在影响机制的普遍方式（Gu et al., 2010; Chemmanur et al., 2013）。

两权分离对未在企业中担任董事会或者监事会正副职高管薪酬仍具有负面影响，而对包含在职消费在内的高管薪酬具有正面影响，这和基本回归结果是一致的。此外，外聘 CEO 薪酬受到的影响也基本一致。这种情形的出现说明企业内高管同时影响两权分离和自身薪酬进而影响结论较小。换言之，高管薪酬之所以受到两权分离的负面影响，和他们同时影响这两个变量的能力是无关的。随着任职年限的增加，无论是内部选拔 CEO 和外聘 CEO 都可能对企业内部两权分离和薪酬安排开始具有一定的影响。还通过设定内部选拔和外部聘任的虚拟变量，及与任职年限的交叉项验证结论，发现确实存在这种任职年限的时间效应。

第二节　外部原因：高管薪酬中的潜在同群效应

在理论层面上，学者主要将研究重心置于高管薪酬的有效性和规范性问题上（Jensen and Meckling, 1976; Gabaix and Landier, 2008），而较少从行业内同群效应（peer pay effect）[①] 的角度来看待高管薪酬变化的问题。自Gabaix 和 Landier（2008）提出的高管薪酬同群竞争的理论模型之后，高管薪酬的研究文献更多地开始注重对同群效应的分析，并发现高管同群效应确实

[①]　David 等（2012）曾指出，同群是处于相似行业或者相似组织的群体。

在一定程度上促进了高管薪酬的不断上涨（Faulkender and Yang，2010；Ana et al.，2013），进而影响高管努力为企业创造价值的动机或者直接影响高管的职业变更（David et al.，2012）。高管薪酬同群效应产生的市场基础和经验证据方面的文献逐渐增加，为此方面研究的深入提供了契机。

高管薪酬同群效应的存在，确实具有一定的积极意义。行业内同群的存在，一方面为高管评估自身为企业工作的机会成本提供了一个契机，另一方面高管如果希望向同群发送自身才能的信号，这种同群效应又成为一种激励方式或传导渠道。目前相关的研究显示，高管和董事会都开始重视这种同群效应所可能产生的影响及其作用机制，高管薪酬同群效应的市场基础日益形成，并逐渐成为确定行业内高管薪酬的重要依据（Gabaix and Landier，2008；Michael and Yang，2013）。这种外部激励的存在，和企业内部薪酬激励正向激励和负向激励[1]一道，成为促进高管为企业创造价值的重要手段。高管薪酬同群效应的存在，确实在一定程度上可能推高其薪酬水平，这主要是通过邻里效应（neighborhood effect）和锚定效应[2]（anchoring effect）来实现的。那么在中国是否也存在这种由于高管薪酬同群效应而导致薪酬提升的现象？如果存在，那么这种高管的同群效应在企业中与企业发展间的关系是掠夺式的还是共享式的？为尝试解决上述问题，拟采用1999~2012年中国非金融行业上市公司的数据进行分析。

本节的创新点主要包括：（1）超越了以往从单一的业绩决定薪酬和权力操纵等分析视角，将高管的同群薪酬作为高管薪酬的机会成本，并讨论对特定企业中高管薪酬的影响。（2）首次尝试性地使用倾向得分匹配方式识别同群企业，进而测量出同群薪酬效应，作为本书相关分析展开的关键指标。（3）分析了薪酬同群效应与企业发展间关系是掠夺式的还是共享式的。高管薪酬的同群效应和企业发展目标之间可能一致也可能冲突，本书将进一步分析这种同群效应对企业风险和收益的影响，从而为中国上市公司高管同群效应对企业发展的影响提供一个评估。

---

[1]　正向激励主要包括企业为高管制定的薪酬激励计划以及与其他绩效相关的物质和非物质奖励，负向激励则涉及企业引入破产风险等因素，通过外部债权人的约束促使高管为企业创造价值。在此意义上，正向激励更多地强调企业内部的积极监督和外部的消极监督，而负向激励则往往与内部的消极监督和外部的积极监督相联系。

[2]　邻里效应和锚定效应都是非市场互动的其中几种具体体现。锚定效应的本意是指最先到的信息成为后续决策的基础，在这里是指行业内一般薪酬水平成为高管确定自身薪酬水平的初始值。

一、理论基础与假说提出

由于高管在经营目标、权力约束和受到的监管等方面与普通劳动者存在较大的差异,其工资收入中的个性特征也较为明显。企业高管的工资分配是否合理往往涉及人力资本、管理层权力和企业绩效等方面的分析。一般的研究文献支持高管具有对自身薪酬操控的动机和能力。一般而言,高管具有的权力越大越容易为自己创造私有收入(陈震等,2011;徐细雄等,2013)。由于管理者的收益也是企业规模的增函数,有能力的高管往往会就职于大型的企业,而他们支付的薪酬水平往往也会更高(Baker and Hall,2004;Gabaix and Landier,2008,2013)。上述研究主要是从高管作为理性经济人谋求自身福利最大化为前提的,分析范围往往局限于企业内部,倾向于从高管对权力滥用的角度对高管薪酬的增加进行分析。随着分工不断细化和行业间竞争程度的逐渐提升,高管薪酬同群效应的分析开始逐渐出现并成为解释高管薪酬持续上升的一个重要方面。

(一) 高管薪酬同群效应存在的市场基础

高管薪酬的同群效应类似一种攀比效应,该效应的存在在一定程度上推升了公司高管的薪酬水平(David et al.,2012;Ana et al.,2013;Michael and Yang,2013)。随着部分企业中高管薪酬的不断上升,行业薪酬水平上涨的趋势在一定程度上为高管薪酬设定了一个不断增加的底薪,才能和行业薪酬的状况使 CEO 薪酬增加的趋势日趋合理化(Faulkender and Yang,2010)。

就高管薪酬同群效应出现的动机而言,杨继东(2013)从标尺理论、平均之上理论和社会比较理论分别进行了归纳。这种同群效应也可以在一定程度上被视为薪酬的外部性,主要特点是其范围仅限于行业内部。就高级经理人市场上的需求者而言,高管薪酬的决定既需要考虑高管为企业创造的价值,也需要将所在行业的平均回报纳入考虑范围。就高级经理人的供给者角度而言,行业中同群业者薪酬水平的高低在一定水平上决定了自身保留薪酬水平的多少。同群效应的存在,实际上类似一种正外部性,个体和群体的双向比较使高级职业经理人市场上的薪酬水平存在不断提升的可能性(Bizjak et al.,2011)。推升这种薪酬增加的主要原因在于市场对高管经营才能的日益重视和贡献程度的逐渐认可,并且在一定程度上成为吸引高管贡献自身才能的重要方式之一（Bizjak et al.，2008；Albuquerque et al.，2013）。在此情形下，基于能力区别而产生差异性的薪酬设计方案往往会在行业内进行比较，成为高管薪酬同群效应形成的市场供给基础。而企业董事对高管能力的评价体现在薪酬水平中，则成为这种同群效应存在的需求背景（Milbourn，2003）。在一定程度上，高级劳动者市场上薪酬水平的不断提升也是市场有效性持续增加的重要表现（Gabaix and Landier，2008）。在改革开放初期，李实和刘小玄（1986）认为攀比效应特别是隐性攀比效应具有较为负面的影响，容易降低经济效率进而导致经济增长放缓。在中国2001~2007年上市企业中，存在显著的同群效应现象，并且在绩效好成长快的企业中同群效应更为普遍（杨继东，2013）。

目前高管薪酬问题的探讨更多的是延续Gabaix和Landier（2008）的思路。在规模报酬不变的假设下，他们通过求解一般均衡模型，认为给定企业高管薪酬对自身企业规模和行业内企业平均规模回归系数之和等于1。在此意义上，他们实际上从市场竞争的角度提出了一种高管薪酬同群效应决定的初步观点，这种观点更多的是从高管工作的机会成本角度来分析。Gabaix和Landier（2008）认为，行业内其他企业规模的大小，在一定程度上反映了高管工作的机会成本，其机会成本的大小也应该成为决定其薪酬水平的重要方面。这种机会成本一方面决定了高管薪酬的大小，另一方面也影响着高管搜寻工作的强度（David et al.，2012）。类似于一种隧道效应，同群薪酬的高低成为高管判断自身目前以及未来薪酬水平高低的重要依据，由此成为他们关注的重要方面（Hirschman and Rothschild，1973）。按照一般均衡的观点，如果一小部分企业提高了高管薪酬的水平，那么均衡水平上对既定高管才能的均衡价格就会被推高，从而导致一种高管薪酬普遍增加的市场基础。他们的分析显示，如果仅有10%的企业试图将高管薪酬提高1倍，那么均衡条件下所有的高管薪酬水平都会翻倍；但如果有10%的企业试图将高管薪酬水平减半，那么仅有9%左右的企业可能会跟随。这种高管薪酬变动非对称性情形的出现，解释了如下两个事实：首先，同群效应的产生需要足够多的企业采取方向相同的调整策略，这样才能改变高管薪酬的均衡价格。其次，高管薪酬的同群效应实际上也具有一种类似于尺蠖效应的特征，该特征使同群效应存在不断自我强化的趋势。

假说4.3：同群效应在中国是普遍存在的，该效应使企业高管薪酬有上升的趋势，企业所有制以及行业竞争程度并不会显著影响这种同群效应的存在。

（二）高管薪酬同群效应存在的经验证据

就国外经验而言，根据对同群企业识别方法的差异，近期同群效应研究的经验证据主要包括两类：一是 Mark 和 Roberts（2014）从两位数行业为分类标准，将行业中自身企业以外的其他企业作为同群企业进行分析。二是 Albuquerque 等（2013）在 Faulkender 和 Yang（2010）以及 Bizjak 等（2011）的基础之上，通过使用 PSM 的方法识别同群企业，并将企业高管薪酬与匹配后同群企业高管薪酬的差异作为同群薪酬效应。为了更为细致地分析同群效应，他们还对高管薪酬的同群效应细分为才能和自利性动机两类，并认为这种同群效应的产生更多源于企业和行业对高管才能的回报，而非由高管的自利性动机导致的。在此意义上，他们的经验证据实际上支持高管薪酬的同群效应与企业发展是共享式而非掠夺式的。

国内学者对同群效应的研究和识别工作相对较为缺乏，因此，对高管薪酬中同群效应的研究也就相对不足。杨继东（2013）曾对同群企业进行了识别，但其主要是从行业中企业相关变量的中位数来判断的，并没有对行业中相关企业的相似度以及能否进行匹配进行判断。在判断过程中，其认为高管薪酬高于行业中位数就存在同群效应，并由此设定同群效应的真实和虚拟变量。这种设定方式存在如下四个问题：首先，将薪酬最高前三名高管薪酬的平均水平作为企业高管薪酬，会在一定程度上高估公司高管薪酬的实际水平。在本书使用的样本中，高管薪酬前三名、是否在董事会和监事会担任正副职的高管和外聘 CEO 之间的薪酬水平具有较大差别。其次，根据目前的研究成果，高管薪酬至少可以从是否仅有现金薪酬、是否剔除社会保障等因素的薪酬、含有股权激励的薪酬、是否包含超额薪酬以及是否含有在职消费这五个方面进行定义，而上述每类情况之间都存在较为显著的差异。完整地定义高管薪酬是正确认识其是否存在同群效应的重要环节之一。再次，高管薪酬水平设定受诸多因素的影响，既包括自身的才能、努力，又包括公司的盈利能力和所处行业的景气。薪酬水平是否高于行业中位数并不能成为判断高管薪酬是否存在同群效应的唯一判断标准。最后，根据同群效应的内涵，高管希望不断推升薪酬水平，这既包括薪酬水平低于行业中位数的高管希望将薪酬提升至中位数及以上，又包括在中位数以上高管希望进一步提升自己的薪酬这两个方面。仅仅将在中位数以上高管的薪酬的设定作为同群效应的体现，包含了前述的第二种情况，同时也包括薪酬水平本身较高但同群效应较弱的企业。

假说4.4：高管薪酬的同群效应与企业发展是共享式而非掠夺式的，在会促进企业发展的同时，也在一定程度上降低企业的经营风险。

综上所述，高管薪酬的同群效应已经逐渐开始成为理解高管薪酬正常增长的一个重要方面，其所具有的正面影响也日益得到相关学者的认识。遗憾的是，目前国内对此方面的研究仍相对较为匮乏，对同群企业和同群薪酬的识别方式较为传统，这就导致了在分析过程中可能存在风险。实际上，中国企业高管是否同样存在同群效应是一个值得探索的问题，此方面的研究应该能够为正确认识中国高管薪酬增长提供有益的帮助。此外，如果中国企业高管的薪酬增长存在这种同群效应，那么这种同群效应与企业发展间的关系究竟是掠夺式的还是共享式的就值得进一步探讨。本节拟从上述两个问题为切入点，通过使用1999~2012年中国非金融上市公司的数据，对高管薪酬是否存在同群效应以及这种同群效应对企业发展的影响进行分析。

二、研究设计及数据来源

在前述研究基础上，在此主要就所使用的数据来源和主要指标的定义进行说明，作为后续分析的基础。

（一）数据来源

研究样本是沪深两市的上市公司，考察时间覆盖1999~2012年。对样本进行了如下筛选。（1）剔除金融行业和样本缺失的数据。（2）对收入类相关数据按照2012年的物价指数进行了指数平减。（3）对1%的极端值进行Winsorize处理。由此，一共获得13个年度20993个样本。数据来源于国泰安数据库以及色诺芬数据库。总体而言，五种薪酬差距指标中，股权激励也对薪酬差距具有较大影响[①]，纳入高管在职消费收入对数化后的差距较为显著。

（二）指标的选择

本书所选取的指标包括两个层面上的，即解释变量和被解释变量。解释变量是高管与普通职工薪酬差距，而解释变量分为三类：一是企业经济层面

---

① 需要指出的是，这里高管与普通职工的薪酬经过了对数化处理，因此两者差值大于0就意味着这种差距为正。联系到高管或者普通职工对数后的实际数值，才能够根据这种差距还原差距的绝对额。

的指标，包括企业绩效和公司治理结构等。二是企业属性层面的指标，包括企业所有制和生产经营类型等。三是宏观经济环境的度量，通过引入劳动楔子和税收楔子加以刻画。

三、高管薪酬同群效应的存在性检验

在识别同群企业薪酬的基础之上，在此对中国上市公司是否存在高管薪酬的同群效应进行分析。

（一）基本回归

这里的基本回归，将从两方面展开：首先是整体层面上高管薪酬同群效应具有的潜在影响。其次，将纳入区域和行业异质性，从更细致的层面上来分析这种同群效应的大小。

1. 总体的存在性分析。借鉴 Albuquerque 等（2013）与 Mark 和 Roberts（2014）等的思路，通过如下方程对中国市场上企业中高管薪酬是否存在同群效应进行检验：

$$\text{Logpay}_{i,j,t} = \alpha + \beta_1 \text{Logpeerpay}_{-i,j,t-1} + \sum \beta_m Controls_{i,j,t} + \eta_{i,t} + \nu_{i,t} + \phi_{i,t} + \varepsilon_{i,t}$$

$$(4.6)$$

其中，等式左边是企业内高管薪酬的对数，等式右边则包含同群企业中滞后一期的高管薪酬和主要控制变量。控制变量主要包括企业规模、杠杆率、市盈率、每股收益、企业所处的市场环境以及企业的所有制信息等。最后四项分别反映了时间效应、地域和产业效应以及误差项。

行业是划分同群企业的重要因素（Bizjak et al.，2008），将竞争性程度较高企业与竞争性程度相对较低同群企业薪酬的差距作为薪酬的同群效应变量（peer pay effect，PPE）。为了识别同群企业，采用 PSM 方法。由于普通回归方法中存在对因变量效应具有同质性的假设以及存在潜在的子选择问题，容易出现估计偏误。倾向得分匹配估计（propensity score matching，PSM）方法能够通过降维的方法（dimension reduction），在处理过程中较好地控制协变量对结果所可能产生的影响（Rosenbaum and Donald，1985）。为了解决上述两个问题，将采用 PSM – DID 的方法来开展研究。借鉴盛丹（2013）的方法，采用 PSM 的方法从控制组中筛选出合适的样本，与处理组一起展开分析。

倾向得分匹配的使用需要满足如下两个假设条件，即条件独立假设
（conditional independence assumption，CIA）和共同支持假设（common support
assumption，CSA）。前者的核心思想是通过控制合适的协变量，使主要解释
变量的选择成为随机性选择，从而减少外部因素对结果测度所可能产生的
影响。后者的核心思想是在控制组中选择具有可比性的样本与处理组进行
比较，虽然这样会在一定程度上减少样本数量，但能够提高估计结果的质
量（Heckman，1997）。在此基础上，可以计算处理组和控制组之间真实的
平均处理效应（average treatment effect，ATE）以及控制组的平均处理效应
（average treatment effect on the treated，ATT） （Rosenbaum and Rubin，
1983）。

$$ATT \equiv E\{Y_{1i} - Y_{0i} | D_i = 1\} = E[E\{Y_{1i} - Y_{0i} | D_i = 1, p(X_i)\}]$$
$$= E[E\{Y_{1i} | D_i = 1, p(X_i)\} - E\{Y_{0i} | D_i = 0, p(X_i)\} | D_i = 1] \quad (4.7)$$

其中，Y_{1i}和Y_{0i}分别代表处理组合控制组的反事实状态；D是处理组与控制
组的虚拟变量；$p(X)$是控制组中和处理组中样本得分的条件概率，具体为
$p(X) \equiv \Pr(D = 1 | X) = E(D | X)$；$X$是处理前企业特征的多维变量。

本书发现，中国上市公司中存在较为显著的高管薪酬同群效应（见
表4-10）。无论是企业中全部高管的薪酬还是收入前三名高管的薪酬，其同
群效应都是较为明显的。这说明中国上市企业中高管存在薪酬攀比现象，相
对工资差距成为推动高管薪酬增加较为重要的一个原因。

表4-10　　　　　　　　高管薪酬同群效应的存在性

	1（a）	1（b）	1（c）	1（d）	2（a）	2（b）	2（c）	2（d）	3（a）	3（b）	3（c）	3（d）
同群薪酬	1.091 ***	1.055 ***	0.856 ***	1.138 ***	0.879 ***	0.870 ***	0.728 ***	1.077 ***	0.643 ***	0.631 ***	0.627 ***	0.972 ***
	(0.012)	(0.011)	(0.010)	(0.008)	(0.021)	(0.018)	(0.018)	(0.009)	(0.025)	(0.025)	(0.025)	(0.010)
peersales	-0.006 ***	-0.005 ***	-0.007 ***	0.020 ***	-0.007 ***	-0.007 ***	-0.007 ***	0.014 ***	-0.007 ***	-0.007 ***	-0.007 ***	0.004 ***
	(0.001)	(0.001)	(0.001)	(0.001)	(0.001)	(0.001)	(0.001)	(0.001)	(0.001)	(0.001)	(0.001)	(0.001)
peerebitta	0.003	0.003	-0.012	-0.002	-0.014	-0.014	-0.038 **	-0.004	-0.011	-0.011	-0.033 *	-0.002
	(0.020)	(0.020)	(0.020)	(0.014)	(0.019)	(0.019)	(0.019)	(0.012)	(0.018)	(0.018)	(0.019)	(0.007)
peersyl	0.005 *	0.004	0.012 ***	-0.054 ***	0.008 ***	0.008 ***	0.009 ***	-0.048 ***	0.004	0.004	0.006 *	-0.007 ***
	(0.003)	(0.003)	(0.003)	(0.002)	(0.003)	(0.003)	(0.003)	(0.001)	(0.003)	(0.003)	(0.003)	(0.001)
sales	0.232 ***	0.232 ***	0.277 ***	0.051 ***	0.235 ***	0.235 ***	0.279 ***	0.036 ***	0.224 ***	0.224 ***	0.274 ***	0.020 ***
	(0.004)	(0.004)	(0.004)	(0.002)	(0.004)	(0.004)	(0.003)	(0.001)	(0.004)	(0.004)	(0.004)	(0.001)

续表

	1 (a)	1 (b)	1 (c)	1 (d)	2 (a)	2 (b)	2 (c)	2 (d)	3 (a)	3 (b)	3 (c)	3 (d)
ebitta	0.000 (0.000)	0.000 (0.000)	0.000 *** (0.000)	0.000 (0.000)	-0.000 (0.000)	-0.000 (0.000)	0.000 *** (0.000)	0.000 (0.000)	-0.000 (0.000)	-0.000 (0.000)	0.000 *** (0.000)	0.000 (0.000)
syl	-0.000 *** (0.000)	-0.000 *** (0.000)	-0.000 *** (0.000)	-0.000 *** (0.000)	-0.000 *** (0.000)	-0.000 *** (0.000)	-0.000 *** (0.000)	-0.000 *** (0.000)	-0.000 *** (0.000)	-0.000 *** (0.000)	-0.000 *** (0.000)	0.000 *** (0.000)
其他控制	N	N	N	N	N	N	N	N	Y	Y	Y	Y
行业	N	N	N	N	Y	Y	Y	Y	Y	Y	Y	Y
地域	N	N	N	N	Y	Y	Y	Y	Y	Y	Y	Y
年份	N	N	N	N	Y	Y	Y	Y	Y	Y	Y	Y
Constant	-5.685 *** (0.144)	-5.314 *** (0.151)	-3.591 *** (0.140)	-3.212 *** (0.100)	-3.550 *** (0.259)	-3.285 *** (0.237)	-2.151 *** (0.254)	-2.451 *** (0.109)	-0.820 *** (0.291)	-0.265 (0.311)	-0.678 ** (0.341)	19.314 *** (1.096)
R-squared	0.477	0.476	0.495	0.568	0.531	0.531	0.537	0.684	0.516	0.516	0.502	0.813
N	18923	18923	19565	20406	18923	18923	19565	20406	18236	18236	18249	18493

注:(a)、(b)、(c)、(d) 的因变量分别为高管平均薪酬的对数、高管薪酬前三名的对数、非董监高薪酬对数、外聘 CEO 薪酬对数。这里使用的高管薪酬形式为高管的现金薪酬的对数。peersales、peerebitta、peersyl、sales、ebitta 和 syl 分别代表同群企业的销售额的对数、息税前利润与总资产比、市盈率以及企业自身的上述三项指标。这里控制的其他变量主要包括公司财务、治理结构、宏观经济环境变量和所有制变量。具体而言,公司财务层面的指标主要包企业股票市场价值测度的企业规模和每股收益。公司治理结构包括资产负债率、董事长和总经理是否两职合一、管理层持股和独立董事比重,宏观经济环境则包括劳动楔子以及税收楔子。所有制变量主要包括央属国企和地属国企的虚拟变量。这里使用的模型是 level 模型,也对上述变量的 change 进行了分析,结果基本一致。为了节省版面,这里仅汇报主要变量和统计指标的结果。其他结果汇总备索。* p < 0.1,** p < 0.05,*** p < 0.01。

就主要控制变量而言,自身企业销售额的增加有助于高管薪酬的增加,而行业内其他企业销售额的增加则会具有较为显著的负面影响。这说明了高管薪酬的确定是与经营业绩和企业所能获得的市场份额相联系。为了克服潜在遗漏变量的问题,在后面的回归模型中逐渐加入公司财务、治理结构、宏观经济环境变量和所有制等变量,发现对结论的影响基本有限。

在基本回归分析中,忽略了 CEO 可能同时影响自身薪酬的情形,也即存在潜在内生性问题。本书通过如下两种方予以克服:

首先,杨继东 (2013) 的处理方式主要是通过滞后效应来克服,但这仅能在一定程度上克服这种问题,本书通过行政职务和选拔机制的差异,通过区分不同类别的高管来克服这一问题。具体而言,为了克服这种影响,分别采用两种方式对此问题进行控制:第一种思路是剔除样本中属于董事会或者监事会正副职的高管；第二种思路是从公司中选取外聘 CEO 进行分析。这两种处理方式的核心思想是尽量淡化这种内生性问题。就后一种思路而言，按照 Chemmanur 等（2013）的方式，通过企业中聘用的外部 CEO 来对上述结论进行检验。采用这种方式的主要原因在于外聘 CEO 对上述两种决策的影响力相对内部控股股东产生的 CEO 较弱，能够在一定程度上控制这种影响。在技术上，通过董事长和总经理职位变更中从外部聘用的 CEO 进行识别，从而捕捉外聘 CEO 是否会在企业中具有更高的薪酬同群效应。

非董事和监事正副职高管的薪酬同样存在同群效应，但显著低于企业内部全部高管薪酬的同群效应。就外聘 CEO 而言，他们薪酬的同群效应却显著高于企业高管平均薪酬的同群效应。导致这种局面出现的原因，主要在于企业内部未在董事会和监事会担任正副职高管的普通管理者的职业风险显著低于外聘 CEO，额外的同群薪酬可以视为外聘 CEO 竞争意识较强和弥补自身风险的保障性方式。

其次，使用高管薪酬同群效应的行业—年份中位数作为工具变量，对上述结果进行分析。按照上面的思路，分别使用 Level 模型和 Change 模型进行分析。这种处理方式下，核心变量的系数与基本回归结果基本类似。

2. 考虑区域和行业特质后的存在性分析。由于行业归属和地域分布差异的影响，高管薪酬的同群效应存在诸多异质性。例如，同一区域同一行业内高管薪酬状况可能会显著影响该企业中高管薪酬的同群状况，而由于地域经济发展程度和市场化进程的差异，不同地区同一行业中的这种影响可能相对较小。为了进一步分析这种情况下高管薪酬所可能具有的影响，在此将纳入地域和行业的差异来分析。具体而言，对某一企业中高管薪酬预期具有影响的地域、行业组合有三种：即不同区域中的同一行业、同一区域中的不同行业以及同一区域内的同一行业。这种分析思路，事实上也是强调行业和地区异质性的前提下，分析前述两者集聚对微观个体经济行为的影响（Dougal et al.，2015）。根据这种思路，按照方程（4.8）的方程进行估计：

$$Logpay_{j,t}^{i,a} = \alpha + \beta_1 Logpeerpay_{p,t-1}^{i,-a} + \beta_2 Logpeerpay_{p,t-1}^{-i,a} + \beta_3 Logpeerpay_{p,-j,t-1}^{i,a}$$

$$+ \sum \beta_m Controls_{m,it-1} + \eta_{i,t-1} + \nu_{i,t-1} + \varphi_{i,t-1} + \varepsilon_{i,t-1} \qquad (4.8)$$

其中，等式左边是企业内高管薪酬的对数，等式右边则包含上述三种组合滞后一期的薪酬同群水平。控制变量主要包括企业规模、杠杆率、市盈率、每股收益、企业所处的市场环境以及企业的所有制信息等。最后四项分别反映了时间效应、地域和产业效应以及误差项。

　　无论是否归属于同一行业，同一地区中同群薪酬对高管薪酬预期行为影响较大，并且同一地区中归属于不同行业的高管薪酬比同一行业中高管薪酬对自身的影响程度更大（见表4－11）。这种情况的出现说明中国上市公司中既存在同行业中高管薪酬的同群效应，又存在不同行业中薪酬的追赶效应。这说明在分析高管薪酬时，需要尽可能同时控制行业内和行业外对分析结果的影响。此外，即便属于同一行业但分布在不同区域中，这种薪酬的同群效应是负面的。导致这种情况出现的主要原因，在于中国区域间经济发展程度是存在差异的，在不同的市场化发展程度下高管才能的回报水平也与区域内的行业薪酬水平，以及生活成本高低等因素相关，因此，不同区域中高管的薪酬效应虽有影响但难以直接增加高管薪酬上涨的预期。对此，使用滞后两期的变量对上述结果进行了分析，发现影响程度都显著降低了。这主要是因为高管薪酬更多是近期市场上薪酬的影响，而与过往数期的高管薪酬关联程度较弱，存在一种类似鞅性的特征。

表4－11　　　　　　　　　　高管薪酬同群效应存在性的进一步检验

变量	现金薪酬				高管薪酬前三名			
	(1)	(2)	(3)	(4)	(1)	(2)	(3)	(4)
SD	−5.384 *** (0.139)			−2.604 *** (0.178)	−5.384 *** (0.139)			−2.544 *** (0.177)
DS		0.661 *** (0.017)		0.227 *** (0.024)		0.661 *** (0.017)		0.220 *** (0.024)
SS			0.208 *** (0.005)	0.106 *** (0.007)			0.211 *** (0.005)	0.112 *** (0.007)
其他控制	Y	Y	Y	Y	Y	Y	Y	Y
R²	0.495	0.493	0.498	0.510	0.495	0.493	0.502	0.514
N	15933	15944	15757	15747	15933	15944	15944	15933

变量	董监高管薪酬				外聘 CEO			
	(1)	(2)	(3)	(4)	(1)	(2)	(3)	(4)
SD	−3.895 *** (0.120)			−2.129 *** (0.143)	−2.323 *** (3.031)			−2.185 (4.960)
DS		0.538 *** (0.019)		0.130 *** (0.024)		2.700 *** (0.530)		1.794 *** (0.550)

续表

变量	现金薪酬				高管薪酬前三名			
	(1)	(2)	(3)	(4)	(1)	(2)	(3)	(4)
SS			0.184 *** (0.005)	0.113 *** (0.007)			2.978 *** (0.282)	2.655 *** (0.449)
其他控制	Y	Y	Y	Y	Y	Y	Y	Y
R^2	0.492	0.484	0.495	0.505	0.43	0.422	0.435	0.435
N	15957	15968	15780	15769	3744	3766	3759	3737

注：SD、DS 和 SS 分别代表同行业不同地区、同一区域内不同行业，以及同区域内同行业的同群薪酬数据。这里的数据都是滞后一年的。其他控制变量包括自身和同群企业的销售额的对数、息税前利润与总资产比、市盈率以及企业自身的上述三项指标。其他变量主要包括公司财务、治理结构、宏观经济环境变量和所有制变量。具体而言，公司财务层面的指标主要包企业股票市场价值测度的企业规模和每股收益。公司治理结构包括资产负债率、董事长和总经理是否两职合一、管理层持股和独立董事比重，宏观经济环境则包括劳动楔子以及税收楔子。所有制变量主要包括央属国企和地属国企的虚拟变量。*** p < 0.01。

根据高管群体薪酬的差异，从高管现金薪酬、前三名高管薪酬水平、董事会监事会任正副职高管的薪酬水平，以及外聘 CEO 的薪酬水平四个角度进行了分析，发现上述结论是稳健的。外聘 CEO 薪酬更多受到同一区域内同一行业中其他高管薪酬的影响，而同一区域内不同行业对其的影响则相对较小，这和其他类别的高管薪酬同群效应存在一定的差异。这主要是由外聘 CEO 更多是按照市场化方式进行聘用和管理的，因此更容易将同一区域内同行业中其他高管的薪酬作为自身高管薪酬的机会成本，从而与企业进行议价。

（二）破产风险的影响

由于市场上的企业存在较为显著的成长潜力差异，那么，高管的同群效应，是否具有某些企业成长性差异方面的影响？在此部分，尝试纳入 Altman（1968）提出的 Z 指数进行分析。Z 指数的本义是对企业破产风险进行预测，在这里参考 Chemmanur 等（2013）对该指数的划分方式，类似的定义成长性好、成长性一般和成长性差的企业。具体而言，Z 指数通过如下方式进行构造：

$$Z = 1.2T_1 + 1.4T_2 + 3.3T_3 + 0.6T_4 + T_5 \qquad (4.9)$$

其中，T_1 代表经常性净资产与总资产的比重；T_2 意味着留存收益与总资产的比重；T_3 是 EBIT 与总资产的比重；T_4 是企业股票市场价值与账面总负债的比重；T_5 则定义为营业收入总额与总资产的比重。通过对上述五项的加权，从而构造出 Z 指数。Agrawal 和 David（2013）也使用该指数的修正形式①研究了企业资本结构与员工失业问题。Chemmanur 等（2013）将 Z 指数小于 1.8 定义为具有破产风险的企业，而将大于 3 定义为破产风险很小的企业。按照这种划分思路，对样本企业进行评价与分类。需要说明的是，由于中国国有企业的特殊性，破产的真实风险相对较小，而更多地体现在企业成长性的大小上。在此根据上述分类区间定义成长性较好、成长性一般和成长性差的企业进行分析。

即便按照破产风险对样本进行了划分，仍然发现高管薪酬的同群效应是显著存在的（见表 4 - 12）。这说明高管薪酬同群效应的产生与企业风险相联系，无论企业风险大小，高管都会在行业内占据比较绝对薪酬和相对薪酬。就组别内部而言，非董事监事正副职高管薪酬的同群效应要高于高管薪酬前三名的同群效应，而外聘 CEO 薪酬得分同群效应则是最高的。这种情形的出现可能说明收入相对较低的高管对行业内薪酬变动以及自身薪酬的敏感性更高。就非董事监事正副职高管薪酬同群效应水平与全部高管薪酬同群效应的差别而言，破产风险组小和破产风险大的组内相对较小，而在具有一定破产风险的企业中则差异较大。这意味着破产风险的持续存在一定程度上放大了高管特别是普通高管薪酬的同群效应。而在破产风险较小的组别中，外聘 CEO 薪酬的同群效应是与高管平均薪酬同群效应差异最大的。在破产风险越小经营越稳定的企业中，外聘 CEO 可能更希望缩小自身薪酬与行业薪酬的差距。

表 4 - 12　　　　　　　　高管薪酬的同群效应：按破产风险分组

风险类	破产风险小（Z>3）				破产风险一般（1.8≤Z≤3）				破产风险大（Z<1.8）			
	4 (a)	4 (b)	4 (c)	4 (d)	5 (a)	5 (b)	5 (c)	5 (d)	6 (a)	6 (b)	6 (c)	6 (d)
同群薪酬	0.794 *** (0.038)	0.779 *** (0.037)	0.796 *** (0.027)	1.449 *** (0.012)	0.763 *** (0.033)	0.749 *** (0.032)	0.849 *** (0.034)	1.261 *** (0.014)	0.823 *** (0.051)	0.808 *** (0.050)	0.793 *** (0.046)	1.185 *** (0.018)
基本控制	Y	Y	Y	Y	Y	Y	Y	Y	Y	Y	Y	Y
其他控制	Y	Y	Y	Y	Y	Y	Y	Y	Y	Y	Y	Y
行业	Y	Y	Y	Y	Y	Y	Y	Y	Y	Y	Y	Y

---

① 在他的分析中，主要是舍弃了 T_4，其余四项的权重不变。

续表

风险类	破产风险小（Z>3）				破产风险一般（1.8≤Z≤3）				破产风险大（Z<1.8）			
	4（a）	4（b）	4（c）	4（d）	5（a）	5（b）	5（c）	5（d）	6（a）	6（b）	6（c）	6（d）
地域	Y	Y	Y	Y	Y	Y	Y	Y	Y	Y	Y	Y
年份	Y	Y	Y	Y	Y	Y	Y	Y	Y	Y	Y	Y
R^2	0.445	0.445	0.450	0.724	0.482	0.482	0.468	0.668	0.520	0.520	0.532	0.623
N	6156	6156	6152	6232	7434	7434	7436	7540	4646	4646	4661	4721

注：（a）、（b）、（c）、（d）的因变量分别为高管平均薪酬的对数、高管薪酬前三名的对数、非董监高薪酬对数、外聘 CEO 薪酬对数。这里使用的高管薪酬形式为高管的现金薪酬的对数。基本控制变量包括同群企业的销售额的对数、息税前利润与总资产比、市盈率以及企业自身的上述三项指标。这里控制的其他变量主要包括公司财务、治理结构、宏观经济环境变量和所有制变量。具体而言，公司财务层面的指标主要包企业股票市场价值测度的企业规模和每股收益。公司治理结构包括资产负债率、董事长和总经理是否两职合一、管理层持股和独立董事比重，宏观经济环境则包括劳动楔子以及税收楔子。所有制变量主要包括央属国企和地属国企的虚拟变量。这里使用的模型是 level 模型，也对上述变量的 change 进行了分析，结果基本一致。为了节省版面，这里仅汇报主要变量和统计指标的结果。其他结果汇总备索。*** p < 0.01。

（三）所有制的差别

较之于私营企业而言，国有企业高管薪酬的变化相对较小。那么，在不同的企业所有制中，同群效应是否仍然存在？在此按照最终控制人的分类标准，将全部样本划分为央属国企、地属国企和私营企业三类进行分析。

总体而言，三类企业中高管薪酬均存在较为显著的同群效应（见表 4-13）。和前述的分析基本一致，收入前三名高管薪酬的同群效应在每个组内都显著低于全部高管平均薪酬的同群效应，反映了最高收入等级中同群效应的相对弱化现象。就外聘 CEO 的同群效应与平均薪酬同群效应的差别而言，央属国企小于地属国企，地属国企小于私营企业。这种现象的出现说明最终控制权越接近市场的企业，职业经理人的市场竞争越激励，外聘 CEO 的同群效应越大。在此意义上，高管薪酬同群效应的大小也是高管为企业创造价值动机的一种近似替代性指标。

表 4 – 13 高管薪酬的同群效应：按企业所有制分组

	央属国企				地属国企				私营企业			
	7 (a)	7 (b)	7 (c)	7 (d)	8 (a)	8 (b)	8 (c)	8 (d)	9 (a)	9 (b)	9 (c)	9 (d)
同群薪酬	0.855 ***	0.839 ***	0.837 ***	1.207 ***	0.805 ***	0.790 ***	0.808 ***	1.179 ***	0.798 ***	0.783 ***	0.802 ***	1.329 ***
	(0.054)	(0.053)	(0.045)	(0.022)	(0.035)	(0.035)	(0.028)	(0.014)	(0.034)	(0.033)	(0.033)	(0.014)
基本控制	Y	Y	Y	Y	Y	Y	Y	Y	Y	Y	Y	Y
其他控制	Y	Y	Y	Y	Y	Y	Y	Y	Y	Y	Y	Y
行业	Y	Y	Y	Y	Y	Y	Y	Y	Y	Y	Y	Y
地域	Y	Y	Y	Y	Y	Y	Y	Y	Y	Y	Y	Y
年份	Y	Y	Y	Y	Y	Y	Y	Y	Y	Y	Y	Y
R-squared	0.531	0.531	0.523	0.67	0.498	0.498	0.481	0.682	0.458	0.458	0.472	0.683
N	2861	2861	2875	2915	6510	6510	6501	6605	8865	8865	8873	8973

注：（a）、（b）、（c）、（d）的因变量分别为高管平均薪酬的对数、高管薪酬前三名的对数、非董监高薪酬对数、外聘 CEO 薪酬对数。这里使用的高管薪酬形式为高管的现金薪酬的对数。基本控制变量包括同群企业的销售额的对数、息税前利润与总资产比、市盈率以及企业自身的上述三项指标。这里控制的其他变量主要包括公司财务、治理结构、宏观经济环境变量和所有制变量。具体而言，公司财务层面的指标主要包企业股票市场价值测度的企业规模和每股收益。公司治理结构包括资产负债率、董事长和总经理是否两职合一、管理层持股和独立董事比重，宏观经济环境则包括劳动楔子以及税收楔子。这里使用的模型是 level 模型，也对上述变量的 change 进行了分析，结果基本一致。为了节省版面，这里仅汇报主要变量和统计指标的结果。其他结果汇总备索。*** $p < 0.01$。

（四）竞争程度的差异

所有制分组的分析显示，最终控制人离市场越近，外聘 CEO 薪酬的同群效应就越显著。为了证实这种情况，在此按照竞争程度的高低对样本进行分组，检验这种情况是否与现实一致。在竞争程度高的企业中，外聘 CEO 薪酬的同群效应与全部高管平均薪酬同群效应的差别确实是最为显著的，而在竞争程度较低行业中差别也是最小的（见表 4 – 13）。这种情形的出现说明竞争程度的提升对高管薪酬的影响具有一定的促进作用。换言之，市场化程度的提升在一定程度上有助于高管薪酬市场化决定行为与非市场间的互动。

四、高管薪酬同群效应对企业发展的影响

Albuquerque 等（2013）将高管薪酬的同群效应细分高管才能和自利性动

机两类，其经验证据支持高管薪酬的同群效应与企业发展是共享式而非掠夺式的（见表 4－14）。既然中国上市公司中存在高管薪酬的同群效应，那么这种同群效应对企业发展有何影响？是否同样与 Albuquerque 等（2013）的经验证据一样，支持高管薪酬的同群小于与企业发展是共享式的？具体而言，如果同群效应提升了企业的生产率或者增加了企业的竞争力，那么，这种同群效应则是有利于企业发展的。如果在此过程中，对企业发展不但没有益处，反而增加了企业的发展风险，那么，这种同群效应所带来的负面影响就需要引起重视。在此，将使用同群效应变量（peer pay effect，PPE）对企业发展的影响进行分析，从而判断高管的同群效应是否以企业的发展为代价。

（一）对企业收益的影响

既然高管薪酬的同群效应可能有助于降低企业风险，那么，对企业发展具有怎样的影响？无论是从企业生产率还是职工人均产出而言，高管薪酬的同群效应都显著改善了企业发展（见表 4－15）。在此意义上，高管薪酬的同群效应对企业发展是具有益处的，并不会使高管薪酬在增加过程中弱化与企业价值创造之间的联系，这与 Bizjak 等（2008）和 Albuquerque 等（2013）的结论具有一致性。相对薪酬的差距能够使高管处于竞争环境中，外聘 CEO 的正面影响在组内最为显著，说明他们为企业创造价值进而提高自身收入的动机是最为强烈的。对此，还使用企业的会计业绩和市场业绩指标分别就这种影响进行了分析，发现这种结论也是基本稳健的。

表 4－14　　　　　高管薪酬的同群效应：按竞争程度分组

| | 竞争程度高（HHI＜0.01） | | | | 竞争程度中等（0.01≤HHI≤0.25） | | | | 竞争程度低（HHI＞0.25） | | | |
	10（a）	10（b）	10（c）	10（d）	11（a）	11（b）	11（c）	11（d）	12（a）	12（b）	12（c）	12（d）
同群薪酬	1.150 *** (0.039)	1.139 *** (0.038)	0.886 *** (0.033)	1.537 *** (0.018)	1.079 *** (0.017)	1.067 *** (0.017)	0.813 *** (0.015)	1.276 *** (0.008)	1.158 *** (0.086)	1.146 *** (0.085)	0.882 *** (0.077)	1.185 *** (0.044)
基本控制	Y	Y	Y	Y	Y	Y	Y	Y	Y	Y	Y	Y
其他控制	N	N	N	N	N	N	N	N	N	N	N	N
行业	N	N	N	N	N	N	N	N	N	N	N	N
地域	Y	Y	Y	Y	Y	Y	Y	Y	Y	Y	Y	Y
年份	N	N	N	N	N	N	N	N	N	N	N	N

	竞争程度高（HHI<0.01）				竞争程度中等（0.01≤HHI≤0.25）				竞争程度低（HHI>0.25）			
	10 (a)	10 (b)	10 (c)	10 (d)	11 (a)	11 (b)	11 (c)	11 (d)	12 (a)	12 (b)	12 (c)	12 (d)
R-squared	0.423	0.424	0.452	0.672	0.451	0.451	0.441	0.664	0.487	0.488	0.478	0.684
N	4092	4092	4090	4133	13711	13711	13724	13913	433	433	435	447

注：（a）、（b）、（c）、（d）的因变量分别为高管平均薪酬的对数、高管薪酬前三名的对数、非董监高薪酬对数、外聘CEO薪酬对数。这里使用的高管薪酬形式为高管的现金薪酬的对数。这里的基本控制变量包括同群企业的销售额的对数、息税前利润与总资产比、市盈率以及企业自身的上述三项指标。这里使用的模型是level模型，也对上述变量的change进行了分析，结果基本一致。为了节省版面，这里仅汇报主要变量和统计指标的结果。其他结果汇总备索。*** $p<0.01$。

表4-15　　　　　　　　高管薪酬同群效应对企业收益的影响

	13 (a)	13 (b)	13 (c)	13 (d)	14 (a)	14 (b)	14 (c)	14 (d)	15 (a)	15 (b)	15 (c)	15 (d)
基本回归：生产率												
同群薪酬	0.007***	0.007***	0.007***	0.010***	0.008***	0.007***	0.002***	0.007***	0.003***	0.003***	-0.001	0.003***
	(0.001)	(0.000)	(0.001)	(0.001)	(0.000)	(0.000)	(0.001)	(0.000)	(0.000)	(0.000)	(0.001)	(0.000)
基本控制	Y	Y	Y	Y	Y	Y	Y	Y	Y	Y	Y	Y
其他控制	N	N	N	N	N	N	N	N	Y	Y	Y	Y
行业	N	N	N	N	N	N	N	N	N	N	N	N
地域	Y	Y	Y	Y	Y	Y	Y	Y	Y	Y	Y	Y
年份	N	N	N	N	Y	Y	Y	Y	Y	Y	Y	Y
R-squared	0.382	0.382	0.379	0.387	0.534	0.534	0.527	0.533	0.612	0.612	0.611	0.612
N	18172	18170	18178	18166	18172	18170	18178	18166	18172	18170	18178	18166
替代性指标：人均产出												
同群薪酬	0.014***	0.013***	0.005***	0.011***	0.009***	0.009***	0.002*	0.008***	0.001***	0.001***	0.001***	0.004***
	(0.001)	(0.001)	(0.001)	(0.001)	(0.001)	(0.001)	(0.001)	(0.001)	(0.001)	(0.000)	(0.001)	(0.001)
基本控制	Y	Y	Y	Y	Y	Y	Y	Y	Y	Y	Y	Y
其他控制	N	N	N	N	N	N	N	N	Y	Y	Y	Y
行业	N	N	N	N	N	N	N	N	N	N	N	N
地域	Y	Y	Y	Y	Y	Y	Y	Y	Y	Y	Y	Y
年份	N	N	N	N	Y	Y	Y	Y	Y	Y	Y	Y

续表

	13 (a)	13 (b)	13 (c)	13 (d)	14 (a)	14 (b)	14 (c)	14 (d)	15 (a)	15 (b)	15 (c)	15 (d)
替代性指标：人均产出												
R-squared	0.274	0.273	0.258	0.267	0.394	0.394	0.387	0.392	0.626	0.626	0.258	0.538
N	18184	18182	18190	18178	18184	18182	18190	18178	18184	18182	18190	18178

注：（a）、（b）、（c）、（d）的因变量分别为高管平均薪酬的对数、高管薪酬前三名的对数、非董监高薪酬对数、外聘 CEO 薪酬对数。这里使用的高管薪酬形式为高管的现金薪酬的对数。基本控制变量包括同群企业的销售额的对数、息税前利润与总资产比、市盈率以及企业自身的上述三项指标。这里控制的其他变量主要包括公司财务、治理结构、宏观经济环境变量和所有制变量。具体而言，公司财务层面的指标主要包企业股票市场价值测度的企业规模和每股收益。公司治理结构包括资产负债率、董事长和总经理是否两职合一、管理层持股和独立董事比重，宏观经济环境则包括劳动楔子以及税收楔子。所有制变量主要包括央属国企和地属国企的虚拟变量。这里使用的模型是 level 模型，也对上述变量的 change 进行了分析，结果基本一致。为了节省版面，这里仅汇报主要变量和统计指标的结果。其他结果汇总备索。*** p<0.01。

（二）对企业风险的影响

风险的度量。基于目前的研究成果（John et al. , 2008；Faccio et al. , 2011），从如下四个方面对企业利润获得方面风险的内涵进行定义：

$$Risk1 = \sqrt{\frac{1}{T-1}\sum_{t=1}^{T}\left(E_{i,t} - \frac{1}{T}\sum_{t=1}^{T}E_{i,t}\right)^2}, \ T=4 \qquad (4.10)$$

$$Risk2 = \max(E_{i,t}) - \min(E_{i,t}) \qquad (4.11)$$

$$Risk3 = \sqrt{\frac{1}{T-1}\sum_{t=1}^{T}\left(E_{i,c,t} - \frac{1}{T}\sum_{t=1}^{T}E_{i,c,t}\right)^2}, \ T=4 \qquad (4.12)$$

$$Risk4 = \sqrt{\frac{1}{T-1}\sum_{t=1}^{T}\left(E_{i,t} - \frac{1}{T}\sum_{t=1}^{T}E_{i,t}\right)^2}, \ T=4 \qquad (4.13)$$

式（4.10）和式（4.11）中，$Risk1$ 和 $Risk2$ 中的 $E_{i,t}$ 分别代表息税前利润与总资产的比重；式（4.12）中，$Risk3$ 中的 $E_{i,t}$ 则定义企业的息税前利润与行业均值的差异；式（4.13）中，$Risk4$ 中的 $E_{i,t}$ 则是息税前利润与销售额的比重。第一种和第四种风险指标衡量的是企业收入层面的风险，第二和第三种则主要是从风险偏好的角度进行刻画。第一种、第三种和第四种风险测度指标实际上是计算企业与行业相关变量的四年移动平均值。

高管薪酬的同群效应可能有助于降低企业的生产经营风险（见表 4-16）。这说明高管薪酬的同群竞争，在促进企业提升生产率和扩大产出的同时，也能在一定程度上降低企业所可能面临的生产经营风险。在此意义上，可以判断中国非金融上市公司中高管薪酬的同群效应与企业发展是共享式而非掠夺式的。在此也替代性地使用了另外三种风险测度指标，发现对基本结论的影响不大。

表4-16 高管薪酬同群效应对企业风险的影响

	16 (a)	16 (b)	16 (c)	16 (d)	17 (a)	17 (b)	17 (c)	17 (d)	18 (a)	18 (b)	18 (c)	18 (d)
基本回归: Riska												
同群薪酬	-0.357 ***	-0.325 ***	-0.150	-0.363 ***	-0.424 ***	-0.385 ***	-0.180	-0.468 ***	-0.431 ***	-0.391 ***	-0.202	-0.482 ***
	(0.123)	(0.112)	(0.163)	(0.125)	(0.129)	(0.118)	(0.165)	(0.127)	(0.129)	(0.118)	(0.165)	(0.127)
基本控制	Y	Y	Y	Y	Y	Y	Y	Y	Y	Y	Y	Y
其他控制	N	N	N	N	N	N	N	N	N	N	N	N
行业	N	N	N	N	Y	Y	Y	Y	Y	Y	Y	Y
地域	N	N	N	N	N	N	N	N	Y	Y	Y	Y
年份	N	N	N	N	N	N	N	N	Y	Y	Y	Y
R-squared	0.007	0.007	0.006	0.007	0.007	0.007	0.006	0.007	0.007	0.007	0.007	0.007
N	18288	18286	18294	18281	18288	18286	18294	18281	18288	18286	18294	18281
替代性指标: Riskb												
同群薪酬	-0.718 ***	-0.652 ***	-0.303	-0.729 ***	-0.424 ***	-0.385 ***	-0.180	-0.468 ***	-0.431 ***	-0.391 ***	-0.202	-0.482 ***
	(0.246)	(0.225)	(0.326)	(0.251)	(0.129)	(0.118)	(0.165)	(0.127)	(0.129)	(0.118)	(0.165)	(0.127)
基本控制	Y	Y	Y	Y	Y	Y	Y	Y	Y	Y	Y	Y
其他控制	N	N	N	N	N	N	N	N	N	N	N	N
行业	N	N	N	N	Y	Y	Y	Y	Y	Y	Y	Y
地域	N	N	N	N	N	N	N	N	Y	Y	Y	Y
年份	N	N	N	N	N	N	N	N	Y	Y	Y	Y
R-squared	0.000	0.000	0.000	0.000	0.007	0.007	0.006	0.007	0.007	0.007	0.007	0.007
N	18288	18286	18294	18281	18288	18286	18294	18281	18288	18286	18294	18281

注：（a）、（b）、（c）、（d）的因变量分别为高管平均薪酬的对数、高管薪酬前三名的对数、非董监高薪酬对数、外聘 CEO 薪酬对数。这里使用的高管薪酬形式为高管的现金薪酬的对数。这里的基本控制变量包括同群企业的销售额的对数、息税前利润与总资产比、市盈率以及企业自身的上述三项指标。这里控制的其他变量主要包括公司财务、治理结构、宏观经济环境变量和所有制变量。具体而言，公司财务层面的指标主要包企业股票市场价值测度的企业规模和每股收益。公司治理结构包括资产负债率、董事长和总经理是否两职合一、管理层持股和独立董事比重，宏观经济环境则包括劳动楔子以及税收楔子。所有制变量主要包括央属国企和地属国企的虚拟变量。这里使用的模型是 level 模型，也对上述变量的 change 进行了分析，结果基本一致。这里也使用了第三种和第四种风险指标进行分析，对结论的影响较小。在稳健性检验部分中，将会详细阐述。为了节省版面，这里仅汇报主要变量和统计指标的结果。其他结果汇总备索。*** p < 0.01。

五、稳健性检验

从如下三个方面对上述结果进行稳健性检验：

（一）改变相关变量的定义方式

为了控制高管影响自身薪酬的可能，已经使用了非董事和监事正副职高管的样本进行分析，也使用了企业从外部聘请 CEO 的样本进行分析。即便如此，仍存在企业自身高管和同群企业高管薪酬同群效应的潜在问题。为此，从下面三个角度更换相关的定义进行分析：

1. 更换高管薪酬的定义。在文中使用了五种方式定义高管薪酬，在基本回归和后续的分析中主要使用了高管的现金薪酬。也将剥离社会保障的高管薪酬、包含股权激励的高管薪酬、纳入超额薪酬的高管薪酬和含有在职消费的高管薪酬进行分析，对上述结论的影响较为有限。

2. 更换同群企业的定义方式。采用倾向得分匹配方法中的 1∶1 匹配而非文中使用 1∶5 的匹配方式识别同群企业，进而计算同群企业的薪酬和企业财务指标等相关变量，从而对结果的稳健性进行分析。即便更换了识别方式，对结论的影响也是较小的。

3. 更换企业风险和收益的度量指标。总共定义了五类企业风险指标，其中两类是从企业经营风险来识别，另外两类是从企业的风险偏好来识别。对企业收益的定义中还使用了职工人均增加值。逐一替换使用了上述指标，对结果的影像也基本不大。

（二）改变样本数量

1. 按经济发展和行政区划进行划分。由于公司所在地区位因素的影响，经济发展水平较高地区高管间的薪酬同群体效应可能更为显著，从而影响经济发展相对落后区域中高管同群效应的识别。文中虽已控制了地区特征，在此仍将样本按照行政意义和经济意义上的区划进行划分，对子样本中高管薪酬的同群效应以及这种同群效应对企业发展的影响进行分析，对结论的影响依然不大。

2. 按照企业的存续年限进行划分。在新成立企业和退出企业中高管薪酬的决定机制和影响机制可能与存续期较长企业间存在一定的差别，提出这两类企业进行分析，也基本证实了本书的结论。

（三）更换计量方法

在识别出持续存在的企业中，使用动态面板的方式对上述逻辑进行了分析。和基本回归的处理思路较为类似，既使用了 Level 的分析方式，又使用了 Change 的分析方式，发现对结论的影响依旧较为有限。

本章小结

公司实际控制人所拥有的控制权和现金流权，既是微观个体的经济选择，又在一定程度上反映了企业内部的治理情况。实际控制人控制权和现金流权之间的差额越小，意味着公司内部的权力越分散，对作为代理者的高管监督主体也随之越多。由于信息不对称和监督成本过高，外部监督主体均在一定程度上存在无效监督的可能性（Houston and James, 1996），从而使高管薪酬存在增加的趋势。通过使用 2003 ~ 2012 年中国非金融上市公司的数据，根据目前文献的研究方法，构建了高管薪酬的五类指标，就企业中实际控制人的控制权和现金流权之间的差异对高管薪酬的影响进行了分析。

实际控制人的控制权和现金流权这两权之间的差异，对企业内部高管的薪酬具有一定的抑制作用。导致这种局面产生的原因，主要在于内部监督主体的分散，在一定程度上抑制了高管的自利性动机，并且督促高管朝着为企业创造价值的方向进行管理和决策。虽然在中国的企业中存在所有制的差别，但这种影响机制在不同的所有制企业间均存在。还验证了无论企业破产风险是否存在差异，这种影响机制也是存在的。就两权分离的边际影响而言，两权分离的边际变动将会减少股权激励和包含超额薪酬在内的高管收入，但高管的现金收入和包含在职消费的收入可能会由此增加。大公司支付的薪酬水平往往也会更高（Baker and Hall, 2004），两权分离对现金薪酬和包含在职消费在内的高管收入则具有正面的影响。使用了四种方式对结论的稳健性进行了检验，分别是变更样本数量、更换计量方法、使用工具变量以及重新定义相关指标。稳健性检验的结果与基本回归的结果是一致的。在此基础上，还探讨了这种影响是如何实现的。具体而言，主要从两个方面进行分析，即区分高管是从企业内部提拔还使从外部选聘的。

　　企业内部实际控制人控制权和现金流权的适度分离，在一定程度上有助于通过分散监督主体实现对 CEO 的监督。相对于外部监督者而言，内部监督者的信息不对称的问题相对较弱，能够在一定程度上克服 Houston 和 James（1996）提出的监督主体难以提供有效监督的问题。因此，在企业发展过程中，实际控制人权力的适度转移有助于在一定程度上降低 CEO 薪酬这种委托代理成本。

　　中国非金融上市公司确实存在较为显著的同群效应。为了克服高管影响自身薪酬从而对结论造成影响的可能，在此使用了未在董事会和监事会担任正副职的普通高管以及企业从外部聘请的 CEO 样本进行分析，发现对结论的影响基本有限。

　　高管薪酬的同群效应可能是自利性的，也可能与企业发展是共享式的。为了判断这种影响，通过分别构建企业风险的四类指标和收益的三类指标，就同群效应对企业发展的影响进行分析。总体而言，高管薪酬的同群效应能够在一定程度上促进企业发展，同时减小企业在利润获取方面的风险。这种情形的出现说明中国非金融上市公司中高管薪酬的同群效应实际上是与企业发展是共享式的：行业内其他企业高管薪酬的水平成为促进企业高管努力经营企业，传递自身才能信号的重要途径。同群效应存在的市场基础使这种信号发送能够迅速为行业内其他董事会所获知，并成为高管薪酬调整的重要依据（Milbourn，2003）。

　　总体而言，虽然中国非金融上市公司内高管薪酬的同群效应可能会使高管薪酬水平不断上升，但在此过程中也确实促进了企业的发展，减少了企业在生产经营中所面对的风险，具有一定的积极意义。在一定程度上，高管薪酬的同群效应可以被视为高管努力为企业创造价值的外部激励，和企业内部激励发挥着重要的互补作用。在调节部分高管薪酬畸高的过程中，需要重视这种行业内薪酬同群效应对企业价值创造的正面影响，避免因噎废食。

第五章 国企所有者对内部薪酬差距的策略性调节

沿袭第四章的分析逻辑，本章将主要从所有者的层面来分析国有企业中高管与普通职工薪酬差距的扩大的主要原因。本章的分析将显示，这种内部薪酬差距的扩大，既有制度和经济层面的原因，还有所有者层面管理国有企业层面的原因。在一定程度上，20世纪90年代国有企业尝试改革以来，内部薪酬差距的不断扩大正是这一成本的结果和体现之一，逆转了80年代重分配轻发展的逻辑，并且在国有企业改革发展的不同阶段中策略性的调节了代理成本和内部薪酬分配，从而为国企提供持续改革的内部动力。

第一节 权衡策略：代理成本与薪酬差距成本

提升资本结构作为降低企业中委托代理成本的重要方式之一，逐渐得到相关研究者的重视（Jensen and Meckling, 1976; Bae et al., 2011; Chemmanur et al., 2013; Eisdorfer et al., 2013）。作为激励高管以及减少其机会主义行为的安排之一，理论和经验上的证据都在一定程度上显示资本结构有助于高管收入的增加（Fama, 1980; Grossman and Hart, 1982; Baker and Hall, 2004）。在分工不断细化以及人力资本逐渐形成专用性资产的过程中，普通职工也开始面临较大的市场风险，资本结构对其收入的影响则尚未达成统一的意见（Perotti and Spier, 1993; Titman, 1984; Chemmanur et al., 2013）。即便如此，学者们仍在一定程度上认为，资本结构的调整在特定环境中是企业调整成本的一种策略性行为（Hennessy and Livdan, 2009; Berk et al., 2010）。

就企业内部的微观情况而言，无论是何种所有制形式，高管与普通职工的薪酬差距在 1999～2012 年内均出现了较为显著的上升。2005 年以前，企业的资本结构基本呈现较为显著的上升趋势，而之后开始出现较为剧烈的震荡。是否在企业资本结构下降过程中，高管与普通职工经历了非对称的薪酬减少？目前的研究显示，高管薪酬确实具有尺蠖效应或者向下的刚性，由此导致企业内部员工之间的收入差距扩大（方军雄，2009，2011）。在此情况下，企业资本结构与企业内部职工收入分配究竟有何种关系？在中国，学者们将研究重心置于静态层面上资本结构的决定因素（陆正飞、辛宇，1998）以及动态层面上最优资本结构的调整路径等问题上（连玉君、钟经樊，2007；盛明泉等，2012），而对这种企业策略性的资本结构如何对企业内部职工的收入分配状况产生何种影响，相关研究尚付阙如。由于初次分配在劳动者最终收入中占据决定性地位，因此，企业内部劳动者获得的初次分配在较大程度上决定了最终工资收入份额的比重①。在中国市场上，企业资本结构的选择对劳动者的薪酬水平具有怎样的影响？是否对高管与普通员工具有相似激励作用？如果确实有，那么资本结构与企业内部收入差异之间有何种联系？本文拟采用 1999～2012 年非金融上市公司的数据对这一问题进行分析，以尝试解决上述问题。

　　本书可能的创新在于：（1）在市场化建设和企业转型的背景下，从企业内部资本结构的角度研究内部职工薪酬初次分配的状况，即在劳动者分工不断细化形成专用性人力资本，以及随着企业资本结构提升而增加的破产风险的条件下，企业中劳动者薪酬是如何分配的。（2）将企业的资本结构调整视为一种策略性行为，企业所有者既通过引入外部债权人的监督降低代理成本，又通过内部职工薪酬差距的扩大部分转嫁内部代理本。代理成本和企业内部薪酬差距带来的成本均属于企业运营成本。同高管会在一定条件下采取机会主义行为一样，企业所有者也会采取相机抉择的策略降低企业内部代理成本。中国企业间存在的所有制差别使这种策略性调整的实现路径存在显著差别。从上述两个角度，提供了进一步认识内部薪酬差距的企业策略性选择视角。

---

　　① 中国劳动者工资占 GDP 的比重由 1995 年的 51.4% 降至 2007 年的 45.4%（Molero，2011），而同期韩国、美国和日本的该项指标均值在 60% 以上。就 28 个发达经济体的普遍经验而言，2007 年劳动者工资占 GDP 比重仅比 1994 年低 2.5% 左右，部分国家如日本虽然下降了 7.6%，但 2009 年该项数据出现了一定程度的回升，达到 60.1%。

一、理论基础与假说提出

资本结构的研究最初始于对企业价值影响的分析。随着研究的不断深入，资本结构对薪酬的作用开始逐渐得到重视（Titman，1984；Bronars and Deere，1991；Bae et al.，2011；Chemmanur et al.，2013；Eisdorfer et al.，2013），但研究重心往往在对高管收入的影响上（Bertrand et al.，2003；Douglas，2006），也有部分学者从最优合约的角度研究了员工和投资者在资本结构设定方面的问题（Chang，1992）。一般而言，资本结构对企业高管具有正面的激励作用。资本结构对高管薪酬的影响主要是通过纳入生产经营风险或破产风险，使高管采用提高公司价值的发展策略来提高自身的薪酬（Grossman and Hart，1982；Cadenillas et al.，2004），而在一定程度上放弃短期的寻租和过度在职消费（Jensen，1986）。在此意义上，资本结构的引入能够使企业所有者和经营者的目标趋于一致，并降低了企业所有者的委托代理成本。

（一）资本结构对薪酬分配的影响

即便如此，纳入劳动力市场的分析后，企业层面资本结构降低委托代理成本的问题开始发生一定的改变，这种改变主要是由风险偏好的群体差异导致的，如劳动力市场上厌恶风险的劳动者也在一定程度上使资本结构约束下高管的决策行为发生一定的改变。具体而言，由于劳动力市场摩擦的存在，为了减少劳动者的失业风险，高管可能会选择比较保守的资本结构（Agrawal and David，2013）。如果劳动力市场上工资的调整过程足够有效并克服管理层的潜在激励问题，那么，企业所有者将会对经理人实现有限的监督（Fama，1980）。如果高管持有较多的企业内部债务，那么，也会使其逐渐变为保守型的投资者（Cassell et al.，2012）。如果债务规模过大，也会降低对高管激励效应的实际作用，难以使企业实现最优的资本结构，这种情形在现金流受到抑制的企业中更为明显（He，2011）。在劳动密集型企业和资金状况受限的企业中，更多的失业保险会使企业选择更具风险的资本结构。但如果劳动者失业后能够较快地找到工作，他们一般也不会得到失业保险（Anderson and Meyer，1997）。随着职业经理人劳动力市场的逐渐完善，高管也开始在逐渐弱化资本结构对其所可能具有的约束，从而获得更多的私有收益。无论是资本结构对高管的激励作用还是高管对企业资本结构的机会主义行为，都存在较为显著的规模效应（Baker and Hall，2004）。一般而言，如果高管所在的企业更多选择债务融资，那么，高管存在投资不足的负向激励；但如果企业主要是靠股权进行融资，那么高管又可能存在过度投资的冲动（Eisdorfer et al.，2013）。因此，随着企业资本结构的不断提升，高管收入与绩效的敏感性也会相应地增加，这时企业也应该相应地给高管提高激励水平，这样才能在一定程度上控制高管的机会主义行为（Lin et al.，2012）。因此，提出假说5.1：

假说5.1：企业资本结构的改善会提升高管薪酬水平，从而可能扩大内部薪酬差距。

资本结构不但对高管薪酬具有影响，而且会对普通职工的收入产生较大的影响。Titman（1984）曾指出，在影响企业资本结构的诸多因素中，企业所可能面临的破产风险会在较大程度上影响这种决策行为。如果员工的人力资本长期在企业内部积累，形成一种所谓的"专用性资产"，那么，企业资本结构变化对其收入就可能产生较大的影响。在分工程度越高的企业中，资本结构变动对员工薪酬的负面影响也就越大（Titman and Wessels，1988）。在此意义上，劳动者在享受分工益处的同时，也在微观层面上需要承受市场所可能具有的风险。据此提出假说5.2：

假说5.2：企业资本结构的提高可能会对员工薪酬产生一定的负面影响，从而导致内部薪酬差距扩大。

（二）作为策略性工具的资本结构

既然资本结构会对员工薪酬产生影响，那么这种影响是如何实现的？一般认为，如果企业的当期利润偏低，但又需要在长期内进行必要的投资，那么企业就会策略性的使用杠杆率水平，通过使工会被迫同意在一定程度上减少员工薪酬水平，从而允诺企业价值与员工收入的长期增长（Perotti and Spier，1993；Bronars and Deere，1991；Hennessy and Livdan，2009）。在此情况下，如果企业面临资金约束的可能性比较大，那么企业提高杠杆率是以牺牲员工收入为代价的。在此意义上，杠杆率与员工薪酬的高低之间具有一种替代性。这种替代性实际上是企业为了降低内部代理成本的一种策略性选择。一般而言，更高的资本结构能够将经理人置于外部债权人的约束下，通过分散监督主体在一定程度上降低企业的代理成本，从而提升企业价值（Grossman and Hart, 1982; Jensen, 1986; Ang et al., 2000)。因此，企业提高资本结构有助于从外部引入监督主体以及在内部转嫁代理成本，双向实现对经理人的有效监督。这种情况，和中国国有企业在较早发展时期内处理企业积累和投资的问题较为相似，也与民营企业在成长初期面临的选择也基本类似。随着相关研究的展开，部分学者开始认识到资本结构对企业发展和高管薪酬的影响并不总是具有积极作用的。在 Perotti 和 Spier（1993）的研究成果之上，部分学者开始尝试探讨这种替代关系的适用范围。Berk 等（2010）认为，如果资本结构调整的边际税收收益高于员工调整和债务成本之和，那么，就不会出现这种替代性关系。由此提出假说 5.3:

假说 5.3: 企业资本结构的调整过程是一种策略性行为，降低代理成本的成本之一就是企业内部薪酬差距的扩大，这也是发展过程中企业所有者将代理成本转嫁给员工的取舍。

在中国，学者们的研究主要集中于企业资本结构的决定因素（陆正飞，辛宇，1998；蒋殿春，2003）、从权衡理论和最优融资顺序的角度研究资本结构的偏好性问题（吴联生，岳衡，2006）、最优资本结构的动态调整（连玉君和钟经樊，2007；盛明泉等，2012）以及从公允价值会计角度研究企业投资行为与资本结构间的关系（曾雪云，徐经长，2013），对企业发展过程中资本结构和员工薪酬之间潜在互补性关系或者替代性关系的关注较少，而这恰好是诸多企业在成长过程中面临的基本问题之一，这种情况在国有企业改革初期更为普遍。由于中国国有企业中劳动者收入在较长一段时间内与企业绩效联系相对较弱，特别是 1985～1992 年，国有企业中劳动者的工资收入和奖金主要来源于利润留成（Meng，2000）。国有企业高管的经营目标是福利最大化，因此，在企业亏损的情况下仍不惜通过贷款发给职工高额奖金（Walder，1987，1989）。即便国有企业在减员增效过程中，未下岗职工的工资仍得到了一定程度的提升（Appleton et al.，2005；白重恩等，2006）。在这种企业经营方式下，资本结构与劳动者工资收入之间的关系可能就具有一定的区别。由于中国存在较为显著的融资对象倾向，这在较大程度上影响了企业的资本结构，因此，这种资本结构的形成过程中存在某些非市场性的因素。在中国，在诸多导致劳动者薪酬水平低下的因素中，资本结构是否作为企业的策略性行为具有较大的影响？如果存在，那么这种策略性选择是否具有所有制间的典型差异？此外，这种策略性行为是否导致了企业内部薪酬差距的扩大？拟对上述问题进行尝试性探索。

二、研究设计及数据来源

根据已有的研究成果和研究目的，在此将对本书的研究进行设计。具体而言，首先介绍数据来源，然后引入基本的检验方程，并对变量的定义进行说明。

（一）数据来源

本书的研究样本是沪深两市的上市公司，考察时间覆盖 1999～2012 年。对样本进行了如下筛选：（1）剔除金融行业和缺失的数据样本。（2）对收入类指标按照 2012 年的不变价进行了平减。（3）对 1% 的极端值进行 Winsorize 处理。由此，一共获得 14 个年度 379306 个样本。数据来源于国泰安数据库以及色诺芬数据库。

（二）主要变量

1. 核心变量。资本结构。根据 Welch（2011）和 Chemmanur 等（2013）的思路，从三个角度对资本结构进行定义。由于企业内部资本结构也即资金来源的组成，因此在一定意义上也就是企业的杠杆率。

$$Market\ Leverage = \frac{经常债务 + 长期债务}{经常债务 + 长期债务 + 股票市场价值} \quad (5.1)$$

$$Alternative\ Market\ Leverage = \frac{一年内到期的短期债务 + 长期债务}{一年内到期的短期债务 + 长期债务 + 股票市场价值} \quad (5.2)$$

$$Alternative\ Book\ Leverage = \frac{一年内到期的短期债务 + 长期债务}{一年内到期的短期债务 + 长期债务 + 股票账面价值} \quad (5.3)$$

首先，将市场杠杆（market leverage, mlev）定义为企业经常债务与长期债务之和同这两者与企业股票市场价值之和的比重。此指标衡量的是主要债务在企业资金流中的比重大小。其次，将经常性债务替换为一年内到期的短期债务，作为市场杠杆率的替换指标（alternative market leverage, amlev）。最后，还引入账面的杠杆率（alternative book leverage, ablev），主要是将市场杠杆率中企业股票市场价值替换为账面价值。

员工薪酬。在资本结构对员工薪酬非对称影响层面上，从三个角度对高管个人的薪酬水平进行定义。将高管从公司获得的现金薪酬的对数定义为第一种收入，将股权激励的收入对数定义为第二种，将这两者之和的对数定义为第三种收入。就普通职工而言，采用的是普通职工的平均工资对数。而在资本结构对内部薪酬差距的影响层面上，将从更一般的五个角度对高管收入进行定义。1999 年以来，企业内部薪酬差距持续上升，资本结构存在较大的波动（见图 5 – 1 和图 5 – 2）。

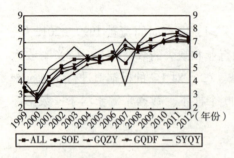 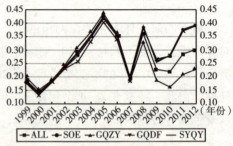

图 5 – 1　高管与普通职工薪酬差距趋势　　　　图 5 – 2　企业内部的杠杆率

注：图 5 – 1 和图 5 – 2 中 ALL、SOE、GQZY、GQDF 和 SYQY 分别代表全部样本、国有企业、央属国有企业、地属国有企业和私营企业的薪酬差距。

资料来源：CSMAR。

2. 主要控制变量。详细的定义见第三章第一节的指标选择部分，这里不再赘述。

三、资本结构对内部总体薪酬差距的影响

在上述研究设计的基础之上，首先考察资本结构对企业员工薪酬相对量的影响。通过借鉴 Fama 和 MacBeth（1973）和 Chemmanur 等（2013）的思路引入如下检验方程：

$$Distr_{i,t} = \alpha_0 + \alpha_1 Lev_{i,t-1} + \alpha_2 Size_{i,t-1} + \alpha_3 Syl_{i,t-1} + \alpha_4 Mgsy_{i,t-1} + \alpha_5 Macro_{i,t-1}$$
$$+ \alpha_6 Ownership_{i,t-1} + \eta_{i,t} + \nu_{i,t} + \phi_{i,t} + \varepsilon_{i,t} \tag{5.4}$$

其中，等式左边是企业内部高管与普通职工薪酬差距的度量指标，右边的解释变量分别是企业资本结构、规模、市盈率、每股收益、企业所处的市场环境以及企业的所有制信息。最后三项分别反映了时间效应、地域和产业效应以及误差项。将企业内部高管与普通职工薪酬差距作为因变量。在薪酬差距的度量方面，使用高管层面薪酬的平均水平与普通职工薪酬平均量差异来度

量。在此过程中，可以从平均量层面上获得更多有关高管收入的信息。

（一）基本回归

企业高杠杆率确实会在一定程度上导致内部薪酬差距扩大（见表5-1）。这种情况的出现说明企业确实在一定程度上会将杠杆率作为一种策略性行为，从而调整生产经营过程中所可能面临的成本问题，并会在一定程度上导致企业内部收入分化恶化。随着企业规模的增加，员工的薪酬收入分化现象也会在一定程度上更严重一些。就企业所有制而言，在国有企业中，这种情形相对要好一些。

表5-1　　　　　　　　　内部薪酬差距的基本回归

	mlev			amlev			ablev		
	7（a）	7（b）	7（c）	7（d）	7（e）	7（f）	7（g）	7（h）	7（i）
杠杆率	0.041*** (0.001)	0.028*** (0.001)	7.176*** (0.042)	0.046*** (0.001)	0.037*** (0.001)	4.923*** (0.062)	0.025*** (0.000)	0.021*** (0.000)	1.745*** (0.029)
其他变量	Y	Y	Y	Y	Y	Y	Y	Y	Y
地域	Y	Y	Y	Y	Y	Y	Y	Y	Y
年份	Y	Y	Y	Y	Y	Y	Y	Y	Y
行业	Y	Y	Y	Y	Y	Y	Y	Y	Y
常数	-0.360*** (0.003)	-0.346*** (0.003)	-45.932*** (0.198)	-0.338*** (0.003)	-0.331*** (0.003)	-42.218*** (0.203)	-0.323*** (0.003)	-0.317*** (0.003)	-41.204*** (0.205)
R-squared	0.176	0.102	0.252	0.172	0.102	0.206	0.174	0.104	0.200
N	345301	358249	358041	345301	358249	358041	345301	358249	358041

注：mlev、amlev、ablev分别代表三种不同的资本结构度量方式，（a）、（b）和（c）分别代表了前述定义三种不同的高管薪酬。在指标上，这里也仅汇报了因变量为第一种、第四种和第五种薪酬差距的结果。这里控制的其他变量主要包括公司财务、治理结构、宏观经济环境变量和所有制变量。具体而言，公司财务方面的指标主要包企业股票市场价值测度的企业规模、市盈率和每股收益。公司治理结构包括资产负债率、董事长和总经理是否两职合一、管理层持股和独立董事比重，宏观经济环境则包括劳动楔子以及税收楔子。所有制变量主要包括央属国企和地属国企的虚拟变量。为了节省版面，这里仅汇报主要变量和统计指标的结果。其他结果汇总备索。*** p<0.01。

Agrawal和David（2013）曾指出，如果企业处于劳动密集型行业中，可能更加倾向于将杠杆率作为一种成本调整的策略性行为。那么在中国是否也同样具有这种情况？按照人均资本量的大小对企业是否属于劳动密集型进行划分，并从三种杠杆率的角度对上述问题进行分析。在中国的劳动密集型企业中，确实也存在这种相机选择（见表 5 - 2）。就现金薪酬而言，三种测度形式下劳动者收入分化的情况会 1% 左右。如果将高管在职消费纳入考虑范围，那么这种恶化收入分配的作用更明显。

表 5 - 2　　　　　　　　　　劳动密集型企业内部薪酬差距的回归

	mlev			amlev			ablev		
	8 (a)	8 (b)	8 (c)	8 (d)	8 (e)	8 (f)	8 (g)	8 (h)	8 (i)
杠杆率	0.054 ***	0.036 ***	8.568 ***	0.037 ***	0.027 ***	5.172 ***	0.017 ***	0.017 ***	1.505 ***
	(0.001)	(0.001)	(0.071)	(0.002)	(0.002)	(0.117)	(0.001)	(0.001)	(0.049)
其他变量	Y	Y	Y	Y	Y	Y	Y	Y	Y
地域	Y	Y	Y	Y	Y	Y	Y	Y	Y
年份	Y	Y	Y	Y	Y	Y	Y	Y	Y
行业	Y	Y	Y	Y	Y	Y	Y	Y	Y
常数	-0.361 ***	-0.425 ***	-58.110 ***	-0.316 ***	-0.397 ***	-50.737 ***	-0.306 ***	-0.387 ***	-49.662 ***
	(0.005)	(0.005)	(0.349)	(0.005)	(0.005)	(0.355)	(0.005)	(0.005)	(0.357)
R-squared	0.176	0.125	0.234	0.164	0.122	0.179	0.164	0.123	0.175
N	163715	173196	173082	163715	173196	173082	163715	173196	173082

注：mlev、amlev、ablev 分别代表三种不同的资本结构度量方式，(a)、(b) 和 (c) 分别代表了前述定义三种不同的高管薪酬。在指标上，这里也仅汇报了因变量为第一种、第四种和第五种薪酬差距的结果。这里控制的其他变量主要包括公司财务、治理结构、宏观经济环境变量和所有制变量。具体而言，公司财务方面的指标主要包企业股票市场价值测度的企业规模、市盈率和每股收益。公司治理结构包括资产负债率、董事长和总经理是否两职合一、管理层持股和独立董事比重，宏观经济环境则包括劳动楔子以及税收楔子。所有制变量主要包括央属国企和地属国企的虚拟变量。为了节省版面，这里仅汇报主要变量和统计指标的结果。其他结果汇总备索。*** p < 0.01。

（二）两阶段回归

为了解决潜在的内生性问题，分别对三种杠杆率进行第一阶段的回归，然后将它们的预测值作为自变量进行第二阶段的回归（Berger and Bonaccorsi，2005）。在技术层面上，根据 Chemmanur 等（2013）的设定，本文按照如下方式对资本结构进行估算：

$$Lev_{i,t} = \phi_0 + \phi_1 MTRB_{i,t-1} + \phi_2 Size_{i,t-1} + \phi_3 AvgSale_{i,t-1} + \phi_4 Syl_{i,t-1}$$
$$+ \phi_5 (EBIT/TA)_{i,t-1} + \phi_6 STD(EBIT/TA)_{i,t-1} + \varepsilon_{i,t} \qquad (5.5)$$

其中，$MTRB_{i,t-1}$ 右边的各项解释变量分别是利息支出扣除前企业收入的边际税率；*EBIT* 是息税前利润；*TA* 是企业总资产；*STD* 是标准差。无论是否对行业密集型企业进行划分，上述结论依旧是稳健的（见表5-3和表5-4）。

表5-3　　　　　　　　　　内部薪酬差距的两阶段回归

	mlevp			amlevp			ablevp		
	9 (a)	9 (b)	9 (c)	9 (d)	9 (e)	9 (f)	9 (g)	9 (h)	9 (i)
杠杆率	0.125 *** (0.002)	0.079 *** (0.002)	18.059 *** (0.121)	0.140 *** (0.002)	0.071 *** (0.003)	19.603 *** (0.177)	0.084 *** (0.001)	0.047 *** (0.001)	10.552 *** (0.079)
其他变量	Y	Y	Y	Y	Y	Y	Y	Y	Y
地域	Y	Y	Y	Y	Y	Y	Y	Y	Y
年份	Y	Y	Y	Y	Y	Y	Y	Y	Y
行业	Y	Y	Y	Y	Y	Y	Y	Y	Y
常数	-0.151 *** (0.004)	-0.211 *** (0.005)	-16.008 *** (0.267)	-0.211 *** (0.003)	-0.270 *** (0.004)	-25.143 *** (0.256)	-0.159 *** (0.004)	-0.234 *** (0.004)	-20.409 *** (0.260)
R-squared	0.178	0.103	0.240	0.173	0.100	0.219	0.179	0.102	0.230
N	345285	358249	358025	345285	358249	358025	345285	358249	358025

注：mlevp、amlevp、ablevp 分别代表第一阶段三种不同的资本结构度量方式的估计值，（a）、（b）和（c）分别代表了前述定义三种不同的高管薪酬。在指标上，这里也仅汇报了因变量为第一种、第四种和第五种薪酬差距的结果。这里控制的其他变量主要包括公司财务、治理结构、宏观经济环境变量和所有制变量。具体而言，公司财务方面的指标主要包企业股票市场价值测度的企业规模、市盈率和每股收益。公司治理结构包括资产负债率、董事长和总经理是否两职合一、管理层持股和独立董事比重，宏观经济环境则包括劳动楔子以及税收楔子。所有制变量主要包括央属国企和地属国企的虚拟变量。为了节省版面，这里仅汇报主要变量和统计指标的结果。其他结果汇总备索。*** p<0.01。

表5-4　　　　　　　劳动密集型企业内部薪酬差距的2SLS回归

	mlevp			amlevp			ablevp		
	10 (a)	10 (b)	10 (c)	10 (d)	10 (e)	10 (f)	10 (g)	10 (h)	10 (i)
杠杆率	0.147 *** (0.003)	0.093 *** (0.003)	21.627 *** (0.194)	0.176 *** (0.004)	0.082 *** (0.005)	24.771 *** (0.292)	0.098 *** (0.002)	0.051 *** (0.002)	12.826 *** (0.129)
其他变量	Y	Y	Y	Y	Y	Y	Y	Y	Y
地域	Y	Y	Y	Y	Y	Y	Y	Y	Y
年份	Y	Y	Y	Y	Y	Y	Y	Y	Y
行业	Y	Y	Y	Y	Y	Y	Y	Y	Y
常数	-0.122 *** (0.006)	-0.268 *** (0.007)	-22.389 *** (0.428)	-0.165 *** (0.006)	-0.325 *** (0.007)	-29.871 *** (0.426)	-0.121 *** (0.006)	-0.294 *** (0.007)	-25.717 *** (0.428)

	mlevp			amlevp			ablevp		
	10 (a)	10 (b)	10 (c)	10 (d)	10 (e)	10 (f)	10 (g)	10 (h)	10 (i)
R-squared	0.176	0.125	0.225	0.171	0.122	0.203	0.176	0.124	0.215
N	163699	173196	173066	163699	173196	173066	163699	173196	173066

注: mlevp、amlevp、ablevp 分别代表第一阶段三种不同的资本结构度量方式的估计值，（a）、（b）和（c）分别代表了前述定义三种不同的高管薪酬。在指标上，这里也仅汇报了因变量为第一种、第四种和第五种薪酬差距的结果。这里控制的其他变量主要包括公司财务、治理结构、宏观经济环境变量和所有制变量。具体而言，公司财务方面的指标主要包企业股票市场价值测度的企业规模、市盈率和每股收益。公司治理结构包括资产负债率、董事长和总经理是否两职合一、管理层持股和独立董事比重，宏观经济环境则包括劳动楔子以及税收楔子。所有制变量主要包括央属国企和地属国企的虚拟变量。为了节省版面，这里仅汇报主要变量和统计指标的结果。其他结果汇总备索。*** $p < 0.01$。

四、资本结构对内部群体薪酬差距的影响

在上述研究设计的基础之上，首先考察资本结构对企业员工薪酬绝对量的影响。由于高管和普通职工在企业中的议价能力以及影响公司决策能力方面等存在的差异，将分别就资本结构对他们的收入的影响分别进行分析。

（一）对企业高管薪酬的影响

1. 基本回归。按照 Fama 和 MacBeth（1973）和 Chemmanur 等（2013）的思路，分别从高管和普通职工两个角度定义检验方程。在高管层面上，对下面的方程进行检验：

$$CEOpay_{i,t} = \gamma_0 + \gamma_1 Lev_{i,t-1} + \gamma_2 Size_{i,t-1} + \gamma_3 Syl_{i,t-1} + \gamma_4 Mgsy_{i,t-1} + \gamma_5 Age_{i,t}$$
$$+ \gamma_6 Tenure_{i,t} + \gamma_7 Male_{i,t} + \gamma_8 Macro_{i,t-1}$$
$$+ \gamma_9 Ownership_{i,t} + \eta_{i,t} + \nu_{i,t} + \phi_{i,t} + \varepsilon_{i,t} \tag{5.6}$$

其中，等式左边是 CEO 薪酬的对数形式，右边的解释变量分别是企业规模、杠杆率、市盈率、每股收益、高管年龄、任职年限、性别、企业所处的市场环境以及企业的所有制信息；最后三项分别反映了时间效应、地域和产业效应以及误差项。

在基本回归中，杠杆率对 CEO 薪酬具有正面影响（见表 5-5）。在三种资本结构测度方式下，这种正面影响均存在。就第一种测度方式而言，如果市场杠杆率提升一个标准差，将使 CEO 的现金薪酬、股权激励薪酬以及整体薪酬水平分别提升 10.79%、2.2% 以及 8.53%。这种正面激励的存在有助于企业在引入风险因素后，使 CEO 做出有利于企业价值提升的决策，从而提高

自身的薪酬（Grossman and Hart，1982；Chemmanur et al.，2013）。

表 5 - 5　　　　　　　　　　　　高管薪酬的基本回归

	mlev			amlev			ablev		
	1（a）	1（b）	1（c）	1（d）	1（e）	1（f）	1（g）	1（h）	1（i）
杠杆率	0.528***	0.112**	0.422***	0.730***	0.366***	0.667***	0.465***	0.287***	0.435***
	(0.047)	(0.051)	(0.049)	(0.067)	(0.073)	(0.069)	(0.031)	(0.034)	(0.032)
其他变量	Y	Y	Y	Y	Y	Y	Y	Y	Y
地域	Y	Y	Y	Y	Y	Y	Y	Y	Y
年份	Y	Y	Y	Y	Y	Y	Y	Y	Y
行业	Y	Y	Y	Y	Y	Y	Y	Y	Y
常数	-2.812***	-6.416***	-4.773***	-2.510***	-6.335***	-4.525***	-2.186***	-6.128***	-4.221***
	(0.221)	(0.240)	(0.227)	(0.220)	(0.239)	(0.226)	(0.222)	(0.241)	(0.228)
R-squared	0.349	0.112	0.387	0.348	0.112	0.387	0.349	0.112	0.387
N	377230	377230	377230	377230	377230	377230	377230	377230	377230

注：mlev、amlev、ablev 分别代表三种不同的资本结构度量方式。（a）、（b）和（c）代表高管收入的三种形式，分别是现金薪酬、股权激励以及两者之和。这里控制的其他变量主要包括公司财务、治理结构、高管个人特质和宏观经济环境变量。具体而言，公司财务方面的指标主要包企业股票市场价值测度的企业规模、市盈率和每股收益。公司治理结构包括资产负债率、董事长和总经理是否两职合一、管理层持股和独立董事比重。高管个人特质包括高管年龄、任职年限和性别。宏观经济环境则包括劳动楔子、税收楔子以及度量市场竞争程度的赫芬达尔指数（HHI）。为了节省版面，这里仅汇报主要变量和统计指标的结果。** $p < 0.05$，*** $p < 0.01$。

　　由于管理者的收益也是企业规模的增函数，大公司支付的薪酬水平往往也会更高（Baker and Hall，2004）。本文的分析也显示，在市场层面上，企业规模对 CEO 薪酬具有正面影响，意味着市值越高的企业更倾向于对 CEO 支付更高的薪酬，这种结论也和目前的研究是一致的。每股收益的提升，也能在一定程度上促进 CEO 薪酬的增加。

　　就 CEO 个人特征而言，任职年限越长对自身收入的增加越有利。但随着年龄的增加，这种促进作用存在较为显著的类别效应。CEO 年龄在股权激励收入方面具有优势，但在现金薪酬和整体薪酬方面并未显示出足够的促进作用。在中国的 CEO 市场上，性别因素仍是显著 CEO 薪酬的重要因素之一。在第一种测度指标下，男性 CEO 三种薪酬分别比女性 CEO 薪酬高 17%、7.68% 和 23.61%。就企业所有制而言，央属国企和地属国企中高管的收入比私营企业要低一些，央属国企中这种情形更为普遍。这说明在国有企业内部，薪酬水平尚未完全由市场决定。

　　2. 传导机制的分析。在基本回归分析中，忽略了 CEO 可能同时影响杠杆率和自身薪酬的情形，也即存在潜在内生性问题。在这里分别采用两种方式对此问题进行控制：第一种思路是剔除样本中属于董事会或者监事会正副职的高管；第二种思路是从公司中选取外聘 CEO 进行分析。这两种处理方式的核心思想是尽量淡化这种内生性问题。

不在董事会和监事会中任职的高管薪酬，仍显著受到企业杠杆率的影响，三种测度方式的结果基本是一致的（见表 5－6）。股权激励的薪酬存在未被证实的负面影响，这在一定程度上是由样本量变化导致的。此外，高管个人特征中的年龄因素对自身收入开始具有正面影响。这说明普通 CEO 比同时任职于董事会或者监事会的 CEO 更具有年龄创造的收入效应。其他企业特征、高管个人特征以及所有制对高管薪酬的影响和基本回归结果基本一致。

表 5－6　　　　　　　　　　　　非董监高管薪酬的回归

	mlev			amlev			ablev		
	2（a）	2（b）	2（c）	2（d）	2（e）	2（f）	2（g）	2（h）	2（i）
杠杆率	0.364 ***	－0.068	0.270 ***	0.410 ***	0.069	0.315 ***	0.236 ***	0.107 ***	0.195 ***
	(0.055)	(0.058)	(0.055)	(0.077)	(0.082)	(0.078)	(0.036)	(0.038)	(0.037)
其他变量	Y	Y	Y	Y	Y	Y	Y	Y	Y
地域	Y	Y	Y	Y	Y	Y	Y	Y	Y
年份	Y	Y	Y	Y	Y	Y	Y	Y	Y
行业	Y	Y	Y	Y	Y	Y	Y	Y	Y
常数	2.637 ***	－6.204 ***	2.044 ***	2.848 ***	－6.240 ***	2.200 ***	3.007 ***	－6.166 ***	2.332 ***
	(0.267)	(0.283)	(0.271)	(0.265)	(0.281)	(0.270)	(0.266)	(0.282)	(0.271)
R-squared	0.398	0.060	0.412	0.398	0.060	0.412	0.398	0.060	0.412
N	216597	216597	216597	216597	216597	216597	216597	216597	216597

注：mlev、amlev、ablev 分别代表三种不同的资本结构度量方式。(a)、(b) 和 (c) 代表高管收入的三种形式，分别是现金薪酬、股权激励以及两者之和。这里控制的其他变量主要包括公司财务、治理结构、高管个人特质、所有制和宏观经济环境变量。具体而言，公司财务方面的指标主要包企业股票市场价值测度的企业规模、市盈率和每股收益。公司治理结构包括资产负债率、董事长和总经理是否两职合一、管理层持股和独立董事比重。高管个人特质包括高管年龄、任职年限和性别。所有制变量主要包括央属国企和地属国企的虚拟变量。宏观经济环境则包括劳动楔子、税收楔子以及度量市场竞争程度的赫芬达尔指数（HHI）。为节省版面，这里仅汇报主要变量和统计指标的结果。*** p＜0.01。

由于潜在内生性的问题，即 CEO 可能同时会影响企业的资本结构以及自身的薪酬水平。为了克服这种影响，这里按照（Chemmanur et al.，2013）的方式，通过企业中聘用的外部 CEO 来对上述结论进行检验。采用这种方式的主要原因在于外聘 CEO 对上述两种决策的影响力相对内部控股股东产生的 CEO 较弱，能够在一定程度上控制这种影响。在技术上，通过董事长和总经理职位变更中从外部聘用的 CEO 进行识别。在这里不再将任职年限纳入考虑范围，同时将企业规模和市盈率采用滞后一期，从而捕捉外聘 CEO 是否会在高杠杆率的企业中得到更多额薪酬。

总体而言，杠杆率对外聘 CEO 的影响是较为正面的（见表 5 - 7）。如果杠杆率提升一个标准差，那么，第二种杠杆率测度下 CEO 的现金薪酬、股权激励以及全部薪酬将分别增加 10%、15.4% 以及 11.7%。在其他两种测度方式下，这种正面激励效应基本是一致的。这种情形的出现，说明具有高杠杆率的企业确实会支付较高的工资。

表 5 - 7   外聘 CEO 薪酬的回归

	mlev			amlev			ablev		
	3（a）	3（b）	3（c）	3（d）	3（e）	3（f）	3（g）	3（h）	3（i）
杠杆率	0.115 (0.247)	0.535 * (0.274)	0.161 (0.255)	0.740 ** (0.356)	1.114 *** (0.394)	0.856 ** (0.366)	0.777 *** (0.170)	0.779 *** (0.188)	0.822 *** (0.175)
其他变量	Y	Y	Y	Y	Y	Y	Y	Y	Y
地域	Y	Y	Y	Y	Y	Y	Y	Y	Y
年份	Y	Y	Y	Y	Y	Y	Y	Y	Y
行业	Y	Y	Y	Y	Y	Y	Y	Y	Y
常数	2.826 ** (1.198)	- 14.237 *** (1.326)	- 0.023 (1.233)	2.942 ** (1.191)	- 13.877 *** (1.319)	0.125 (1.227)	3.653 *** (1.202)	- 13.192 *** (1.331)	0.872 (1.237)
R-squared	0.440	0.219	0.485	0.441	0.220	0.486	0.441	0.220	0.486
N	12795	12795	12795	12795	12795	12795	12795	12795	12795

注：mlev、amlev、ablev 分别代表三种不同的资本结构度量方式。(a)、(b) 和 (c) 代表高管收入的三种形式，分别是现金薪酬、股权激励以及两者之和。这里控制的其他变量主要包括公司财务、治理结构、高管个人特质、所有制和宏观经济环境变量。具体而言，公司财务方面的指标主要包企业股票市价值测度的企业规模、市盈率和每股收益。公司治理结构包括资产负债率、董事长和总经理是否两职合一、管理层持股和独立董事比重。高管个人特质包括高管年龄、任职年限和性别。所有制变量主要包括央属国企和地属国企的虚拟变量。宏观经济环境则包括劳动楔子、税收楔子以及度量市场竞争程度的赫芬达尔指数（HHI）。在此也使用了两阶段的回归，结果和此处基本一致。在此处的回归中，对企业规模和资本结构取了滞后一期。为了节省版面，这里仅汇报主要变量和统计指标的结果。* $p < 0.1$，** $p < 0.05$，*** $p < 0.01$。

（二）对普通职工薪酬的影响

既然企业高杠杆率对 CEO 薪酬具有正面影响，那么对普通职工薪酬水平具有何种影响？在此将主要尝试解决上述问题。

为了就企业资本结构对普通职工薪酬的影响水平进行检验，采用如下方程：

$$AEP_{i,t} = \beta_0 + \beta_1 Lev_{i,t-1} + \beta_2 Size_{i,t-1} + \beta_3 AvgSale_{i,t-1} + \beta_4 Syl_{i,t-1} + \beta_5 Rjzc_{i,t-1}$$
$$+ \beta_6 Macro_{i,t-1} + \beta_7 Ownership_{i,t} + \eta_{i,t} + \nu_{i,t} + \phi_{i,t} + \varepsilon_{i,t} \qquad (5.7)$$

其中，被解释变量是员工薪酬的对数，等式右边中引入了滞后一期的普通职工的人均销售额（$AvgSale_{i,t-1}$）、市盈率（$Syl_{i,t-1}$）以及人均资产（$Rjzc_{i,t-1}$）。

高杠杆率似乎对普通职工薪酬水平具有显著的负面影响（见表5-8），三种杠杆率水平测度方式下会分别降低员工5.67%、2.95%以及1.44%的收入。在此意义上，中国劳动力市场中存在 Perotti 和 Spier（1993）提出的资本结构大小与职工薪酬多少之间存在替代性的现象，这种现象主要发生在普通劳动者群体中而非高管群体中。在企业特征方面，资本市场化并不总会带来普通员工收入的增长，但以营业收入和总资产度量的企业规模会对普通员工收入水平具有正面影响。进一步纳入其他相关的控制变量，发现这种结论基本一致。在企业所有制特征方面，普通职工比私营企业有更高的收入水平，这在央属国企和地属国企中均得到了证实，其中央属国企的溢价更明显。

表5-8 普通职工薪酬的基本回归

	无控制变量			有控制变量		
	mlev	amlev	ablev	mlev	amlev	ablev
杠杆率	-0.301 ***	-0.231 ***	-0.053 ***	-0.415 ***	-0.411 ***	-0.118 ***
	(0.023)	(0.034)	(0.016)	(0.021)	(0.030)	(0.014)
其他变量	No	No	No	Y	Y	Y
地域	Y	Y	Y	Y	Y	Y
年份	Y	Y	Y	Y	Y	Y
行业	Y	Y	Y	Y	Y	Y
常数	-1.774 ***	-1.622 ***	-1.507 ***	-2.010 ***	-2.351 ***	-2.418 ***
	(0.087)	(0.089)	(0.090)	(0.119)	(0.118)	(0.119)
R-squared	0.330	0.330	0.330	0.361	0.360	0.360
N	379276	379276	379276	379306	379306	379306

注：mlev、amlev、ablev 分别代表三种不同的资本结构度量方式。这里控制的其他变量主要包括公司财务、治理结构、所有制和宏观经济环境变量。具体而言，公司财务指标包括资本市场化、人均营业收入和人均资产，公司治理结构包括资产负债率、董事长和总经理是否两职合一、管理层持股和独立董事比重，宏观经济环境则包括劳动楔子以及税收楔子。所有制变量主要包括央属国企和地属国企的虚拟变量。为了节省版面，这里仅汇报主要变量和统计指标的结果。*** $p < 0.01$。

由于市场上的企业存在较为显著的成长潜力差异，那么普通员工受杠杆率的负面影响，是否具有某些企业成长性差异方面的影响？换言之，如果企业的资金流存在可置信的约束，那么是否不存在这种约束的企业中也就不存在这种替代性？这也是 Perotti 和 Spier（1993）提出的杠杆率与职工薪酬之间存在替代性的命题。在此部分中，尝试纳入 Altman（1968）年提出的 Z 指数进行分析。Z 指数的本义是对企业破产风险进行预测，在这里参考 Chemmanur 等（2013）对该指数的划分方式，类似的定义成长性好、成长性一般和成长性差的企业。具体而言，Z 指数通过如下方式进行构造：

$$Z = 1.2T_1 + 1.4T_2 + 3.3T_3 + 0.6T_4 + T_5 \qquad (5.8)$$

其中，T_1 代表经常性净资产与总资产的比重；T_2 意味着留存收益与总资产的比重；T_3 是 EBIT 与总资产的比重；T_4 是企业股票市场价值与账面总负债的比重；T_5 则定义为营业收入总额与总资产的比重。通过对上述五项的加权，从而构造出 Z 指数。Agrawal 和 David（2013）也使用该指数的修正形式[①]研究了企业资本结构与员工失业问题。Chemmanur 等（2013）将 Z 指数小于 1.8 定义为具有破产风险的企业，而将高于 3 定义为破产风险很小的企业。也按照这种划分思路，对样本企业进行评价与分类。需要说明的是，由于中国国有企业特殊性，破产的真实风险相对较小，而更多地体现在企业成长性的大小上。因此，根据上述分类区间定义成长性较好、成长性一般和成长性差的企业进行分析。

企业的成长性因素并不会改变杠杆率对职工薪酬的影响方向，但存在影响程度上的差异（见表 5 - 9）。在具有高成长率的企业中，这种负面影响高于成长率相对较弱的企业。这说明企业是否具有成长性以及成长性的大小，对这种结论的影响较小。

表 5 - 9　　　　　　　　普通职工薪酬回归：按成长性划分

	成长性好（>3）			成长性一般（1.8~3）			成长性差（<1.8）		
	mlev	amlev	ablev	mlev	amlev	ablev	mlev	amlev	ablev
	4（a）	4（b）	4（c）	4（d）	4（e）	4（f）	4（g）	4（h）	4（i）
杠杆率	-1.185*** (0.079)	-1.924*** (0.197)	-0.098*** (0.036)	-1.019*** (0.049)	-0.439*** (0.066)	-0.185*** (0.023)	-0.408*** (0.042)	-0.296*** (0.040)	0.020 (0.025)
其他变量	Y	Y	Y	Y	Y	Y	Y	Y	Y
地域	Y	Y	Y	Y	Y	Y	Y	Y	Y
年份	Y	Y	Y	Y	Y	Y	Y	Y	Y

────────────

① 在他的分析中，主要是舍弃了 T_4，其余四项的权重不变。

续表

	成长性好（>3）			成长性一般（1.8~3）			成长性差（<1.8）		
	mlev	amlev	ablev	mlev	amlev	ablev	mlev	amlev	ablev
	4（a）	4（b）	4（c）	4（d）	4（e）	4（f）	4（g）	4（h）	4（i）
行业	Y	Y	Y	Y	Y	Y	Y	Y	Y
常数	−2.835 ***	−3.244 ***	−3.168 ***	−0.999 ***	−1.262 ***	−1.381 ***	−4.414 ***	−4.753 ***	−4.592 ***
	(0.226)	(0.226)	(0.228)	(0.188)	(0.189)	(0.191)	(0.202)	(0.202)	(0.205)
R-squared	0.374	0.373	0.373	0.354	0.353	0.353	0.359	0.359	0.359
N	131347	131347	131347	154090	154090	154090	93869	93869	93869

注：mlev、amlev、ablev 分别代表三种不同的资本结构度量方式，（a）、（b）和（c）分别代表了前述定义三种不同的高管普通职工薪酬差距。这里控制的其他变量主要包括公司财务指标、治理结构和宏观经济环境变量。具体而言，公司财务指标包括资本市场化、人均营业收入和人均资产，公司治理结构包括资产负债率、董事长和总经理是否两职合一、管理层持股和独立董事比重，所有制变量主要包括央属国企和地属国企的虚拟变量。宏观经济环境则包括劳动楔子以及税收楔子。为了节省版面，这里仅汇报主要变量和统计指标的结果。*** $p < 0.01$。

　　由于同样存在内生性问题，在此对三种不同形式的资本结构使用两阶段最小二乘法，对本文的结论进行检验（Berger and Bonaccorsi, 2005）。同样发现高杠杆率不利于普通员工的薪酬水平的改善。还按照竞争程度的高低进行了分析，发现结论也基本一致（见表5–10）。同样对按成长性划分的企业进行 2SLS 分析，发现结论也基本一致（见表5–11）。上述结果说明无论企业所处的行业竞争程度如何，或者企业自身的成长性如何，资本结构的提升均在一定程度上对企业中普通职工工资的增长具有负面影响。导致这种负相关系的原因可能是企业通过允诺长期的工资增加而限制了短期内的工资增长（Hennessy and Livdan, 2009），或者是由于分工程度日趋细化过程中普通职工专用性资产的形成所难以回避的问题（Titman and Wessels, 1988）。

表5–10　　　　　　　　　　普通职工薪酬的两阶段回归

	全部样本			竞争性行业			垄断性行业		
	mlevp	amlevp	ablevp	mlevp	amlevp	ablevp	mlevp	amlevp	ablevp
	5（a）	5（b）	5（c）	5（d）	5（e）	5（f）	5（g）	5（h）	5（i）
杠杆率	−1.127 ***	−2.131 ***	−4.433 ***	−1.113 ***	0.966 *	−4.315 ***	−1.158 ***	−2.366 ***	−4.510 ***
	(0.066)	(0.139)	(0.081)	(0.227)	(0.565)	(0.338)	(0.071)	(0.145)	(0.084)
其他变量	Y	Y	Y	Y	Y	Y	Y	Y	Y
地域	Y	Y	Y	Y	Y	Y	Y	Y	Y
年份	Y	Y	Y	Y	Y	Y	Y	Y	Y

续表

	全部样本			竞争性行业			垄断性行业		
	mlevp	amlevp	ablevp	mlevp	amlevp	ablevp	mlevp	amlevp	ablevp
	5 (a)	5 (b)	5 (c)	5 (d)	5 (e)	5 (f)	5 (g)	5 (h)	5 (i)
行业	Y	Y	Y	Y	Y	Y	Y	Y	Y
常数	0.912 ***	0.277 *	-7.836 ***	3.843 ***	6.583 ***	-5.913 ***	0.307 **	-0.550 ***	-8.615 ***
	(0.118)	(0.160)	(0.203)	(0.437)	(0.724)	(0.934)	(0.129)	(0.171)	(0.214)
R-squared	0.267	0.266	0.271	0.278	0.277	0.281	0.268	0.267	0.273
N	378988	379276	379276	341035	341323	341323	37953	37953	37953

注：mlevp、amlevp、ablevp 分别代表第一阶段三种不同的资本结构度量方式的估计值，（a）、（b）和（c）分别代表了前述定义三种不同的高管普通职工薪酬差距。这里控制的其他变量主要包括公司财务、治理结构、宏观经济环境变量和所有制变量。具体而言，公司财务方面的指标主要包括市盈率、EBIT 与企业总资产比值、EBIT 与企业总资产比值的标准差以及企业股票市场价值测度的企业规模。公司治理结构包括资产负债率、董事长和总经理是否两职合一、管理层持股和独立董事比重，宏观经济环境则包括劳动楔子以及税收楔子。所有制变量主要包括央属国企和地属国企的虚拟变量。为了节省版面，这里仅汇报主要变量和统计指标的结果。* $p<0.1$，** $p<0.05$，*** $p<0.01$。

表 5 - 11　　　　　　　普通职工薪酬回归：按成长性划分：2SLS

	成长性好（>3）			成长性一般（1.8~3）			成长性差（<1.8）		
	mlevp	amlevp	ablevp	mlevp	amlevp	ablevp	mlevp	amlevp	ablevp
	6 (a)	6 (b)	6 (c)	6 (d)	6 (e)	6 (f)	6 (g)	6 (h)	6 (i)
杠杆率	-0.624 ***	-2.307 ***	-0.980 ***	-0.982 ***	-2.782 ***	-1.185 ***	-0.170 **	-1.569 ***	-0.637 ***
	(0.105)	(0.266)	(0.111)	(0.118)	(0.236)	(0.098)	(0.071)	(0.183)	(0.076)
其他变量	Y	Y	Y	Y	Y	Y	Y	Y	Y
地域	Y	Y	Y	Y	Y	Y	Y	Y	Y
年份	Y	Y	Y	Y	Y	Y	Y	Y	Y
行业	Y	Y	Y	Y	Y	Y	Y	Y	Y
常数	-3.619 ***	-5.664 ***	-5.419 ***	-3.885 ***	-4.503 ***	-4.222 ***	-4.660 ***	-5.730 ***	-5.492 ***
	(0.245)	(0.375)	(0.349)	(0.249)	(0.343)	(0.319)	(0.217)	(0.292)	(0.275)
R-squared	0.373	0.373	0.373	0.353	0.353	0.353	0.361	0.361	0.361
N	131277	131347	131347	153956	154090	154090	93755	93839	93839

注：mlevp、amlevp、ablevp 分别代表第一阶段三种不同的资本结构度量方式的估计值，（a）、（b）和（c）分别代表了前述定义三种不同的高管普通职工薪酬差距。这里控制的其他变量主要包括公司财务、治理结构、宏观经济环境变量和所有制变量。具体而言，公司财务方面的指标主要包企业股票市场价值测度的企业规模、人均营业收入和人均资产。公司治理结构包括资产负债率、董事长和总经理是否两职合一、管理层持股和独立董事比重，宏观经济环境则包括劳动楔子以及税收楔子。所有制变量主要包括央属国企和地属国企的虚拟变量。为了节省版面，这里仅汇报主要变量和统计指标的结果。*** $p<0.01$。

五、薪酬分配与代理成本间的策略性选择

由 Grossman 和 Hart（1982）等学者提出的委托代理成本假说指出，更高的资本结构能够将经理人置于外部债权人的约束下，通过分散监督主体在一定程度上降低企业的代理成本，从而提升企业价值（Jensen，1986；Ang et al.，2000）。Jensen（1986）指出，外部债权人对经理人的监督存在逐渐增加的趋势，从而有可能到达高于最优监督水平的状态。Ang et al.（2000）同时认为，虽然外部债权人可以通过财产所有权对经理人进行约束，但由于监督主体分散为内部和外部，在此过程中也会由于信息不对称产生一定的代理成本，这在一定程度上可以通过适当增加高管股票持有份额予以解决。即便如此，这种通过提高资本结构降低代理成本是存在临界值的，过高的资本结构反而会在一定程度上增加代理成本（Jensen and Meckling，1976；Titman，1984）。这种负面影响产生的主要原因在于企业破产风险的增加（Titman，1984）、高管低效率的使用企业资金（Jensen，1986）以及经理人缺少降低企业经营风险的动力或者通过转移风险而非消除风险对自身利益所可能带来的损害（Berger and Bonaccorsi，2005）。那么，企业是否会为了降低委托代理成本而选择特定的资本结构，从而恶化内部收入分配？将在此部分中对此问题进行分析。

（一）高管薪酬的扩展性定义

有效地测度高管的收入数量是准确判断高管与普通职工收入差距的重要前提之一。目前学者的研究主要从市场上薪酬设定的合理性来分析（方军雄等，2009），也有部分学者从道德风险和逆向选择的角度对上述问题进行分析（皮建才，2011；Sun，2014）。在上述研究过程中，产生了度量高管薪酬的多种方式，如直接使用会计报表中高管的年度报酬总额作为度量依据（方军雄等，2009，2011），或在此过程中考虑社会保障和股权激励的影响（黎文靖等，2012）。除了上述正常的高管收入之外，部分学者还从高管货币性私有收益的角度对高管薪酬进行度量和分析，具体包括研究高管操纵的货币化薪酬（权小锋，2010）、高管的在职消费等（陈冬华，2005；姜付秀，2011；梁上坤等，2014）以及高管的非预期性收入（辛清泉，2007；马连福等，2013）。上述学者提出度量高管收入的方式均在一定程度上反映了高管

收入市场性和非市场性的一面。为了较好的研究高管收入与普通职工收入间的差距问题，综合研究和判断这种差距对企业经济等层面的影响是较为合适的。因此，根据目前的研究成果，在此使用如下五种方式定义高管和普通职工的收入差距①。

第一，仅考虑包括现金薪酬在内的高管收入，这也是目前文献中广泛使用的定义方式之一（陈冬华，2005；陈信元，2009）。具体而言，使用高管中收入最高前三名的平均数额作为高管的薪酬，同时按照会计的一般方式对职工平均薪酬进行核算②。由此，得到高管与普通职工的薪酬差距度量指标 I（以下简称"差距 I"）。

第二，在薪酬差距中剥离社会保障所可能产生的影响，这和刘春等（2010）以及黎文靖等（2012）的处理方式是一致的③。由此，得到高管与普通职工的薪酬差距度量指标 II（以下简称"差距 II"）。

第三，在高管的收入中考虑股权激励所可能具有的影响。虽然部分学者指出我国上市公司中高管持股数量比例较低，但这与研究着当时所处的市场环境和政策背景具有密切联系。事实上，高管持股能够显著影响企业价值，通过为企业创造价值来提高自身收入（Morck et al.，1988；Baranchuk et al.，2014）。随着企业管权改革的推进，我国国有上市公司高管持股的比重在近年来都得到了较大的提升（苏冬蔚，2010），也由此产生了诸多通过上市产生的富人群体。在技术层面上，这里和黎文靖等（2012）的方式较为相似④，构建高管与普通职工的薪酬差距度量指标 III（以下简称"差距 III"）。

第四，将高管的超额薪酬纳入考虑范围。高管的超额薪酬也被称为未预期的经理薪酬，Fama（1980）认为高管薪酬超出平均值的部分就是高管个人能力的体现。部分学者已经从此角度研究了该收入对资本投资效率（辛清泉，2007）、薪酬外部公平性（吴联生等，2010）、企业绩效的滞后影响（方

---

① 为了控制物价变动的影响，根据省级层面的物价指数变动对相关收入进行了平减，然后再取对数进行分析。

② 具体而言，将现金流量表中"支付给职工以及为职工所支付的现金"减去高管薪酬总额，从而得到普通职工薪酬总额。然后通过职工人数总额减去高管人数总额，得到普通职工人数总额。通过普通职工薪酬总额除以普通职工人数，由此得到普通劳动者的平均薪酬。

③ 在技术层面上，按照刘春等（2010）以及黎文靖等（2012）的处理方式，将现金流量表中"支付给职工以及为职工所支付的现金"除以 1.56，作为剔除社会保障因素后的职工收入。

④ 和黎文靖等（2012）的研究类似，采用前三名高管是出数量与年末股价的乘积，作为股权激励条件下高管薪酬水平。

军雄, 2012) 以及与企业党组织治理之间 (马连福等, 2013) 的关联。在此参考吴联生等 (2010) 和马连福等 (2013) 的技术处理方式, 使用如下方程对高管超额薪酬进行估计:

$$\ln(comp_t) = \alpha_0 + \alpha_1 \times lev_t + \alpha_2 \times size_t + \alpha_3 \times roa_t + \alpha_4 \times roa_{t-1} + \alpha_5 \times dual_t$$
$$+ \alpha_6 \times bds_t + \alpha_7 \times soe_t + \alpha_8 \times con_t + \eta_{i,t} + \nu_{i,t} + \phi_{i,t} + \varepsilon_t \quad (5.9)$$

其中, $\ln(comp_t)$ 是高管薪酬的自然对数; 等式右边的变量依次是企业规模、资产负债率、ROA、董事长和总经理是否两职合一、董事人数、国有企业虚拟变量和管理层持股。将采用分行业和分年度的方式对等式 (5.9) 进行回归, 将回归残差作为高管的未预期薪酬。对超额薪酬进行估算后再定义高管与普通职工的薪酬差距度量指标Ⅳ (以下简称"差距Ⅳ")。

第五, 由于在职消费是高管的一种替代性薪酬 (陈信元, 2009), 尝试将高管在职消费货币化为高管自身的收入, 这能够在一定程度上将高管所获得的隐性福利显性化 (陈冬华等, 2005; Rajan and Wulf, 2006; 姜付秀等, 2011; 梁上坤等, 2014)。一般而言, 目前有两种主要处理在职消费的方法, 一种是根据公开的企业信息直接计算在职消费, 如陈冬华等 (2005) 和姜付秀等 (2011) 的研究就是按照此思路进行的。另一种方法是将在职消费视为与企业的部分财务指标存在关联, 从而通过方程估算出在职消费, 如权小锋等 (2010) 和张敏等 (2013)。为了克服年报数据披露中的诸多数据缺失问题, 对有相关数据披露的公司进行数据搜集, 采用八大类数据的加总作为在职消费的数据。对缺乏的数据按照权小锋等 (2010) 的方式进行估算。由此计算出高管与普通职工的薪酬差距度量指标Ⅴ (以下简称"差距Ⅴ")。

(二) 资本结构的策略性选择

企业的代理成本应该如何予以度量？Ang 等 (2000) 使用了两种代理成本的定义方式, 一是将直接代理成本定义为营业成本与销售额的比重, 二是将间接代理成本通过资产周转率来衡量代理效率。James 等 (2000) 也提出过两种类似的测度代理成本指标, 分别是销售管理费用率以及效率损失比率。前者的核心思想是从企业会计角度对代理成本进行核算, 更多关注的是在经营过程中代理人所可能产生的额外费用对总成本的影响。后者则是从企业运行的效率层面出发, 将是否包含代理人企业中的资产周转率之差作为代理效率。通过如下方程检验资本结构与代理成本之间变化的关系:

$$AC_{i,t} = \kappa_0 + \kappa_1 Lev_{i,t-1} + \kappa_3 X_{i,t-1} + \eta_{i,t} + \nu_{i,t} + \phi_{i,t} + \varepsilon_{i,t} \qquad (5.10)$$

其中，$AC_{i,t}$ 表示代理成本，在此分别使用销售费用与销售额的比重以及总资产周转率来度量代理成本。为了更好地对结论进行检验，还使用上一节中构建的高管在职消费数据同营业收入的比重，作为度量企业代理成本的第三个指标。分别使用三种不同的方式对总资产周转率进行定义，具体为营业收入与资产总额期末余额、（资产合计期末余额 + 资产合计期初余额）/2 以及（资产合计期末余额 + 资产合计上年期末余额）/2 的比重。$Lev_{i,t-1}$ 为资本结构或杠杆率；$X_{i,t-1}$ 为其他主要控制变量，包括公司财务、治理结构和宏观经济环境在内的变量。具体而言，公司财务方面的指标主要包企业股票市场价值测度的企业规模、市盈率和每股收益。公司治理结构包括资产负债率、董事长和总经理是否两职合一、管理层持股和独立董事比重。宏观经济环境则包括劳动楔子、税收楔子以及度量市场竞争程度的赫芬达尔指数（HHI）。

如果资本结构确实能够降低代理成本，那么，就会使销售费用占销售额比重出现一定程度上的降低，而加速总资产周转率。无论是央属国企还是地属国企，资本结构的提升能够显著降低代理成本，说明在国有企业中确实存在通过引入外部债权人监督从而降低企业的代理成本（见表 5 - 12）。但在私营企业中，已经较难通过此种方式降低企业的代理成本，甚至会在一定程度上增加代理成本。导致这种局面产生的原因，主要在于私营企业的融资渠道较为有限，资本结构的组成较为单一化，容易出现 Titman（1984）指出的资本结构超过了改善代理成本的临界值，从而导致资本结构反而会导致代理成本增加的负面影响。进一步按照企业的成长性和生产方式是否属于劳动密集型产业化分子样本进行研究，发现这种影响同样是存在的。考虑到在职消费对高管代理成本的影响，使用在职消费与营业收入的比重作为代理成本的指标检验结论，发现与此处也基本一致。

表 5 - 12　　　　　　　　　　　　**资本结构与企业代理成本**

| 样本范围 | 销售费用与销售额之比 | | | | | 总资产周转率 | | | | |
	模型设定	资本结构	其他控制变量	年份、地域、行业	R-squared	模型设定	资本结构	其他控制变量	年份、地域、行业	R-squared
全部样本	11（a）	0.425 ***	控制	控制	0.002	16（a）	0.266 ***	控制	控制	0.167
	11（b）	1.551 ***	控制	控制	0.002	16（b）	0.341 ***	控制	控制	0.234
	11（c）	0.232 ***	控制	控制	0.002	16（c）	0.354 ***	控制	控制	0.233

样本范围	销售费用与销售额之比					总资产周转率				
	模型设定	资本结构	其他控制变量	年份、地域、行业	R-squared	模型设定	资本结构	其他控制变量	年份、地域、行业	R-squared
国有企业	12 (a)	-0.039 ***	控制	控制	0.092	17 (a)	0.237 ***	控制	控制	0.284
	12 (b)	-0.053 ***	控制	控制	0.092	17 (b)	0.301 ***	控制	控制	0.292
	12 (c)	-0.029 ***	控制	控制	0.094	17 (c)	0.320 ***	控制	控制	0.286
央属国企	13 (a)	-0.011 ***	控制	控制	0.148	18 (a)	0.001	控制	控制	0.304
	13 (b)	-0.019 ***	控制	控制	0.149	18 (b)	0.057 ***	控制	控制	0.322
	13 (c)	-0.015 ***	控制	控制	0.152	18 (c)	0.063 ***	控制	控制	0.319
地属国企	14 (a)	-0.053 ***	控制	控制	0.092	19 (a)	0.360 ***	控制	控制	0.288
	14 (b)	-0.075 ***	控制	控制	0.093	19 (b)	0.433 ***	控制	控制	0.292
	14 (c)	-0.036 ***	控制	控制	0.093	19 (c)	0.458 ***	控制	控制	0.287
私营企业	15 (a)	2.239 ***	控制	控制	0.015	20 (a)	0.171 ***	控制	控制	0.074
	15 (b)	10.540 ***	控制	控制	0.019	20 (b)	0.289 ***	控制	控制	0.167
	15 (c)	1.085 ***	控制	控制	0.015	20 (c)	0.302 ***	控制	控制	0.162

注：这里的因变量是代理成本。销售费用与销售额之比表中每个样本范围中三行的杠杆率分别是 mlev、amlev 和 ablev。总资产周转率表中每个样本范围中三行的杠杆率分别均是 mlev，但总资产流动率测度指标的内涵不一致。从第一行到第三行，总资产流动率分别定义为营业收入与资产总额期末余额、（资产合计期末余额 + 资产合计期初余额）/2 以及（资产合计期末余额 + 资产合计上年期末余额）/2 的比重。在上述每一个回归中，都控制了包括公司财务、治理结构和宏观经济环境在内的变量。具体而言，公司财务方面的指标主要包企业股票市场价值测度的企业规模、市盈率和每股收益。公司治理结构包括资产负债率、董事长和总经理是否两职合一、管理层持股和独立董事比重。宏观经济环境则包括劳动楔子、税收楔子以及度量市场竞争程度的赫芬达尔指数（HHI）。和上述分析一样，在此也将资本结构的预测值进行二阶段回归，按照企业的成长性以及劳动密集型的子样本进行回归，结论与此基本一致。使用了高管在职消费与营业收入比重作为代理成本的指标，测度结果基本一致。为了节省版面，这里仅汇报主要变量和统计指标的结果。汇总备索。*** p < 0.01。

　　就总资产周转率而言，三类测度指标检验的结果基本一致（见表 5 – 12），均显示资本结构的提升有助于企业总资产周转率的增加。进一步将样本划分为国有企业、央属国企、地属国企和私营企业，发现这种积极影响基本都存在于每个子样本中。对企业成长性样本划分以及劳动密集型样本化的结果与此处也基本一致。联系销售费用占销售额比重的代理成本测度，可以判断资本结构对代理成本的影响存在较为显著的所有制差异，国有企业中这种影响机制是存在的，并且对企业成长具有较为正面的意义，但私营企业中仅仅对加速企业总资产周转率具有帮助，而并不能降低成本角度测度的代理成本。

　　之前的分析也指出，资本结构的提升会使高管与普通职工收入出现分化，这里的分析显示会在一定程度上降低企业内部的代理成本。此外，资本结构的提升还具有一定的税盾作用（tax shield effect）。因此，企业在生产经营过程中，具有足够的激励在一定程度上牺牲企业内部的分配公平来实现运营效率。换言之，企业会策略性地选择资本结构来最大化生产经营过程中的利益，企业内部职工薪酬分配仅仅是这种权衡过程中的一个方面。相对于企业的代理成本和税收负担而言，内部薪酬差距对职工生产率的影响在一定时期内是可控的（赵颖，2014）。

　　按照相同的方式定义资本结构的虚拟变量，并构建代理成本预测值与资本结构虚拟变量的交叉项，对上述结果进行检验。在全部样本和私营企业中，如果给定代理成本，资本结构越高越容易导致企业内部职工收入分配格局的恶化（见表5－13）。地属国企中的情形也是在给定代理成本的情形下，资本结构越高内部薪酬分化越严重。这种情形的出现说明地属国企在资本结构、代理成本和职工内部薪酬的方案选择方面更类似于私有企业而非国有企业。换言之，地属国企也会在一定程度上将资本结构作为代理成本和内部薪酬分化之间的策略性选择，从而实现企业成长。在企业生产经营过程中，降低代理成本往往是对企业发展有利的，而由此伴生的一个问题就是企业内部薪酬分配问题的恶化。在此意义上，通过资本结构降低代理内部职工薪酬分配格局的恶化。联系到资本结构本身对内部职工收入分化的影响，可以将前一种影响称为直接影响，而将策略性调整代理成本影响职工收入分配的影响称为间接影响。然而，在国有企业中，在资本结构给定的情况下，更高的代理成本才会导致内部薪酬差距的扩大。

表5－13　　　　　　　　资本结构、企业代理成本与薪酬分配

样本范围	模型设定	代理成本	代理成本×资本结构	常数	其他控制变量	年份、地域、行业	R-squared	N
全部样本	26（a）	-0.018***	0.018***	-0.344***	控制	控制	0.167	345301
	26（b）	-0.027***	0.028***	-0.529***	控制	控制	0.154	345301
	26（c）	-0.004***	0.004***	-0.238***	控制	控制	0.502	345260
	26（d）	0.009***	-0.008***	-0.335***	控制	控制	0.099	358249
	26（e）	-0.691***	0.699***	-42.654***	控制	控制	0.193	358041

续表

样本范围	模型设定	代理成本	代理成本 × 资本结构	常数	其他控制变量	年份、地域、行业	R-squared	N
国有企业	27（a）	-0.006 ***	0.060 ***	-0.294 ***	控制	控制	0.170	188533
	27（b）	-0.002	0.088 ***	-0.462 ***	控制	控制	0.162	188533
	27（c）	0.008 ***	-0.001	-0.045 ***	控制	控制	0.282	188521
	27（d）	0.025 ***	0.004	-0.267 ***	控制	控制	0.110	195971
	27（e）	-0.724 ***	8.274 ***	-49.110 ***	控制	控制	0.249	195791
央属国企	28（a）	0.081 ***	0.020	-0.250 ***	控制	控制	0.239	59882
	28（b）	0.140 ***	0.019 *	-0.394 ***	控制	控制	0.234	59882
	28（c）	0.033 ***	-0.016 ***	-0.033 ***	控制	控制	0.590	59870
	28（d）	0.198 ***	-0.067 ***	-0.253 ***	控制	控制	0.188	62155
	28（e）	-0.596	13.724 ***	-52.155 ***	控制	控制	0.401	62014
地属国企	29（a）	-0.025 ***	0.074 ***	-0.343 ***	控制	控制	0.172	128651
	29（b）	-0.033 ***	0.111 ***	-0.537 ***	控制	控制	0.162	128651
	29（c）	-0.002 **	0.009 ***	-0.046 ***	控制	控制	0.207	128651
	29（d）	-0.013 ***	0.033 ***	-0.315 ***	控制	控制	0.108	133816
	29（e）	-0.288	7.057 ***	-41.367 ***	控制	控制	0.175	133777
私营企业	30（a）	-0.015 ***	0.015 ***	-0.583 ***	控制	控制	0.197	125144
	30（b）	-0.024 ***	0.024 ***	-0.912 ***	控制	控制	0.177	125144
	30（c）	-0.011 ***	0.011 ***	-0.811 ***	控制	控制	0.517	125115
	30（d）	0.007 ***	-0.007 ***	-0.670 ***	控制	控制	0.137	128706
	30（e）	0.021	-0.014	-42.698 ***	控制	控制	0.207	128755

注：这里的（a）、（b）、（c）、（d）和（e）分别代表被解释变量为薪酬差距 I ~ V，资本结构则选用的是 mlev 的虚拟变量，高于企业－行业中位数的则定义为 1，交叉项是相应的资本结构与代理成本虚拟变量的乘积。代理成本采用的是预测值。为了进行稳健性测试，还定义了 amlev 和 ablev 的虚拟变量进行分析，结果与此处基本一致。为了节省版面，这里仅汇报主要变量和统计指标的结果。汇总备索。* p < 0.1，** p < 0.05，*** p < 0.01。

但在央属国企中，如果高管薪酬中包含股权激励和超额薪酬，那么，这种影响机制恰好是相反的。也即，在给定代理成本的情形下，资本结构越高内部收入差距反而可能越小。导致这局面产生的原因主要在于央属国企的经营方式和利润分配方式存在既定的特色，国有企业中劳动者的工资收入和奖金在一定时期内主要来源于利润留成，与劳动者的生产率和企业绩效关联较弱（Meng，2000）。而国有企业中福利最大化的目标使分配往往重于企业发展，即便国有企业在减员增效过程中，未下岗职工的工资仍得到了一定程度的提升（Appleton et al.，2005；白重恩等，2006）。这便在一定程度上导致了国有企业中存在弱化了通过资本结构调整代理成本和内部薪酬差距的取舍，反而出现了和私营企业以及地属国企相反的影响机制。

第二节 传导过程：薪酬激励方案与代理成本

长期以来，企业内部高管薪酬始终是理论和现实层面的重要问题之一（黎文靖等，2012；邢春冰等，2013；Baranchuk et al.，2014）。学者们一般认为，由于对控制权收益的追求（Fama，1980）、内部和外部的监管乏力（张军等，2004）以及替代性薪酬（Rajan and Wulf，2006；梁上坤等，2014）[1] 等因素的影响，企业高管薪酬[2]持续走高。此外，高管的自利行为容易导致企业代理成本上升（吴育辉，吴世农，2010）。由于信息不对称、道德风险的存在以及直接监督成本的高昂，为了克服这种代理成本上升的可能性，企业将资本结构和薪酬激励作为外部和内部对高管监督的措施，得到了诸多学者的认可（Jensen and Meckling，1976；Grossman and Hart，1982）。

那么形式日益多样的高管薪酬上升是否在一定程度上会影响企业的代理成本？一般而言，通过薪酬激励方式能够将高管个人利益与企业利益有效结合起来，从而在一定程度上实现降低代理成本，以及促进以企业发展为前提下高管收入的增加（Jensen and Meckling，1976）。但由于不同的薪酬激励计划对高管行为具有差异性的影响，特别是对高管的风险偏好影响层面上（Guay，1999；Core and Guay，2002）。如果薪酬激励计划中使高管过度偏好或者厌恶风险，都会在一定程度上使企业的发展面临危机，投资者不得不对这种情形进行预防，由此可能导致薪酬激励计划下代理成本的上

---

① 2014 年 3 月，广东省着手对国企高管的在职消费进行规范。

② 2012 年，副部级国企高管的薪酬达到 316.2 万 ~ 4680.5 万元，较 2011 年增加 9.9% ~ 14.56%。由于在职消费和高管权力等因素的影响，高管的隐性收入暂难以准确衡量。数据来源于中国香港《动向》杂志 2014 年 1 月。在全部上市公司中，高管薪酬在 2008 ~ 2012 年平均增长了 20%，其中金融类上市公司 2012 年的薪酬达到 232.95 万元，是非金融类公司高管的 3.85 倍，比全国城镇居民人均可支配收入高出 90 倍左右（高明华等，2013）。

升。部分学者的研究也指出高管薪酬与企业代理成本之间存在负向关系（徐向艺，2007）。那么高管薪酬激励方案的差异是否也会对企业代理成本具有影响？本节拟从上述问题为切入点，沿袭 Core 和 Guay（2002）的分析思路，就中国市场上企业中高管薪酬激励方案与代理成本之间的关系进行探讨。

一、理论基础与假说提出

在现代较为分散的委托代理关系中，由于信息不对称和道德风险的存在，企业实际控制人往往难以有效监督代理者的努力程度，由此导致企业高管存在掠夺企业利益达到自身目的的动机。并且由于监督成本相对较高，企业的实际控制人通常情况下难以也不愿提供最优的监督水平，为高管谋取私人利益创造了一定的外部条件。一般而言，企业会通过内部和外部的激励以及约束实现这种监督。外部监督主要是通过引入适当的资本结构来实现的。更高的资本结构能够将经理人置于外部债权人的约束下，通过分散监督主体从而在一定程度上降低企业的代理成本，从而提升企业价值（Grossman and Hart，1982；Jensen，1986；Ang et al.，2000）。因此，企业提高资本结构有助于从外部引入监督主体以及在内部转嫁代理成本，从而双向实现对经理人的有效监督。

而内部监督主要是通过薪酬激励方案的设计来实现的。股票和期权形式的高管薪酬已经成为一种较为普遍的现象（Murphy，1999）。一般而言，高管持股能够显著影响企业价值，通过为企业创造价值来提高自身收入（Baranchuk et al.，2014）。在此过程中，高管从企业中获得的财富与企业股票价格之间的联系日益紧密（Jensen and Murphy，1990），经理人与投资者之间的利益更好地结合在一起，从而在一定程度上降低了现代公司治理中的代理成本（Jensen and Meckling，1976）。

即便如此，薪酬激励中不同的方案设计会使高管具有不同的风险偏好，从而影响企业决策的制定与企业代理成本的高低。在此情况下，薪酬激励并不总会显著地降低企业中的代理成本（Coles et al.，2006）。国内部分学者指出，高管薪酬与企业代理成本之间存在负向关系（徐向艺，2007）。具体而言，薪酬激励使高管难以有效分散自身预期收入的风险，从而会倾向采用风险规避性的策略。而期权形式的收入则能够在一定程度上解决这种分散风险的问题①，能够在一定程度上减少高管对风险的厌恶程度，从而利于企业的长远发展。学者们普遍认为，应该合理地确定高管的薪酬激励方案，促使高管采取长期内利于企业发展的政策并降低代理成本（Jensen and Meckling，1976）。由此，提出假说5.4：

假说5.4：在给他其他外部条件下，更多的薪酬激励计划有助于降低企业代理成本。

为了估算不同类型薪酬激励所可能具有的影响，部分学者曾经使用不同形式的薪酬激励数量和薪酬激励价值等，上述指标在测量过程中实际上存在较大的误差（Core and Guay，2002）。为了更准确地测算这种影响，Core 和 Guay（2002）提出了两种不同的薪酬激励方案计算方式，分别是 Delta 指标和 Vega 指标②。第一种薪酬激励指标测度的是股票价格变动1%引致的 CEO 财富变化，也即 Delta 指标。第二种薪酬激励指标则是从企业年回报率波动一个标准差对 CEO 财富的影响，也即 Vega 指标。一般而言，更高的 Delta 指标会使高管面临更多的风险，从而通过采取风险厌恶型的策略减少对自身薪酬的潜在影响（Guay，1999）。相比之下，更高的 Vega 指标会促使高管更倾向有助于企业长期发展的政策，如增加研发投入等（Coles et al.，2006）。各企业中都具有不同的薪酬激励方案，从而企业决策中对风险的态度也是大相径庭的（Guay，1999）。由此，提出假说5.5：

假说5.5：薪酬激励的 Vega 指标和 Delta 指标对企业代理成本的变化具有非对称性，前者将有助于企业降低代理成本，而后者则可能会在一定程度上导致企业代理成本上升。

由于中国市场上的企业存在显著的所有制差异，由此产生了企业在资源配置方面能力的差异。企业内部的经营机制也随之产生了分化，私营企业的运营机制往往更接近市场的自由配置，而国有企业的企业运营则更多地带有行政干预的因素。那么不同薪酬激励方案对企业代理成本的影响也会存在较为显著的差异。由此，提出假说5.6：

假说5.6：所有制等政治层面的因素会使薪酬激励指标对代理成本的影响发生变化，但破产风险等经济层面的指标则不会产生这种潜在影响。

---

① 主要是通过为高管提供一种 convex payoffs（Coles et al.，2006）。
② Kini 和 Ryan（2012）指出，薪酬激励方案中基于业绩表现的 Delta 指标和基于风险激励的 Vega 指标，与基于晋升锦标赛中的激励是存在一定区别的。

二、研究设计及数据来源

为了检验上述假说,在此将主要介绍数据来源和相关指标的构建以及选取。

(一)数据来源

研究样本是沪深两市的上市公司,考察时间覆盖 1999~2012 年。对样本进行了如下筛选:(1)剔除金融行业和样本缺失的数据。(2)按照 2012 年不变价对收入类数据进行了平减。(3)对 1% 的极端值进行 Winsorize 处理。由此,一共获得 14 个年度 13374 个样本。数据来源于国泰安数据库以及色诺芬数据库。

(二)主要指标

1. 核心指标。

(1)薪酬激励的 Delta 指标和 Vega 指标。沿袭 Core 和 Guay(2002)的思路,按照 Merton(1973)修正的 Black-Scholes 公式,计算两种 CEO 薪酬激励。第一种薪酬激励指标测度的是股票价格变动 1% 引致的 CEO 财富变化,也即 Core 和 Guay(2002)定义的 Delta 指标。第二种薪酬激励指标则是从企业年回报率波动一个标准差对 CEO 财富的影响,也即 Core 和 Guay(2002)定义的 Vega 指标。具体的计算方式为:

$$Option\ Value = [\ Se^{-dT}N(Z) - Xe^{-rT}N(Z - \sigma T^{(1/2)})\ ] \tag{5.11}$$

其中,$Z = [\ln(S/X) + T(r - d + \sigma^2/2)]/[\sigma T^{(1/2)}]$;$S$ 是年末股权价格;X 是行权价格;σ 是年收益波动率;r 是无风险利率;d 是期望回报率;T 是股票剩余到期日。根据式(5.11),分别对股票价格和股票回报波动率求偏导,即可计算出高管薪酬激励的 Delta 指标和 Vega 指标。

(2)企业代理成本。企业的代理成本应该如何予以度量? Ang 等(2000)使用了两种代理成本的定义方式,一是将直接代理成本定义为营业成本与销售额的比重,二是将间接代理成本通过资产周转率来衡量代理效率。James 等(2000)也提出过两种类似的测度代理成本指标,分别是销售管理费用率以及效率损失比率。前者的核心思想是从企业会计角度对代理成本进行核算，更多关注的是在经营过程中代理人所可能产生的额外费用对总成本的影响。后者则是从企业运行的效率层面出发，将是否包含代理人企业中的资产周转率之差作为代理效率。因此，分别使用三种不同的方式对总资产周转率进行定义，具体为营业收入与资产总额期末余额、（资产合计期末余额 + 资产合计期初余额）/2 以及（资产合计期末余额 + 资产合计上年期末余额）/2 的比重。为了更好地对结论进行检验，还使用高管在职消费数据同营业收入的比重，作为度量企业代理成本的第四个指标。

2. 控制变量。所选取的控制变量包括高管薪酬水平、企业经济层面相关指标、企业属性层面相关指标以及宏观经济环境的度量四类。详细的定义见第三章第一节的指标选择部分，这里不再赘述。

三、薪酬激励对代理成本的影响

在此就 CEO 薪酬激励对企业代理成本的影响进行总体分析，并考虑所有制和破产风险差异下这种影响的区别。

（一）基本回归

借鉴 Kini 和 Ryan（2012）的思路，可以通过如下方程检验 CEO 薪酬激励对企业代理成本的影响：

$$AC_t = \alpha + \beta_1 CEOpay_{t-1} + \beta_2 Delta_{t-1} + \beta_3 Vega_{t-1} + \sum \beta_m Controls_{m,it-1}$$
$$+ \eta_{i,t-1} + \nu_{i,t-1} + \phi_{i,t-1} + \varepsilon_{i,t-1} \tag{5.12}$$

其中，等式左边是代理成本，等式右边则包含同群企业中滞后一期的高管薪酬、两类薪酬激励指标和主要控制变量。控制变量主要包括企业规模、杠杆率、市盈率、每股收益、企业所处的市场环境以及企业的所有制信息等。最后四项分别反映了时间效应、地域和产业效应以及误差项。在分析过程中同时考虑 Delta 指标和 Vega 指标的影响，已经逐渐成为目前此方面研究的共识（Core and Guay，2002；Kini and Ryan，2012）。

以价格为导向的高管薪酬激励指标会在一定程度上导致企业代理成本的上升，而以企业收益波动率为核心的薪酬激励指标则会在一定程度上减少企业的代理成本。事实上，无论是哪种薪酬激励指标，都会在一定程度上使高管采取风险偏好性的策略（Coles et al.，2006；Kini and Ryan，2012），从而在一定程度上扩大企业生产经营的风险。在薪酬激励计划下，高管的现金薪酬在一定程度上衡量了激励计划以外的收入水平，也在一定程度上反映了在企业内部收入的分散程度（Guay，1999）。分别控制五种形式的高管收入，发现结论差别较为有限。由于管理者的收益也是企业规模的增函数，大公司支付的薪酬水平往往也会更高（Baker and Hall，2004）。

资本结构对企业中企业代理成本具有正面影响，这和前述的研究结论是一致的（见表5-14）。因为企业提升资本结构引入外部监督者，在一定程度上说明了企业内部对高管监督水平的不足。在引入外部监督者的同时，会产生Jensen和Meckling（1976）指出的第二类代理成本，从而在一定程度上弱化这种措施的实际意义。此外，由于此处的资本结构主要度量指标是债务，如果企业的高管知道这种资本结构的提升对自身薪酬所可能具有的负面影响，那么，他们会谨慎地选择债务来源来尽量规避这种负面影响的产生。一般而言，如果企业高管为了减少来自外部的监督或者提升外部监督成本，那么，他们更倾向于选择公共融资而非银行融资。因为大众债券所有者即便想真正实现监督，由于主体分散和信息不对称等原因的存在，这种监督水平往往是低水平和无效率的，从而有利于高管实现形式上的监督和实质上的薪酬增加（Houston and James，1996）。资本结构与两权分离的交叉项系数显示，在两权分离一定的情况下，资本结构越高的企业中高管薪酬受到的抑制可能会更大。

表5-14 对企业代理成本的影响

	薪酬 I	薪酬 II	薪酬 III	薪酬 IV	薪酬 V
Delta	0.3334 ** (0.1508)	0.3311 ** (0.1508)	0.3289 ** (0.1508)	0.3169 ** (0.1524)	0.2802 * (0.1461)
Vega	-0.0020 *** (0.0007)	-0.0020 *** (0.0007)	-0.0020 *** (0.0007)	-0.0019 *** (0.0007)	-0.0017 *** (0.0006)
资本结构	0.3798 *** (0.0245)	0.3790 *** (0.0245)	0.3799 *** (0.0245)	0.3769 *** (0.0247)	-0.0096 (0.0261)
企业规模	0.0676 *** (0.0043)	0.0676 *** (0.0043)	0.0678 *** (0.0043)	0.0543 *** (0.0045)	-0.0626 *** (0.0055)
市盈率	-0.0003 *** (0.0001)	-0.0003 *** (0.0001)	-0.0003 *** (0.0001)	-0.0002 *** (0.0001)	-0.0001 *** (0.0001)

续表

	薪酬 I	薪酬 II	薪酬 III	薪酬 IV	薪酬 V
每股收益	0.0342 *** (0.0110)	0.0359 *** (0.0110)	0.0346 *** (0.0110)	0.0320 *** (0.0111)	0.0394 *** (0.0106)
高管年龄	0.0001 (0.0004)	0.0001 (0.0004)	0.0001 (0.0004)	0.0002 (0.0004)	0.0004 (0.0003)
任职年限	-0.0055 *** -0.0018	-0.0052 *** -0.0018	-0.0054 *** -0.0018	-0.0053 *** -0.0019	-0.0036 ** -0.0018
性别	-0.0052 -0.0082	-0.0045 -0.0082	-0.0048 -0.0082	-0.0069 -0.0082	-0.0004 -0.0079
其他控制变量	Y	Y	Y	Y	Y
行业	Y	Y	Y	Y	Y
地域	Y	Y	Y	Y	Y
年份	Y	Y	Y	Y	Y
R-squared	0.403	0.403	0.403	0.4	0.449
N	13374	13374	13374	13202	13202

注：这里控制的其他变量主要包括公司财务、治理结构、高管个人特质和宏观经济环境变量。具体而言，公司财务发面的指标主要包企业股票市场价值测度的企业规模、市盈率和每股收益。公司治理结构包括资产负债率、董事长和总经理是否两职合一、管理层持股和独立董事比重。高管个人特质包括高管年龄、任职年限和性别。宏观经济环境则包括劳动楔子、税收楔子以及度量市场竞争程度的赫芬达尔指数（HHI）。为了节省版面，这里仅汇报主要变量和统计指标的结果。也使用了 Change 模型对上述结论进行验证，并更换了代理成本的测度方式，结论均与此处基本类似。结果汇总备索。
* $p < 0.1$，** $p < 0.05$，*** $p < 0.01$。

（二）组别特征

上述的稳健性检验显示，企业内部的两权分离确实会对高管薪酬产生一定的抑制作用。那么在不同的所有制企业中，由于所有者代理者权力分散程度的较大差异，以及经营目标和经营机制上的显著区别，这种情形是否同样存在？在此按照企业的所有制形态，对国有企业和私营企业中这种影响机制进行分析。

1. 按所有制划分。按照企业所有制划分后，发现企业两类薪酬激励指标在国有企业内部中的影响与基本回归中的结论基本一致，但私营企业中薪酬激励的 Delta 指标也在一定程度上有助于降低企业代理成本（见表 5 – 15）。这种局面的出现，说明就对高管的薪酬激励而言，私营企业较国有企业显得更为有效，无论是哪种薪酬激励措施都能够在一定程度上控制企业的代理成本问题。在地属国有企业内部，两类薪酬激励指标对代理成本所具有影响的反差显著高于央属国企，这也在一定程度上反映了地属国企中相对更为低效的 CEO 薪酬激励。

表 5 – 15 　　　　　　　　　　所有制影响的差异

		Delta	Vega	资本结构	其他控制变量	行业、地域、年份	R-squared	N
国有企业	薪酬 I	2.0712 *** (0.3705)	– 0.0103 *** (0.0015)	0.4811 *** (0.0507)	Y	Y	0.635	2398
	薪酬 II	2.0246 *** (0.3703)	– 0.0100 *** (0.0015)	0.4750 *** (0.0505)	Y	Y	0.635	2398
	薪酬 III	2.0452 *** (0.3704)	– 0.0101 *** (0.0015)	0.4792 *** (0.0506)	Y	Y	0.635	2398
	薪酬 IV	2.0033 *** (0.3767)	– 0.0102 *** (0.0015)	0.4904 *** (0.0535)	Y	Y	0.635	2311
	薪酬 V	1.8718 *** (0.3283)	– 0.0059 *** (0.0013)	– 0.2294 *** (0.0534)	Y	Y	0.722	2311
央属国企	薪酬 I	0.8998 *** (0.1674)	– 0.0063 *** (0.0006)	– 0.5264 *** (0.0325)	Y	Y	0.95	1118
	薪酬 II	0.9104 *** (0.1673)	– 0.0064 *** (0.0006)	– 0.5398 *** (0.0328)	Y	Y	0.95	1118
	薪酬 III	0.8847 *** (0.1671)	– 0.0063 *** (0.0006)	– 0.5297 *** (0.0327)	Y	Y	0.95	1118
	薪酬 IV	0.9183 *** (0.1452)	– 0.0065 *** (0.0006)	– 0.2076 *** (0.0326)	Y	Y	0.963	1097
	薪酬 V	1.0572 *** (0.1560)	– 0.0053 *** (0.0006)	– 0.6485 *** (0.0321)	Y	Y	0.958	1097

续表

		Delta	Vega	资本结构	其他控制变量	行业、地域年份	R-squared	N
地属国企	薪酬 I	3.2656 *** (0.9567)	−0.0173 *** (0.0041)	0.4040 *** (0.0811)	Y	Y	0.681	1280
	薪酬 II	3.2036 *** (0.9492)	−0.0169 *** (0.0040)	0.3756 *** (0.0804)	Y	Y	0.686	1280
	薪酬 III	3.2848 *** (0.9549)	−0.0173 *** (0.0041)	0.4023 *** (0.0809)	Y	Y	0.682	1280
	薪酬 IV	3.9495 *** (0.9314)	−0.0201 *** (0.0039)	0.5984 *** (0.0830)	Y	Y	0.724	1214
	薪酬 V	4.7442 *** (0.7935)	−0.0156 *** (0.0033)	−0.5647 *** (0.0795)	Y	Y	0.799	1214
私营企业	薪酬 I	−0.0977 ** (0.0413)	−0.0111 *** (0.0036)	0.3744 *** (0.0282)	Y	Y	0.365	10951
	薪酬 II	−0.0968 ** (0.0413)	−0.0111 *** (0.0036)	0.3743 *** (0.0282)	Y	Y	0.365	10951
	薪酬 III	−0.0972 ** (0.0413)	−0.0111 *** (0.0036)	0.3744 *** (0.0282)	Y	Y	0.365	10951
	薪酬 IV	−0.0781 * (0.0413)	−0.0112 *** (0.0035)	0.3561 *** (0.0282)	Y	Y	0.365	10866
	薪酬 V	−0.0543 (0.0400)	−0.0134 *** (0.0034)	0.0155 (0.0298)	Y	Y	0.405	10866

注：这里控制的其他变量主要包括公司财务、治理结构、高管个人特质和宏观经济环境变量。具体而言，公司财务发面的指标主要包企业股票市场价值测度的企业规模、市盈率和每股收益。公司治理结构包括资产负债率、董事长和总经理是否两职合一、管理层持股和独立董事比重。高管个人特质包括高管年龄、任职年限和性别。宏观经济环境则包括劳动楔子、税收楔子以及度量市场竞争程度的赫芬达尔指数（HHI）。为了节省版面，这里仅汇报主要变量和统计指标的结果。也使用了 Change 模型对上述结论进行验证，并更换了代理成本的测度方式，结论均与此处基本类似。结果汇总备索。
* p < 0.1，** p < 0.05，*** p < 0.01。

2. 按破产风险划分。由于市场上的企业存在较为显著的成长潜力差异，那么高管的同群效应，是否具有某些企业成长性差异方面的影响？在此部分中，尝试纳入 Altman（1968）提出的 Z 指数进行分析（见表 5 - 16）。Z 指数的本义是对企业破产风险进行预测，在这里参考 Chemmanur 等（2013）对该指数的划分方式，类似的定义成长性好、成长性一般和成长性差的企业。具体而言，Z 指数通过如下方式进行构造：

$$Z = 1.2T_1 + 1.4T_2 + 3.3T_3 + 0.6T_4 + T_5 \qquad (5.13)$$

其中，T_1 是经常性净资产与总资产的比重；T_2 是留存收益与总资产的比重，T_3 是 EBIT 与总资产的比重；T_4 是企业股票市场价值与账面总负债的比重；T_5 是营业收入总额与总资产的比重。通过对上述五项的加权，从而构造出 Z 指数。Agrawal 和 David（2013）也使用该指数的修正形式[①]研究了企业资本结构与员工失业问题。

表 5-16　　　　　　　　　　破产风险不同影响的差异

		Delta	Vega	资本结构	其他控制变量	行业、地域、年份	R-squared	N
破产风险小	薪酬 I	0.9904 *** (0.1659)	-0.0029 *** (0.0007)	3.0889 *** (0.0636)	Y	Y	0.553	7071
	薪酬 II	0.9673 *** (0.1657)	-0.0028 *** (0.0007)	3.0901 *** (0.0635)	Y	Y	0.554	7071
	薪酬 III	0.9764 *** (0.1660)	-0.0029 *** (0.0007)	3.0871 *** (0.0636)	Y	Y	0.553	7071
	薪酬 IV	0.9013 *** (0.1677)	-0.0023 *** (0.0007)	3.1709 *** (0.0655)	Y	Y	0.547	6971
	薪酬 V	0.7832 *** (0.1599)	-0.0023 *** (0.0007)	2.2875 *** (0.0709)	Y	Y	0.588	6971
破产风险大	薪酬 I	3.8041 *** (0.9732)	-0.0247 *** (0.0047)	0.5103 *** (0.0302)	Y	Y	0.759	1292
	薪酬 II	3.8278 *** (0.9716)	-0.0249 *** (0.0047)	0.5123 *** (0.0301)	Y	Y	0.76	1292
	薪酬 III	3.8477 *** (0.9725)	-0.0250 *** (0.0047)	0.5138 *** (0.0302)	Y	Y	0.76	1292

---

① 在他的分析中，主要是舍弃了 T_4，其余四项的权重不变。

续表

		Delta	Vega	资本结构	其他控制变量	行业、地域、年份	R-squared	N
破产风险大	薪酬Ⅳ	4.5991 *** (0.9983)	−0.0284 *** (0.0048)	0.5392 *** (0.0313)	Y	Y	0.761	1292
	薪酬Ⅴ	3.4705 *** (0.9569)	−0.0229 *** (0.0046)	0.5265 *** (0.0297)	Y	Y	0.768	1292

注：这里控制的其他变量主要包括公司财务、治理结构、高管个人特质和宏观经济环境变量。具体而言，公司财务发面的指标主要包企业股票市场价值测度的企业规模、市盈率和每股收益。公司治理结构包括资产负债率、董事长和总经理是否两职合一、管理层持股和独立董事比重。高管个人特质包括高管年龄、任职年限和性别。宏观经济环境则包括劳动楔子、税收楔子以及度量市场竞争程度的赫芬达尔指数（HHI）。为了节省版面，这里仅汇报主要变量和统计指标的结果。也使用了 Change 模型对上述结论进行验证，并更换了代理成本的测度方式，结论均与此处基本类似。结果汇总备索。*p<0.1，**p<0.05，***p<0.01。

　　无论企业的破产风险如何，如果不区分所有制，那么，两类高管对企业代理成本的影响和基本回归中基本一致（见表 5-16）。这个解说说明，如果从纯经济层面而非是从政治层面寻找原因，那么 CEO 薪酬激励在市场上的诸多企业中所可能具有的影响并不会具有显著的差别。

四、稳健性检验及传导机制

　　以下内容就 CEO 薪酬激励对代理成本的影响进行了初步的分析，但其中存在的内生性和遗漏等问题使结论的稳健性一定的风险。在此部分中，将着力克服这种潜在风险对结论的影响。具体而言，主要从三个方面进行稳健性分析：首先，将使用薪酬激励的工具变量，以初步克服内生性的问题。其次，将考虑使用地域年份和行业年份的交互项在一定程度上解决遗漏变量的问题。再次，还将考虑影响本文结论的其他因素，包括企业风险和现金流权分散程度，与薪酬激励的交互项，从而减少遗漏变量对结论的影响。至于样本变更对结论的影响，已经在第三部分中的组别特征中从企业所有制和破产风险两个角度进行过研究，此处不再赘述。上述稳健性检验的过程中，既使用了 Level 模型进行分析，又考虑了 Change 模型中可能具有的影响。在稳健性分析的基础之上，最后根据现有文献的技术处理方法，对 CEO 薪酬激励对代理成本的影响机制进行分析。

（一） 遗漏变量

在接下来的部分中采取四种方式在一定程度上克服这种内生性，分别是控制 CEO 同时影响这两个变量、工具变量、控制部分变量所可能具有的时间特征以及考虑其他可能遗漏因素的影响。在上一小节是否仍存在某些方面的不足而难以有效克服潜在的内生性问题？在此部分中，将采用工具变量方法对上述结论进行检验。

在上述两种稳健型的检验方式中，都假定了区域和行业中两权分离是相对稳定的，这就使容易出现两个遗漏变量方面问题：首先是区域或者行业内发生的变化难以有效地传导至企业层面，其次是这两个变量对企业内 CEO 薪酬激励和代理成本同时所具有的影响。为此，引入区域和年份的交互项以及行业与年份的交互项来克服上述问题（见表 5 – 17）。

表 5 – 17　　　　　　　　　　　考虑遗漏变量

	地域×年份					行业×年份				
	薪酬Ⅰ	薪酬Ⅱ	薪酬Ⅲ	薪酬Ⅳ	薪酬Ⅴ	薪酬Ⅰ	薪酬Ⅱ	薪酬Ⅲ	薪酬Ⅳ	薪酬Ⅴ
Delta	0.2905 * (0.1511)	0.2872 * (0.1511)	0.2859 * (0.1511)	0.2837 * (0.1526)	0.2452 * (0.1462)	0.3954 *** (0.1496)	0.3948 *** (0.1496)	0.3913 *** (0.1496)	0.3788 ** (0.1511)	0.3158 ** (0.1451)
Vega	−0.0019 *** (0.0007)	−0.0018 *** (0.0007)	−0.0018 *** (0.0007)	−0.0018 *** (0.0007)	−0.0015 ** (0.0006)	−0.0022 *** (0.0007)	−0.0022 *** (0.0007)	−0.0022 *** (0.0007)	−0.0020 *** (0.0007)	−0.0017 *** (0.0006)
资本结构	0.3762 *** (0.0247)	0.3754 *** (0.0247)	0.3763 *** (0.0247)	0.3699 *** (0.0249)	−0.0182 (0.0263)	0.3937 *** (0.0243)	0.3925 *** (0.0243)	0.3936 *** (0.0243)	0.3872 *** (0.0244)	0.0171 (0.0258)
企业规模	0.0692 *** (0.0044)	0.0693 *** (0.0044)	0.0694 *** (0.0044)	0.0561 *** (0.0046)	−0.0629 *** (0.0056)	0.0668 *** (0.0042)	0.0665 *** (0.0042)	0.0669 *** (0.0043)	0.0542 *** (0.0044)	−0.0595 *** (0.0054)
市盈率	−0.0003 *** (0.0001)	−0.0003 *** (0.0001)	−0.0003 *** (0.0001)	−0.0002 *** (0.0001)	−0.0001 *** (0.0001)	−0.0003 *** (0.0001)	−0.0003 *** (0.0001)	−0.0003 *** (0.0001)	−0.0003 *** (0.0001)	−0.0002 *** (0.0001)
每股收益	0.0324 *** (0.0110)	0.0340 *** (0.0110)	0.0328 *** (0.0110)	0.0292 *** (0.0112)	0.0361 *** (0.0107)	0.0237 ** (0.0108)	0.0254 ** (0.0108)	0.0243 ** (0.0108)	0.0216 ** (0.0109)	0.0314 *** (0.0105)
高管年龄	0.0002 (0.0004)	0.0002 (0.0004)	0.0002 (0.0004)	0.0003 (0.0004)	0.0004 (0.0003)	0.0001 (0.0003)	0.0001 (0.0003)	0.0001 (0.0003)	0.0001 (0.0003)	0.0003 (0.0003)
任职年限	−0.0054 *** (0.0018)	−0.0051 *** (0.0019)	−0.0053 *** (0.0019)	−0.0049 ** (0.0019)	−0.0033 * (0.0018)	−0.0053 *** (0.0018)	−0.0051 *** (0.0018)	−0.0052 *** (0.0018)	−0.0045 ** (0.0019)	−0.0031 * (0.0018)
性别	−0.0058 (0.0082)	−0.0051 (0.0082)	−0.0055 (0.0082)	−0.0077 (0.0082)	−0.0012 (0.0078)	−0.0053 (0.0080)	−0.0051 (0.0080)	−0.0049 (0.0080)	−0.0072 (0.0080)	−0.0009 (0.0077)

续表

	地域＊年份					行业＊年份				
	薪酬Ⅰ	薪酬Ⅱ	薪酬Ⅲ	薪酬Ⅳ	薪酬Ⅴ	薪酬Ⅰ	薪酬Ⅱ	薪酬Ⅲ	薪酬Ⅳ	薪酬Ⅴ
其他控制变量	Y	Y	Y	Y	Y	Y	Y	Y	Y	Y
行业	Y	Y	Y	Y	Y					
地域						Y	Y	Y	Y	Y
地域×年份	Y	Y	Y	Y	Y					
行业×年份						Y	Y	Y	Y	Y
R-squared	0.405	0.405	0.405	0.402	0.451	0.425	0.425	0.425	0.423	0.468
N	13374	13374	13374	13202	13202	13374	13374	13374	13202	13202

注：这里控制的其他变量主要包括公司财务、治理结构、高管个人特质和宏观经济环境变量。具体而言，公司财务发面的指标主要包企业股票市场价值测度的企业规模、市盈率和每股收益。公司治理结构包括资产负债率、董事长和总经理是否两职合一、管理层持股和独立董事比重。高管个人特质包括高管年龄、任职年限和性别。宏观经济环境则包括劳动楔子、税收楔子以及度量市场竞争程度的赫芬达尔指数（HHI）。为了节省版面，这里仅汇报主要变量和统计指标的结果。也使用了 Change 模型对上述结论进行验证，并更换了代理成本的测度方式，结论均与此处基本类似。结果汇总备索。$*p<0.1$，$**p<0.05$，$***p<0.01$。

（二）工具变量

一般而言，企业的制度安排往往受行业中其他企业以及行业总体的影响，因此，可以将行业内两类薪酬激励的水平作为估算企业内部两类薪酬激励水平的指标之一（Laeven and Levine，2009）。

在使用工具变量分析的结果中，发现两类薪酬激励指标对代理成本的影响和基本回归中的影响是一致的（见表 5 - 18）。虽然工具变量不能完全消除这种内生性对结论的影响，但可以认为结论较大程度上是稳健的。

表 5 - 18　　　　　　　　　对企业代理成本的影响：Ⅳ

	薪酬Ⅰ	薪酬Ⅱ	薪酬Ⅲ	薪酬Ⅳ	薪酬Ⅴ
Delta	0.0764 *** (0.0074)	0.0763 *** (0.0074)	0.0766 *** (0.0074)	0.0808 *** (0.0075)	0.0782 *** (0.0070)
Vega	-0.0518 *** (0.0064)	-0.0514 *** (0.0064)	-0.0518 *** (0.0064)	-0.0540 *** (0.0065)	-0.0575 *** (0.0061)

续表

	薪酬 I	薪酬 II	薪酬 III	薪酬 IV	薪酬 V
资本结构	0.3808 ***	0.3801 ***	0.3805 ***	0.3839 ***	-0.0951 ***
	(0.0279)	(0.0279)	(0.0279)	(0.0281)	(0.0292)
企业规模	0.0330 ***	0.0330 ***	0.0332 ***	0.0265 ***	-0.1113 ***
	(0.0047)	(0.0047)	(0.0047)	(0.0050)	(0.0058)
市盈率	0.0000	0.0000	0.0000	0.0000	0.0001 ***
	(0.0001)	(0.0001)	(0.0001)	(0.0001)	(0.0001)
每股收益	0.0155	0.0166	0.0159	0.0138	0.0204 **
	(0.0108)	(0.0108)	(0.0108)	(0.0110)	(0.0103)
高管年龄	0.0005	0.0005	0.0005	0.0005	0.0007 **
	(0.0004)	(0.0004)	(0.0004)	(0.0004)	(0.0004)
任职年限	-0.0048 **	-0.0046 **	-0.0046 **	-0.0049 **	-0.003
	(0.0020)	(0.0020)	(0.0020)	(0.0020)	(0.0019)
性别	-0.0125	-0.0122	-0.0121	-0.0131	-0.0054
	(0.0088)	(0.0088)	(0.0088)	(0.0089)	(0.0083)
其他控制变量	Y	Y	Y	Y	Y
行业	Y	Y	Y	Y	Y
地域	Y	Y	Y	Y	Y
年份	Y	Y	Y	Y	Y
R-squared	0.415	0.415	0.415	0.415	0.485
N	10690	10690	10690	10562	10562

注：这里控制的其他变量主要包括公司财务、治理结构、高管个人特质和宏观经济环境变量。具体而言，公司财务发面的指标主要包企业股票市场价值测度的企业规模、市盈率和每股收益。公司治理结构包括资产负债率、董事长和总经理是否两职合一、管理层持股和独立董事比重。高管个人特质包括高管年龄、任职年限和性别。宏观经济环境则包括劳动楔子、税收楔子以及度量市场竞争程度的赫芬达尔指数（HHI）。为了节省版面，这里仅汇报主要变量和统计指标的结果。也使用了 Change 模型对上述结论进行验证，并更换了代理成本的测度方式，结论均与此处基本类似。结果汇总备索。** p<0.05，*** p<0.01。

（三）交互项的影响

较之变量水平形式而言，遗漏变量与交叉项的关联较弱，因此成为克服内生性的解决方案之一（Claessens and Laeven，2003；Raddatz，2006）。在此思路下，进一步检验结论的稳健性。主要考虑如下两个因素：企业风险和控制权的分散程度。

1. 企业风险。由于两类薪酬激励指标都会在一定程度上使高管更倾向于具有风向的策略（Coles et al., 2006; Kini and Ryan, 2012），那么，在既定的风险水平下这两类激励指标对企业代理成本具有何种影响？在此将纳入企业风险与薪酬激励的交互项进行检验。

首先引入风险的度量方式。基于目前的研究成果（John et al., 2008; Faccio et al., 2011），从如下四个方面对企业利润获得方面风险的内涵进行定义：

$$Risk1 = \sqrt{\frac{1}{T-1}\sum_{t=1}^{T}\left(E_{i,t} - \frac{1}{T}\sum_{t=1}^{T}E_{i,t}\right)^2}, \quad T = 4 \qquad (5.14)$$

$$Risk2 = \max(E_{i,t}) - \min(E_{i,t}) \qquad (5.15)$$

$$Risk3 = \sqrt{\frac{1}{T-1}\sum_{t=1}^{T}\left(E_{i,c,t} - \frac{1}{T}\sum_{t=1}^{T}E_{i,c,t}\right)^2}, \quad T = 4 \qquad (5.16)$$

$$Risk4 = \sqrt{\frac{1}{T-1}\sum_{t=1}^{T}\left(E_{i,t} - \frac{1}{T}\sum_{t=1}^{T}E_{i,t}\right)^2}, \quad T = 4 \qquad (5.17)$$

式（5.14）和式（5.15）中 $Risk1$ 和 $Risk2$ 中的 $E_{i,t}$ 分别代表息税前利润与总资产的比重；式（5.16）中，$Risk3$ 中的 $E_{i,t}$ 则定义企业的息税前利润与行业均值的差异；式（5.17）中，$Risk4$ 中的 $E_{i,t}$ 则是息税前利润与销售额的比重。第一种和第四种风险指标衡量的是企业收入层面的风险，第二和第三种则主要是从风险偏好的角度进行刻画。第一种、第三种和第四种风险测度指标实际上是计算企业与行业相关变量的四年移动平均值。

在表 5－19 中，发现两类薪酬激励指标以及资本结构等对代理成本的影响与前述结论基本一致。企业风险的存在显著提升了企业内部的代理成本，这主要是因为不确定性的存在可能在一定程度上会增加企业内部高管的逆向选择和道德风险问题，导致监督成本增加，从而使最终增加代理成本。在企业风险一定的情况下，两类激励指标都能在一定程度上帮助企业减少这种潜在代理成本增加的可能性。

表 5－19　　　　　　　　　　　企业风险的影响

	交互项：Delta × 企业风险					交互项：Vega × 企业风险				
	薪酬 I	薪酬 II	薪酬 III	薪酬 IV	薪酬 V	薪酬 I	薪酬 II	薪酬 III	薪酬 IV	薪酬 V
Delta	1.2019 ***	1.1909 ***	1.1979 ***	1.1248 ***	1.0560 ***	0.8404 ***	0.8318 ***	0.8372 ***	0.7600 ***	0.6987 ***
	(0.1645)	(0.1644)	(0.1646)	(0.1653)	(0.1572)	(0.1592)	(0.1591)	(0.1592)	(0.1601)	(0.1523)

	交互项：Delta×企业风险					交互项：Vega×企业风险				
	薪酬I	薪酬II	薪酬III	薪酬IV	薪酬V	薪酬I	薪酬II	薪酬III	薪酬IV	薪酬V
Vega	−0.0043***	−0.0042***	−0.0042***	−0.0038***	−0.0034***	−0.0026***	−0.0026***	−0.0026***	−0.0022***	−0.0018***
	(0.0007)	(0.0007)	(0.0007)	(0.0007)	(0.0007)	(0.0007)	(0.0007)	(0.0007)	(0.0007)	(0.0007)
企业风险	1.9884***	1.9808***	1.9840***	1.9474***	2.0112***	2.0273***	2.0192***	2.0229***	2.0027***	2.0195***
	(0.1482)	(0.1481)	(0.1482)	(0.1483)	(0.1406)	(0.1475)	(0.1474)	(0.1475)	(0.1475)	(0.1401)
交叉项	−5.3770***	−5.3407***	−5.3669***	−5.3831***	−5.2477***	−0.0244***	−0.0243***	−0.0244***	−0.0248***	−0.0232***
	(0.5398)	(0.5395)	(0.5398)	(0.5409)	(0.5132)	(0.0023)	(0.0023)	(0.0023)	(0.0023)	(0.0022)
资本结构	0.3249***	0.3250***	0.3248***	0.3199***	−0.1163***	0.3253***	0.3254***	0.3252***	0.3206***	−0.1150***
	(0.0263)	(0.0263)	(0.0263)	(0.0265)	(0.0275)	(0.0263)	(0.0263)	(0.0263)	(0.0264)	(0.0275)
企业规模	0.0399***	0.0407***	0.0401***	0.0231***	−0.1028***	0.0402***	0.0410***	0.0404***	0.0234***	−0.1019***
	(0.0045)	(0.0045)	(0.0045)	(0.0046)	(0.0055)	(0.0045)	(0.0045)	(0.0045)	(0.0046)	(0.0055)
市盈率	−0.0002***	−0.0002***	−0.0002***	−0.0001**	0.0000	−0.0002***	−0.0002***	−0.0002***	−0.0001**	0.0000
	(0.0001)	(0.0001)	(0.0001)	(0.0001)	(0.0001)	(0.0001)	(0.0001)	(0.0001)	(0.0001)	(0.0001)
每股收益	0.0094	0.0114	0.0098	0.0067	0.004	0.0088	0.0107	0.0092	0.0059	0.003
	(0.0126)	(0.0125)	(0.0126)	(0.0126)	(0.0120)	(0.0125)	(0.0125)	(0.0125)	(0.0126)	(0.0120)
高管年龄	−0.0003	−0.0003	−0.0003	−0.0002	0.0000	−0.0003	−0.0003	−0.0003	−0.0002	0.0000
	(0.0004)	(0.0004)	(0.0004)	(0.0004)	(0.0004)	(0.0004)	(0.0004)	(0.0004)	(0.0004)	(0.0004)
任职年限	−0.0076***	−0.0072***	−0.0076***	−0.0088***	−0.0088***	−0.0076***	−0.0071***	−0.0075***	−0.0087***	−0.0087***
	(0.0019)	(0.0019)	(0.0019)	(0.0019)	(0.0018)	(0.0019)	(0.0019)	(0.0019)	(0.0019)	(0.0018)
性别	0.0065	0.008	0.0067	0.004	0.0122	0.0066	0.0081	0.0069	0.0042	0.0123
	(0.0086)	(0.0086)	(0.0086)	(0.0086)	(0.0082)	(0.0086)	(0.0086)	(0.0086)	(0.0086)	(0.0082)
其他控制变量	Y	Y	Y	Y	Y	Y	Y	Y	Y	Y
行业	Y	Y	Y	Y	Y	Y	Y	Y	Y	Y
地域	Y	Y	Y	Y	Y	Y	Y	Y	Y	Y
年份	Y	Y	Y	Y	Y	Y	Y	Y	Y	Y
R-squared	0.331	0.332	0.331	0.335	0.399	0.332	0.333	0.332	0.335	0.399
N	13374	13374	13374	13202	13202	13374	13374	13374	13202	13202

注：这里控制的其他变量主要包括公司财务、治理结构、高管个人特质和宏观经济环境变量。具体而言，公司财务发面的指标主要包企业股票市场价值测度的企业规模、市盈率和每股收益。公司治理结构包括资产负债率、董事长和总经理是否两职合一、管理层持股和独立董事比重。高管个人特质包括高管年龄、任职年限和性别。宏观经济环境则包括劳动楔子、税收楔子以及度量市场竞争程度的赫芬达尔指数（HHI）。为了节省版面，这里仅汇报主要变量和统计指标的结果。也使用了 Change 模型对上述结论进行验证，并更换了代理成本的测度方式，结论均与此处基本类似。结果汇总备索。** $p < 0.05$，*** $p < 0.01$。

2. 两权分离

在诸多国家的企业中，由于采用了金字塔式的所有制结构以及多种控制链等方式导致委托代理制的出现，控制权和现金流权之间经常存在一定的偏离（La Porta et al.，1999；Bebchuk et al.，2000；Claessens et al.，2000；Laeven and Levine，2008；Chen et al.，2011）。就两权分离对高管的影响而言，实际控制人的控制权过大容易导致对代理人的有效监督不足，高管的控制权过大容易使高管产生以公谋私的动机[1]（Johnson et al.，2000）。而实际控制人的现金流权过小难以让高管做出对企业负责任的投资决策行为，进而不利于企业发展（Shleifer and Vishny，1997；Johnson et al.，2000）。在此意义上，控制权和现金流权在一定程度上反映了企业内部对高管监督主体的分散程度和监督方式的有效性问题。由此便产生了控制权和现金流权在配置过程中对企业代理者的激励和监督问题，在诸多委托代理的相关研究领域中，高管薪酬的决定及其变化便是其中值得关注的问题之一。

Jensen 和 Meckling（1976）曾指出，现代企业的代理成本主要包括公司内部和外部两类。具体而言，一是企业内部所有者和代理者之间产生的成本，二是股票持有者和债权人之间所可能产生的成本。在这两类成本中，现金流控制权的分布差异将会使代理成本存在上升的趋势。根据 Chen 等（2013）的思路，将企业内部两权分离定义为企业实际控制人的控制权和现金流权之间的差异。现金流权是按照实际控制人控股的链式法则计算得出，而控制权则是根据控制链中最低比重予以确定的。

两权分离程度越高，企业的代理成本也会相对越高（见表5-20）。如果实际控制人的控制权和现金流权之间的差异过大，那么还会引发股东与代理者之间较高的代理成本问题（Shleifer and Vishny，1997；Gu et al.，2010），同时由于潜在隧道效应的存在激化和其他投资者之间的矛盾。

表5-20　　　　　　　　　　　　　两权分离的影响

	交互项：Delta×两权分离					交互项：Vega×两权分离				
	薪酬Ⅰ	薪酬Ⅱ	薪酬Ⅲ	薪酬Ⅳ	薪酬Ⅴ	薪酬Ⅰ	薪酬Ⅱ	薪酬Ⅲ	薪酬Ⅳ	薪酬Ⅴ
Delta	1.2271*** (0.1690)	1.2214*** (0.1689)	1.2249*** (0.1690)	1.1819*** (0.1696)	0.9114*** (0.1616)	0.9326*** (0.1614)	0.9255*** (0.1613)	0.9301*** (0.1614)	0.8721*** (0.1622)	0.7250*** (0.1545)

[1] 此即隧道效应（tunneling effect）。主要的方式包括非效率投资和其他形式的利益输送。

续表

	交互项：Delta×两权分离					交互项：Vega×两权分离				
	薪酬 I	薪酬 II	薪酬 III	薪酬 IV	薪酬 V	薪酬 I	薪酬 II	薪酬 III	薪酬 IV	薪酬 V
Vega	−0.0044***	−0.0043***	−0.0043***	−0.0040***	−0.0034***	−0.0032***	−0.0031***	−0.0032***	−0.0028***	−0.0026***
	(0.0007)	(0.0007)	(0.0007)	(0.0007)	(0.0007)	(0.0007)	(0.0007)	(0.0007)	(0.0007)	(0.0007)
两权分离	0.4069***	0.3976***	0.4047***	0.4016***	0.3791***	0.3865***	0.3771***	0.3843***	0.3817***	0.3672***
	(0.0418)	(0.0419)	(0.0419)	(0.0418)	(0.0398)	(0.0414)	(0.0414)	(0.0414)	(0.0414)	(0.0393)
交叉项	−2.1537***	−2.1636***	−2.1561***	−2.2538***	−1.3553***	−0.0089***	−0.0089***	−0.0089***	−0.0094***	−0.0056***
	(0.2380)	(0.2377)	(0.2379)	(0.2375)	(0.2275)	(0.0010)	(0.0010)	(0.0010)	(0.0010)	(0.0010)
资本结构	0.2878***	0.2873***	0.2876***	0.2831***	−0.1578***	0.2873***	0.2868***	0.2871***	0.2828***	−0.1587***
	(0.0259)	(0.0258)	(0.0259)	(0.0259)	(0.0272)	(0.0259)	(0.0258)	(0.0259)	(0.0259)	(0.0272)
企业规模	0.0498***	0.0505***	0.0499***	0.0324***	−0.0912***	0.0498***	0.0505***	0.0500***	0.0324***	−0.0914***
	(0.0045)	(0.0045)	(0.0045)	(0.0046)	(0.0055)	(0.0045)	(0.0045)	(0.0045)	(0.0046)	(0.0055)
市盈率	−0.0003***	−0.0004***	−0.0003***	−0.0003***	−0.0002***	−0.0003***	−0.0004***	−0.0003***	−0.0003***	−0.0002***
	(0.0001)	(0.0001)	(0.0001)	(0.0001)	(0.0001)	(0.0001)	(0.0001)	(0.0001)	(0.0001)	(0.0001)
每股收益	0.0342***	0.0364***	0.0345***	0.0286**	0.0317***	0.0359***	0.0381***	0.0362***	0.0302***	0.0327***
	(0.0116)	(0.0116)	(0.0116)	(0.0117)	(0.0111)	(0.0116)	(0.0116)	(0.0116)	(0.0117)	(0.0111)
高管年龄	−0.0002	−0.0003	−0.0002	−0.0002	0.0001	−0.0002	−0.0003	−0.0002	−0.0002	0.0001
	(0.0004)	(0.0004)	(0.0004)	(0.0004)	(0.0004)	(0.0004)	(0.0004)	(0.0004)	(0.0004)	(0.0004)
任职年限	−0.0054***	−0.0049***	−0.0053***	−0.0063***	−0.0065***	−0.0053***	−0.0049***	−0.0053***	−0.0063***	−0.0065***
	(0.0019)	(0.0019)	(0.0019)	(0.0019)	(0.0018)	(0.0019)	(0.0019)	(0.0019)	(0.0019)	(0.0018)
性别	0.0035	0.0051	0.0038	0.0012	0.0087	0.0031	0.0047	0.0034	0.0008	0.0085
	(0.0087)	(0.0087)	(0.0087)	(0.0086)	(0.0082)	(0.0087)	(0.0087)	(0.0087)	(0.0087)	(0.0082)
其他控制变量	Y	Y	Y	Y	Y	Y	Y	Y	Y	Y
行业	Y	Y	Y	Y	Y	Y	Y	Y	Y	Y
地域	Y	Y	Y	Y	Y	Y	Y	Y	Y	Y
年份	Y	Y	Y	Y	Y	Y	Y	Y	Y	Y
R-squared	0.328	0.328	0.328	0.332	0.394	0.327	0.328	0.327	0.331	0.394
N	13374	13374	13374	13202	13202	13374	13374	13374	13202	13202

注：这里控制的其他变量主要包括公司财务、治理结构、高管个人特质和宏观经济环境变量。具体而言，公司财务发面的指标主要包企业股票市场价值测度的企业规模、市盈率和每股收益。公司治理结构包括资产负债率、董事长和总经理是否两职合一、管理层持股和独立董事比重。高管个人特质包括高管年龄、任职年限和性别。宏观经济环境则包括劳动楔子、税收楔子以及度量市场竞争程度的赫芬达尔指数（HHI）。为了节省版面，这里仅汇报主要变量和统计指标的结果。也使用了 Change 模型对上述结论进行验证，并更换了代理成本的测度方式，结论均与此处基本类似。结果汇总备索。** $p < 0.05$，*** $p < 0.01$。

　　公司中的其他股东为了在一定程度上避免这种情形的发生，通常希望会有几个与实际控制人持股比例相对接近的股东，与实际控制人形成相互的监督和制约，从而监督监督者。随着监督主体的逐渐增多，实际控制人的控制权就会被相对稀释，与现金流权之间的差额也就会随之缩小。因此，实际控制人控制权和现金流权的缩小，在一定程度上意味着公司对高管的监督主体更为分散，更为全面的监督方式和相对较低的监督成本将会使高管薪酬出现一定程度的下降。在两权分离分立一定的情况下，两类薪酬激励指标也能够在一定程度上使企业代理成本出现下降。

（四）传导机制

　　在基本回归中就 CEO 薪酬激励对代理成本的影响进行了分析，但存在这样一个问题：虽然 CEO 的控制权相对最大的实际控制人较弱，但仍能够在一定程度上影响企业内部的代理成本，由此带来技术层面上的内生性问题。那么应该如何克服这种内生性问题？在经济层面上，如果 CEO 同时影响薪酬激励和代理成本，那么就会削弱这里所提出的影响机制。如果能够证实 CEO 薪酬激励对代理成本的影响并非源自高管自身的干预，那么也就在一定程度上更加接近这种影响的传导机制了。

　　在经济层面上，需要控制 CEO 同时影响薪酬激励对代理成本的影响。由于难以准确量化 CEO 在企业内部影响力的大小，因此，通过构建指标予以控制的方案也就较难实现。但可以通过 CEO 的变更和 CEO 职务水平来间接刻画这种影响力。此外，由于高管的选任存在内部提拔和外部聘用两种方式，更多维度使测度指标的构建工作更为复杂。为此，希望通过识别小样本的方式对上述机制进行验证。一般而言，就企业内部提拔的高管而言，在董事会和监事会中未担任正职或者副职的高管对公司发展的影响力相对较弱。相对于企业内部自身提拔的高管而言，企业从外部聘请的 CEO 在既定任期中对权力分离和自身薪酬影响均相对较小，特别是在职务履新的初期。因此，按照区分高管是从企业内部提拔还是从外部选聘的两分法，遵循这种思路就两权分离对 CEO 薪酬的影响进行检验。这也是验证企业中高管影响机制，排除其他潜在影响机制的普遍方式（Gu et al.，2010；Chemmanur et al.，2013）。分析结果显示，上述结论也是稳健的（见表 5 - 21）。

表 5 –21 　　　　　　　　　　　　　　潜在传导机制

	非董监正副职 CEO					外聘 CEO				
	薪酬 I	薪酬 II	薪酬 III	薪酬 IV	薪酬 V	薪酬 I	薪酬 II	薪酬 III	薪酬 IV	薪酬 V
Delta	0.2792	0.2777	0.2774	0.2652	0.2064	0.5191 ***	0.5187 ***	0.5474 ***	0.4289 ***	0.2999 **
	(0.1899)	(0.1899)	(0.1899)	(0.1920)	(0.1838)	(0.1416)	(0.1403)	(0.1419)	(0.1416)	(0.1363)
Vega	−0.0018 **	−0.0018 **	−0.0018 **	−0.0017 **	−0.0014 *	−0.0872 ***	−0.0802 ***	−0.0851 ***	−0.0886 ***	−0.0616 ***
	(0.0008)	(0.0008)	(0.0008)	(0.0008)	(0.0008)	(0.0100)	(0.0101)	(0.0100)	(0.0099)	(0.0098)
资本结构	0.3826 ***	0.3828 ***	0.3830 ***	0.3806 ***	−0.0089	0.5098 ***	0.4651 ***	0.5064 ***	0.4685 ***	0.2238 ***
	(0.0310)	(0.0310)	(0.0310)	(0.0312)	(0.0329)	(0.0709)	(0.0697)	(0.0698)	(0.0698)	(0.0704)
企业规模	0.0625 ***	0.0633 ***	0.0630 ***	0.0493 ***	−0.0663 ***	0.0167	0.0225	0.0196	−0.0020	−0.1044 ***
	(0.0054)	(0.0054)	(0.0054)	(0.0057)	(0.0069)	(0.0155)	(0.0155)	(0.0155)	(0.0163)	(0.0178)
市盈率	−0.0003 ***	−0.0003 ***	−0.0003 ***	−0.0002 ***	−0.0001 *	−0.0010 ***	−0.0010 ***	−0.0010 ***	−0.0008 ***	−0.0007 ***
	(0.0001)	(0.0001)	(0.0001)	(0.0001)	(0.0001)	(0.0001)	(0.0001)	(0.0001)	(0.0001)	(0.0001)
每股收益	0.0200	0.0210	0.0199	0.0171	0.0297 **	0.0744 **	0.0950 ***	0.0762 **	0.1040 ***	0.0852 ***
	(0.0138)	(0.0138)	(0.0138)	(0.0140)	(0.0134)	(0.0342)	(0.0343)	(0.0341)	(0.0349)	(0.0328)
高管年龄	0.0002	0.0001	0.0001	0.0003	0.0004	−0.0081 ***	−0.0078 ***	−0.0079 ***	−0.0083 ***	−0.0071 ***
	(0.0004)	(0.0004)	(0.0004)	(0.0004)	(0.0004)	(0.0013)	(0.0012)	(0.0013)	(0.0013)	(0.0012)
任职年限	−0.0055 **	−0.0052 **	−0.0054 **	−0.0053 **	−0.0027	−0.0049	−0.0055	−0.0055	−0.0076	−0.0002
	(0.0024)	(0.0024)	(0.0024)	(0.0025)	(0.0024)	−0.0056	−0.0055	−0.0056	−0.0056	−0.0054
性别	0.0101	0.0107	0.0104	0.0088	0.0127	0.0703 *	0.0635 *	0.0711 *	0.0642 *	0.0922 **
	(0.0099)	(0.0099)	(0.0099)	(0.0100)	(0.0095)	−0.0374	−0.0372	−0.0373	−0.0372	−0.0359
其他控制变量	Y	Y	Y	Y	Y	Y	Y	Y	Y	Y
行业	Y	Y	Y	Y	Y	Y	Y	Y	Y	Y
地域	Y	Y	Y	Y	Y	Y	Y	Y	Y	Y
年份	Y	Y	Y	Y	Y	Y	Y	Y	Y	Y
R-squared	0.392	0.392	0.392	0.39	0.441	0.585	0.589	0.586	0.588	0.617
N	8330	8330	8330	8225	8225	1877	1877	1877	1877	1877

注：这里控制的其他变量主要包括公司财务、治理结构、高管个人特质和宏观经济环境变量。具体而言，公司财务发面的指标主要包企业股票市场价值测度的企业规模、市盈率和每股收益。公司治理结构包括资产负债率、董事长和总经理是否两职合一、管理层持股和独立董事比重。高管个人特质包括高管年龄、任职年限和性别。宏观经济环境则包括劳动楔子、税收楔子以及度量市场竞争程度的赫芬达尔指数（HHI）。为了节省版面，这里仅汇报主要变量和统计指标的结果。也使用了 Change 模型对上述结论进行验证，并更换了代理成本的测度方式，结论均与此处基本类似。结果汇总备索。

* p < 0.1，** p < 0.05，*** p < 0.01。

本章小结

通过采用1999～2012年非金融上市公司的数据，就中国市场上资本结构对企业内部劳动者薪酬水平的影响进行了分析。资本结构对高管的薪酬确实具有激励作用，能够较为显著地提升高管的薪酬水平，影响程度约在8%。为了克服高管可能影响董事会决策的影响，使用了非董事会和监事会正副职的高管进行分析，以及企业从外部聘请的高管进行分析，发现结论是一致的。这种情况的出现，说明企业使用资本结构激励高管的现象在中国是存在的。

就普通职工的薪酬而言，资本结构会带来4%左右的负面影响，这在一定程度上证实了Perotti和Spier（1993）资本结构与职工薪酬之间存在替代性的命题。这种替代性与企业的成长潜力无关，甚至在成长性较好的企业中更高。如果按竞争程度划分，发现垄断行业中的这种替代性也是较为显著的。使用工具变量方法进行研究，证实了这种结论的可靠性。由于资本结构会使高管收入上升却使普通职工的收入出现一定的下降，那么其也会导致企业内部的薪酬分化，本章的分析也证实了这种结论。Agrawal和David（2013）曾指出，在劳动密集型产业中，企业可能更加经常性地将资本结构作为一种策略性行为以控制生产成本。根据人均资本量对样本进行了划分，通过标准差的变动计算引致效应，发现这种现象也是存在的。

虽然资本结构在一定程度上解决了委托代理问题中的成本问题，但以企业内部收入分化作为代价。一定范围内的收入分化固然会为企业发展提供良性动力，而收入差距过大却会阻碍企业的进一步成长。即便高管受到这种资本结构的约束，但高管面临劳动力市场上风险厌恶型劳动者以及过多的持有企业内部债务的情况下，仍有可能通过相机行为改变这种资本结构，使其偏离最优状态。在此意义上，企业所有者需要根据期望的资本结构水平以及劳动力市场上群体间的风险差异，适时调整高管的激励水平，从而在内部收入分化和降低委托代理成本之间进行较为有效的取舍，实现企业的长期发展。

此外，通过沿袭Core和Guay（2002）的分析思路，本章构建了薪酬激励的Delta指标和Vega指标，并就这两种指标对企业代理成本之间的关系进行了分析。分析结果显示，Delta指标会在一定程度上导致代理成本的上升，而Vega指标则会在一定程度上降低企业的代理成本。企业所有制等行政层面的因素会影响这种结论，但破产风险等经济层面的因素则不会对此结论产生影响。在企业风险，以及企业控制权和所有制分离程度一定的情况下，薪酬激励的 Delta 指标和 Vega 指标能够在一定程度上降低企业代理成本。从考虑遗漏变量、引入工具变量、引入交互项和传导机制等四个方面对上述结论的稳健性进行了检验，结论基本保持一致。

因此，企业在指定薪酬激励计划时，应该将不同方案中对高管风险偏好的影响纳入考虑范围，从而全面审视不同方案下高管薪酬水平对企业代理成本的影响。这种激励方案既要在一定程度上克服高管自利性行为的影响，又要在一定程度上合理配置高管的风险偏好，从而实现企业的长期发展。

第六章 结论与政策建议

本章将对前述各章的研究结论进行汇总分析，并在此基础上提出针对性的政策建议，以期对实践部门有所助益。在理论层面上，也将就今后可能的研究方向进行展望，以利于此方面研究的深入开展。

第一节 研究结论

国有企业薪酬差距的大小以及价值评判需要在较为准确合理的分析框架中展开。应该根据国有企业发展的轨迹来判断这种内部薪酬差距的大小，并据此做出相应的判断。本章将从正确认识国有企业高管与普通职工薪酬差距的角度、重视激励效应的角度、高管层面的原因以及所有者层面的原因这四个方对研究结论进行系统的阐述。

一、国企薪酬差距是企业发展过程中难以避免的问题之一

中国国有企业高管与普通职工薪酬差距的产生和扩大是在国有企业建立现代企业制度过程中逐渐出现的。在此过程中，国有企业中职工的收入与企业绩效发展间的联系日益密切，薪酬分配的相对重要性也得到了重新的认识。一定的薪酬差距对国有企业内生产率和管理水平的改善具有较为正面的意义，也促进了国有企业整体的发展。在此意义上，国有企业内部职工薪酬差距的产生是难以避免的，在一定程度上是合理的。

即便国有企业中推行了薪酬改革，但近年来高管与普通职工的薪酬差距持续扩大，成为理论和实践部门关注的焦点。本书使用了高管薪酬的五类指标，进而有五类衡量高管与普通职工薪酬差距的指标。这五种度量方式分别

是：高管与普通职工的基本薪酬差距、剔除社会保障后的两者薪酬差距、加入股权激励后的两者差距，考虑高管超额薪酬在内的两者收入差距，以及考虑在职消费在内的高管与普通职工收入差距。由于中国国有企业在行政归属级别上存在差异，还进一步细分了隶属于中央的国有企业（央属国企）和隶属于地方的国有企业（地属国企）。为了更加清晰地了解国有企业内部高管与普通职工薪酬差距相对大小的意义，还计算了私营企业中高管与普通职工的薪酬差距的相对值作为参考。

1999～2012年，无论是哪五种指标[1]，中国国有企业内部高管与普通职工薪酬差距均显著扩大了。其中社会保障因素在调节这种薪酬差距的过程中具有较为重要的意义。随着企业所有者对高管股权激励的加入，两类群体间收入差距扩大的趋势更加明显，但仍低于私营企业中的水平。这说明了两方面的问题：首先，国有企业中高管激励水平显著低于私营企业中的激励水平。虽然国有企业中普通职工的薪酬总体是高于私营企业中普通职工薪酬的，但即便考虑这种影响因素，也难以解释私营企业中薪酬差距水平是国有企业中20倍以上，以及私营企业中总资产回报率等财务指标也显著高于国有企业中的总资产回报率等相关财务指标。其次，国有企业中高管与普通薪酬差距的高低，与所处省级行政单位内国有企业私营企业的相对比重，以及国有企业垄断势力的大小密切相关。如果国有企业比重过高，并且省级区域内经济发展程度较为有限，那么这种内部薪酬差距也相对较小。如果国有企业比重过高，并且省级区域内经济发展程度较高，那么这种内部薪酬差距也相对较大。这种情形的出现，也说明了国有企业高管与普通职工薪酬差距的产生与市场化程度之间的紧密联系。

二、国企薪酬差距对高管和普通职工具有一定的激励作用

通过采用1999～2012年非金融行业的微观企业数据，使用现金薪酬差距、剔除社会保障因素后的现金薪酬差距、考虑高管股权激励的薪酬差距、加入高管未预期薪酬的薪酬差距以及将高管在职消费纳入考虑范围内五种方式对高管与普通职工收入差距进行了定义，在此基础上对这种企业内部薪酬差距对高管与普通职工所可能具有的激励效应进行分析，并从国有企业归属

---

① 五种指标的具体定义详见第三章第一节，此处不再赘述。

层级的差异、产业特征、规模效应、劳动密集和垄断效应对这种激励效应的传导机制进行了分析。

较之私营企业而言，国有企业中 *ROA* 的表现相对较差，这主要是由国有企业本身的属性所造成的。就 *TFP* 而言，国有企业的身份特征能够在一定程度上促进 *TFP* 的增加，但总体效应仍旧是负面的。在对传导机制的分析过程中，更关注央属国企和地属国企各自内部高管与普通职工收入差距对企业绩效的影响，因此通过引入交叉项来进行分析。总体而言，内部薪酬的激励效应具有显著的归属层级效应，同时也具有产业和规模效应。由于部分行业中的国有企业具有垄断型，通过 HHI 指数对这一因素加以分析后，发现央属国企和地属国企中也存在较为明显的垄断效应。企业内部的薪酬差距并不总是会对高管和普通职工提供薪酬激励，上述因素都会在一定程度上影响这种激励的实现。一般而言，无论是在央属国企还是地属国企中，现金薪酬差距所可能产生的激励效应并不具有持续的作用，这种情况在上述几种效应中的差别较为明显。如果剔除社会保障的因素，那么这种情况下薪酬差距往往会对企业发展产生较为负面的影响。而考虑高管股权激励或者将高管未预期薪酬纳入分析范围的高管与普通职工收入差距对员工激励和 *TFP* 具有一定的正面影响。将高管在职消费纳入考虑范围后，此时的薪酬差距对员工激励和 *TFP* 则会具有微弱的负面影响。这种情况的出现说明部分合理或者部分未预期薪酬导致的高管与普通职工收入差距对企业发展具有较为正面的意义。

对企业经济层面、属性层面以及企业所处的宏观经济环境等主要变量进行了控制，发现这些变量也较好地解释了对高管和普通职工的激励。总体而言，负债成本以及董事长总经理两职合一对 *ROA* 和 *TFP* 均具有一定程度的负面影响，而管理层持股则具有一定的正面意义。使用劳动楔子和税收楔子分别对劳动力供给状况和税收环境进行度量，也较好地解释了这两种环境变化对企业发展的影响。

此外，采用了 1999～2012 年国有上市企业改制数据，采用基于倾向得分匹配的差分中差分方法（PSM－DID），就改制过程中高管与普通职工薪酬差距对企业层面效率和员工层面效率的影响进行了分析。发现国有企业改制总体上能够促进企业层面效率的改善，但这种作用存在显著的非对称性。就归属层级的差异而言，央属国企比地属国企在 *ROE* 上有更好的表现，但 *ROA* 的表现相对较差。就所有制差异而言，改制为私营企业后企业层面的效率会有一定的提升，但受制于资源配置总量的限制，这种效率的提升作用是较为有限的。就企业规模而言，虽然大型企业在改制过程中能够承担改制的成本，但所能够获得的收益也是较为有限的。为了检验结论的可靠性，从四个方面对结论进行了检验，分别是更换 1∶1 的匹配方式，变更改制的开始时间，调整国有企业改制的定义以及重新定义主要解释变量。发现即便在技术上做出了相关的调整，但对结论的影响较为有限。

三、公司治理和同群效应会影响国企高管增加收入的动机

公司实际控制人所拥有的控制权和现金流权，既是微观个体的经济选择，又在一定程度上反映了企业内部的治理情况。实际控制人控制权和现金流权之间的差额越小，意味着公司内部的权力越分散，对作为代理者的高管监督主体也随之越多。由于信息不对称和监督成本过高，外部监督主体均在一定程度上存在无效监督的可能性（Houston and James，1996），从而使高管薪酬存在增加的趋势。通过使用 2003~2012 年中国非金融上市公司的数据，根据目前文献的研究方法，构建了高管薪酬的五类指标，就企业中实际控制人的控制权和现金流权之间的差异对高管薪酬的影响进行了分析。

实际控制人的控制权和现金流权这两权之间的差异，对企业内部高管的薪酬具有一定的抑制作用。导致这种局面产生的原因，主要在于内部监督主体的分散，在一定程度上抑制了高管的自利性动机，并且督促高管朝着为企业创造价值的方向进行管理和决策。虽然在中国的企业中存在所有制的差别，但这种影响机制在不同的所有制企业间均存在。还验证了无论企业破产风险是否存在差异，这种影响机制也是存在的。就两权分离的边际影响而言，两权分离的边际变动将会减少股权激励和包含超额薪酬在内的高管收入，但高管的现金收入和包含在职消费的收入可能会由此增加。大公司支付的薪酬水平往往也会更高（Baker and Hall，2004），两权分离对现金薪酬和包含在职消费在内的高管收入则具有正面的影响。使用四种方式对结论的稳健性进行了检验，分别是变更样本数量、更换计量方法、使用工具变量以及重新定义相关指标。稳健性检验的结果与基本回归的结果是一致的。在此基础上，还探讨了这种影响是如何实现的。具体而言，主要从两个方面进行分析，即区分高管是从企业内部提拔还使从外部选聘的。

中国非金融上市公司确实存在较为显著的同群效应。为了克服高管影响自身薪酬从而对结论造成影响的可能，在此处使用了未在董事会和监事会担

任正副职的普通高管以及企业从外部聘请的 CEO 样本进行分析，发现对结论的影响基本有限。

高管薪酬的同群效应可能是自利性的，也可能与企业发展是共享式的。为了判断这种影响，通过分别构建企业风险的四类指标和收益的三类指标，就同群效应对企业发展的影响进行分析。总体而言，高管薪酬的同群效应能够在一定程度上促进企业发展，同时减小企业在利润获取方面的风险。这种情形的出现说明中国非金融上市公司中高管薪酬的同群效应实际上是与企业发展是共享式的：行业内其他企业高管薪酬的水平成为促进企业高管努力经营企业，传递自身才能信号的重要途径。同群效应存在的市场基础使这种信号发送能够迅速为行业内其他董事会所获知，并成为高管薪酬调整的重要依据（Milbourn，2003）。

四、国企所有者在薪酬差距和代理成本间进行策略性调节

通过采用 1999～2012 年非金融上市公司的数据，就中国市场上资本结构对企业内部劳动者薪酬水平的影响进行了分析。发现资本结构对高管的薪酬确实具有激励作用，能够较为显著地提升高管的薪酬水平，影响程度约在 8%。为了克服高管可能影响董事会决策的影响，使用了非董事会和监事会正副职的高管进行分析，以及企业从外部聘请的高管进行分析，发现结论是一致的。这种情况的出现说明企业使用资本结构激励高管的现象在中国是存在的。

就普通职工的薪酬而言，资本结构会带来 4% 左右的负面影响，这在一定程度上证实了 Perotti 和 Spier（1993）研究的资本结构与职工薪酬之间存在替代性的命题。这种替代性与企业的成长潜力无关，甚至在成长性较好的企业中更高。如果按竞争程度划分，发现垄断行业中的这种替代性也是较为显著的。使用工具变量方法进行研究，证实了这种结论的可靠性。由于资本结构会是高管收入上升却使普通职工的收入出现一定的下降，那么，其也会导致企业内部的薪酬分化，本书的分析也证实了这种结论。Agrawal 和 David（2013）曾指出，在劳动密集型产业中，企业可能更加经常性地将资本结构作为一种策略性行为以控制生产成本。根据人均资本量对样本进行了划分，通过标准差的变动计算引致效应，发现这种现象也是存在的。

此外，通过沿袭 Core 和 Guay（2002）的分析思路，本书构建了薪酬激励的 Delta 指标和 Vega 指标，并就这两种指标对企业代理成本之间的关系进

行了分析。分析结果显示，Delta 指标会在一定程度上导致代理成本的上升，而 Vega 指标则会在一定程度上降低企业的代理成本。企业所有制等行政层面的因素会影响这种结论，但破产风险等经济层面的因素则不会对此结论产生影响。在企业风险，以及企业控制权和所有制分离程度一定的情况下，薪酬激励的 Delta 指标和 Vega 指标能够在一定程度上降低企业代理成本。从考虑遗漏变量、引入工具变量、引入交互项和传导机制等四个方面对上述结论的稳健性进行了检验，结论基本保持一致。

第二节　政策建议

针对前述章节的分析以及得到的相关结论，从重视薪酬差距的激励效应、强化企业内部的治理结构和理解所有者必要适度权衡这三个方面提出政策建议，以期对实践部门有所帮助。

一、重视薪酬差距的激励效应

在静态层面上，规范高管与普通职工薪酬差距的主要措施应该重视与业绩相关的报酬分配，既需要重视高管收入与企业绩效弱化以及潜在道德风险对企业发展所可能具有的负面影响，又需要注重高管可能衍生的权力薪酬。虽然两者都会导致内部职工收入差距的扩大，但前者强调的是对职工努力程度的合理分配，而后者则更多的是由非市场化因素所导致的，在内部职工薪酬差距扩大时，也会由此滋生对权力使用的质疑，进而对企业的健康发展产生一定的负面影响。

在动态层面上，伴随着国有企业的改革，既要看到内部高管与普通职工薪酬差距对企业层面绩效发展的积极作用，同样也需要重视一定时期内这种差距对员工层面绩效所可能具有的负面影响。有效控制这种消极影响的持续时间以及对企业层面效率的负面冲击，是国有企业改制后所需要积极面对的问题。在国有企业改制转向私营企业过程中，资源配置的约束（如融资约束等）将在一定程度上影响改制效果，从而妨碍企业的持续成长。为此，在我国市场化的过程中，逐渐实现资源的有效合理配置是推动改制企业实现良好发展的重要举措。

二、强化企业内部的治理结构

企业内部实际控制人控制权和现金流权的适度分离，在一定程度上有助于通过分散监督主体实现对 CEO 的监督。相对于外部监督者而言，内部监督者的信息不对称的问题相对较弱，能够在一定程度上克服 Houston 和 James（1996）提出的监督主体难以提供有效监督的问题。因此，在企业发展过程中，实际控制人权力的适度转移有助于在一定程度上降低 CEO 薪酬这种委托代理成本。

虽然中国非金融上市公司内高管薪酬的同群效应可能会使高管薪酬水平不断上升，但在此过程中也确实促进了企业的发展，减少了企业在生产经营中所面对的风险，具有一定的积极意义。在一定程度上，高管薪酬的同群效应可以被视为高管努力为企业创造价值的外部激励，和企业内部激励发挥着重要的互补作用。在调节部分高管薪酬畸高的过程中，需要重视这种行业内薪酬同群效应对企业价值创造的正面影响，避免因噎废食。

三、理解所有者必要适度权衡

虽然资本结构在一定程度上解决了委托代理问题中的成本问题，但以企业内部收入分化作为代价。一定范围内的收入分化固然会为企业发展提供良性动力，而收入差距过大却会阻碍企业的进一步成长。即便高管受到这种资本结构的约束，但高管面临劳动力市场上风险厌恶型劳动者以及过多地持有企业内部债务的情况下，仍有可能通过相机行为改变这种资本结构，使其偏离最优状态。在此意义上，企业所有者需要根据期望的资本结构水平以及劳动力市场上群体间的风险差异，适时调整高管的激励水平，从而在内部收入分化和降低委托代理成本之间进行较为有效的取舍，实现企业的长期发展。

企业在指定薪酬激励计划时，应该将不同方案中对高管风险偏好的影响纳入考虑范围，从而全面审视不同方案下高管薪酬水平对企业代理成本的影响。这种激励方案既要在一定程度上克服高管自利性行为的影响，又要在一定程度上合理配置高管的风险偏好，从而实现企业的长期发展。

此外，可行的政策建议还包括如下四个方面：（1）完善产品市场，适当引入竞争，遏制非理性的薪酬攀比。（2）规范分配秩序，控制暴利性利润的分配方式。(3) 强化公司内部治理结构，创新高管激励方式，弱化代理成本与薪酬差距之间的替代性关系。(4) 完善劳动力市场，适当增加国企职工流动性。

第三节　有待完善之处与研究前景

此方面研究的深入开展，可以从更全面的薪酬差距分析、更广泛的地域覆盖比较，以及更深入的公司治理视角这三个方面展开。

一、更全面的薪酬差距分析

这里的更全面包括两个层面的含义：首先是数据的覆盖面更全，其次是指标的定义更加完善。数据更全面体现在需要将超大型国有企业纳入分析范围，从而进一步增加样本的代表性。在本书的分析中，实际上是缺乏超大型国有企业的，这主要是因为此类型的国有企业通常在中国香港或者海外上市，要么难以找到相关数据，要么样本的缺失值较多，要么由于种种技术层面的原因难以匹配。而超大型国有企业中高管与普通职工薪酬差距的水平与普通国有企业中高管与普通职工薪酬差距水平又存在显著的差异。因此更全面的研究数据有助于更好地分析这种差距，为正确认识这种现象以及贡献相应的解决方案具有有益的帮助。

指标定义的更加完善，是因为目前研究中能够量化的高管薪酬指标仅有五类，如果能够将这些指标更加细化来度量高管薪酬，也能够得到更多关于高管与普通职工薪酬差距的指标，从而丰富这种分析。例如，将股权激励中高管薪酬变动的敏感性纳入分析范围，有助于更为翔实地研究激励方案差异对企业代理成本的影响。

二、更广泛的地域覆盖比较

中国国有企业中高管与普通职工薪酬差距的大小是否具有个性？还是在其他国家国有企业改革过程中所具有的共性？这种同异对中国国有企业改革和发展具有何种启示？回答上述问题，需要将中国国有企业薪酬差距问题置于跨国分析中，从而为正确认识国企高管与普通职工薪酬差距问题提供更为丰富的参照系。

三、更深入的公司治理视角

在国有企业发展的背景下对国企高管与普通职工薪酬差距问题展开了分析，这实际上是将企业内部员工收入分配问题与公司治理这两个领域交叉进行分析，通过在一定公司治理条件下国企高管与普通职工薪酬差距的分析，来判断公司治理与薪酬差距之间潜在的联动效应，并为改善国有企业发展提供一种较为全面的视角。

在分析过程中仅仅关注了两权分离、资本结构、薪酬激励方案和代理成本等问题，而更加深入公司治理层面指标的构建，以及更加细化的其他重大问题对薪酬差距的影响，尚未得到足够的重视。本书认为，将国企高管与普通职工薪酬差距置于同一的分析框架内，并联系公司治理因素，能够为此类分析提供更为广阔的分析平台。

参 考 文 献

[1] 白暴力. 价值价格通论 [M]. 经济科学出版社, 2006.

[2] 白重恩, 路江涌, 陶志刚. 国有企业改制效果的实证研究 [J]. 经济研究, 2006 (8).

[3] 蔡昉. 如何认识中国收入分配现实: 一个求同存异的分析框架 [J]. 比较, 2012 (59).

[4] 陈斌开, 杨依山, 许伟. 中国城镇居民劳动收入差距演变及其原因: 1990 – 2005 [J]. 经济研究, 2009 (12).

[5] 陈冬华, 陈信元, 万华林. 国有企业中的薪酬管制与在职消费 [J]. 经济研究, 2005 (2).

[6] 陈冬华, 陈富生, 沈永健, 尤海峰. 高管继任、职工薪酬与隐性契约 [J]. 经济研究, 2011 (S2).

[7] 陈冬华, 范从来, 沈永建, 周亚虹. 职工激励、工资刚性与企业绩效——基于国有非上市公司的经验证据 [J]. 经济研究, 2010 (7).

[8] 陈信元, 陈冬华, 万华林, 梁上坤. 地区差异、薪酬管制与高管腐败 [J]. 管理世界, 2009 (11).

[9] 陈震, 丁忠明. 基于管理层权力理论的垄断企业高管薪酬研究 [J]. 中国工业经济, 2011 (9).

[10] 戴园晨等. 中国劳动力市场培育与工资改革 [M]. 中国劳动出版社, 1994.

[11] 方军雄. 所有制、制度环境与信贷资金配置 [J]. 经济研究, 2007 (12).

[12] 方军雄. 我国上市公司高管的薪酬存在粘性吗? [J]. 经济研究, 2009 (3).

[13] 方军雄. 高管权力与企业薪酬变动的非对称性 [J]. 经济研究, 2011 (4).

[14] 方军雄．高管超额薪酬与公司治理决策 [J]．管理世界，2012 (11)．

[15] 甘犁，尹志超等．中国家庭金融调查报告·2012 [M]．西南财经大学出版社，2012.

[16] 高明华，杜雯翠．中国上市公司高管薪酬指数报告 2013 [M]．经济科学出版社，2013.

[17] 葛玉好．部门选择对工资性别差距的影响：1988—2001 年 [J]．经济学（季刊），2007 (2)．

[18] 葛玉好，曾湘泉．市场歧视对城镇地区性别工资差距的影响 [J]．经济研究，2011 (6)．

[19] 龚刚，杨光．论工资性收入占国民收入比例的演变 [J]．管理世界，2010 (5)．

[20] 胡一帆，宋敏，张俊喜．中国国有企业民营化绩效研究 [J]．经济研究，2006 (7)．

[21] 黄继承，盛明泉．高管背景特征具有信息含量吗？[J]．管理世界，2013 (9)．

[22] 黄玲文，姚洋．国有企业改制对就业的影响——来自 11 个城市的证据 [J]．经济研究，2007 (3)．

[23] 姜付秀，黄继承．经理激励、负债与企业价值 [J]．经济研究，2011 (5)．

[24] 蒋殿春．中国上市公司资本结构和融资倾向 [J]．世界经济，2003 (7)．

[25] 黎文靖，胡玉明．国企内部薪酬差距激励了谁？[J]．经济研究，2012 (12)．

[26] 李飞跃．结构变迁与工资差距 [J]．经济学（季刊），2011 (2)．

[27] 李楠，乔榛．国有企业改制政策效果的实证分析——基于双重差分模型的估计 [J]．数量经济技术经济研究，2010 (2)．

[28] 李实，刘小玄．攀比行为和攀比效应 [J]．经济研究，1986 (8)．

[29] 李实，丁赛．中国城镇教育收益率的长期变动趋势 [J]．中国社会科学，2003 (6)．

[30] 李实，罗楚亮．我国居民收入差距的短期变动与长期趋势 [J]．经济社会体制比较，2012 (4)．

[31] 李维安，张国萍. 经理层治理评价指数与相关绩效的实证研究：基于中国上市公司治理评价的研究 [J]. 经济研究，2005 (11).

[32] 李小瑛，陈广汉，张应武. 中国城镇地区高等教育外部回报率估算 [J]. 世界经济文汇，2010 (2).

[33] 李雪松，王秀丽. 工资粘性、经济波动与货币政策模拟——基于 DSGE 模型的分析 [J]. 数量经济技术经济研究，2011 (11).

[34] 李增福，董志强，连玉君. 应计项目盈余管理还是真实活动盈余管理？——基于我国 2007 年所得税改革的研究 [J]. 管理世界，2011 (1).

[35] 连玉君，钟经樊. 中国上市公司资本结构动态调整机制研究 [J]. 南方经济，2007 (1).

[36] 梁上坤，陈冬华. 业绩波动性与高管薪酬契约选择——来自中国上市公司的经验证据 [J]. 金融研究，2014 (1).

[37] 林浚清，黄祖辉，孙永祥. 高管团队内薪酬差距、公司绩效和治理结构 [J]. 经济研究，2003 (4).

[38] 刘斌，李磊. 贸易开放与性别工资差距 [J]. 经济学（季刊），2012 (2).

[39] 刘春，孙亮. 薪酬差距与企业绩效：来自国企上市公司的经验证 [J]. 南开管理评论，2010 (2).

[40] 刘瑞明. 国有企业的就业悖论：提出、解读和验证 [D]. 复旦大学中国经济研究中心工作论文，2009.

[41] 刘瑞明. 金融压抑、所有制歧视与增长拖累——国有企业效率损失再考察 [J]. 经济学（季刊），2011 (2).

[42] 刘瑞明，石磊. 国有企业的双重效率损失与经济增长 [J]. 经济研究，2010 (1).

[43] 刘小玄，李利英. 企业产权变革的效率分析 [J]. 中国社会科学，2005 (2).

[44] 卢峰，姚洋. 金融压抑下的法治、金融发展和经济增长 [J]. 中国社会科学，2004 (1).

[45] 卢锐. 管理层权力薪酬差距与绩效 [J]. 南方经济，2007 (7).

[46] 陆正飞，王雄元，张鹏. 国有企业支付了更高的职工工资吗 [J]. 经济研究，2012 (3).

[47] 陆正飞，辛宇. 上市公司资本结构主要因素之实证研究 [J]. 会

计研究，1998（8）.

[48] 吕长江，赵宇恒. 国有企业管理者激励效应研究 [J]. 管理世界，2008（11）.

[49] 马连福，王元芳，沈小秀. 国有企业党组织治理、冗余雇员与高管薪酬契约 [J]. 管理世界，2013（5）.

[50] 聂海峰，岳希明. 间接税归宿对城乡居民收入分配影响研究 [J]. 经济学（季刊），2013（1）.

[51] 皮建才. 关系、道德风险与经理人有效激励 [J]. 南开经济研究，2011（1）.

[52] 秦晖. 改革：打造天平，还是喂养尺蠖 [N]. 经济观察报，2006 - 01 - 11.

[53] 权小锋，吴世农，文芳. 管理层权力私有收益与薪酬操纵 [J]. 经济研究，2010（11）.

[54] 盛丹. 国有企业改制、竞争程度与社会福利——基于企业成本加成率的考察 [J]. 经济学（季刊），2013（4）.

[55] 盛明泉，张敏，马黎珺，李昊. 国有产权、预算软约束与资本结构动态调整 [J]. 管理世界，2012（3）.

[56] 史正富. 劳动、价值和企业所有权——马克思劳动价值论的现代拓展 [J]. 经济研究，2002（2）.

[57] 宋立刚，姚洋. 改制对企业绩效的影响 [J]. 中国社会科学，2005（2）.

[58] 宋湛. 工资粘性、市场分割与劳动配置绩效 [J]. 经济科学，2003（6）.

[59] 苏冬蔚，林大庞. 股权激励、盈余管理与公司治理 [J]. 经济研究，2010（11）.

[60] 苏海南. 当前我国收入分配问题及改革思路和政策措施 [J]. 中国工人，2011（8）.

[61] 田雪原. 通货膨胀、劳动力市场与工资率走势 [J]. 财贸经济，2011（7）.

[62] 王仕豪，张智勇. 制造业中农民工用工短缺：基于粘性工资的一种解释 [J]. 中国人口科学，2006（2）.

[63] 王永进，盛丹. 要素积累、偏向型技术进步与劳动收入占比 [J].

世界经济文汇, 2010 (4).

　　[64] 魏下海, 董志强, 温伟华. 不可观测技能回报、结构效应与农村居民工资残差不平等 [J]. 经济科学, 2012 (1).

　　[65] 吴联生, 林景艺, 王亚平. 薪酬外部公平性、股权性质与公司业绩 [J]. 管理世界, 2010 (3).

　　[66] 吴联生, 岳衡. 税率调整和资本结构变动——基于我国取消"先征后返"所得税优惠政策的研究 [J]. 管理世界, 2006 (11).

　　[67] 吴育辉, 吴世农. 高管薪酬: 激励还是自利? ——来自中国上市公司的证据 [J]. 会计研究, 2010 (11).

　　[68] 夏庆杰, 李实, 宋丽娜, Simon Appleton. 国有单位工资结构及其就业规模变化的收入分配效应: 1988 - 2007 [J]. 经济研究, 2012 (6).

　　[69] 辛清泉, 林斌, 王彦超. 政府控制、经理薪酬与资本投资 [J]. 经济研究, 2007 (8).

　　[70] 辛清泉, 谭伟强. 市场化改革、企业业绩与国有企业经理薪酬 [J]. 经济研究, 2009 (11).

　　[71] 邢春冰, 牟昕盼. 上市公司高管与普通员工的薪酬差距 [A]. 中国收入分配研究报告 [C]. 社会科学文献出版社, 2013.

　　[72] 邢春冰, 李实. 中国城镇地区的组内工资差距: 1995—2007 [J]. 经济学 (季刊), 2011 (1).

　　[73] 徐建炜, 纪洋, 陈斌开. 中国劳动力市场名义工资粘性程度的估算 [J]. 经济研究, 2012 (4).

　　[74] 徐舒. 技术进步、教育收益与收入不平等 [J]. 经济研究, 2010 (9).

　　[75] 徐细雄, 刘星. 放权改革、薪酬管制与企业高管腐败 [J]. 管理世界, 2013 (3).

　　[76] 徐现祥, 王海港. 我国初次分配中的两极分化及成因 [J]. 经济研究, 2008 (2).

　　[77] 徐向艺, 王俊韡, 巩震. 高管人员报酬激励与公司治理绩效研究——基于深、沪A股上市公司的实证分析 [J]. 中国工业经济, 2007 (2).

　　[78] 薛云奎, 白云霞. 国家所有权、冗余雇员与公司业绩 [J]. 管理世界, 2008 (10).

　　[79] 杨灿明, 孙群力. 2009 年中国居民收入调查分析报告 [R]. 湖北

省财政与发展研究中心成果要报，2010.

[80] 杨灿明，孙群力. 中国居民收入差距与不平等的分解——基于 2010 年问卷调查数据的分析 [J]. 财贸经济，2011 (11).

[81] 杨灿明等. 规范收入分配秩序研究 [M]. 经济科学出版社，2014.

[82] 杨德明，赵璨. 媒体监督、媒体治理与高管薪酬 [J]. 经济研究，2012 (6).

[83] 杨继东. 高管薪酬影响因素研究：理论与证据 [M]. 中国人民大学出版社，2013.

[84] 杨瑞龙. 工资形成机制变革下的经济结构调整：契机、路径与政策 [M]. 中国人民大学出版社，2012.

[85] 姚洋，章奇. 中国工业企业技术效率分析 [J]. 经济研究，2001 (10).

[86] 尹志超，甘犁. 公共部门和非公共部门工资差异的实证研究 [J]. 经济研究，2009 (4).

[87] 余斌. 国民收入分配：困境与出路 2011 [M]. 中国发展出版社，2011.

[88] 岳希明，李实，史泰丽. 垄断行业高收入问题探讨 [J]. 中国社会科学，2010 (3).

[89] 张车伟，薛欣欣. 国有部门与非国有部门工资差异及人力资本贡献 [J]. 经济研究，2008 (4).

[90] 张军，王祺. 权威企业绩效与国有企业改革 [J]. 中国社会科学，2004 (5).

[91] 张莉，李捷瑜，徐现祥. 国际贸易、偏向型技术进步与要素收入分配 [J]. 经济学（季刊），2012 (2).

[92] 张敏，王成方，刘慧龙. 冗员负担与国有企业的高管激励 [J]. 金融研究，2013 (5).

[93] 张维迎. 控制权损失的不可补偿性与国有企业兼并中的产权障碍 [J]. 经济研究，1998 (7).

[94] 张正堂. 企业内部薪酬差距对组织未来绩效影响的实证研究 [J]. 会计研究，2008 (9).

[95] 周权雄，朱卫平. 国企锦标赛激励效应与制约因素研究 [J]. 经济学（季刊），2010 (2).

［96］邹薇，刘勇. 技能劳动、经济转型与收入不平等的动态研究［J］. 世界经济，2010 (6).

［97］曾雪云，徐经长. 公允价值计量、金融投资行为与公司资本结构［J］. 金融研究，2013 (3).

［98］Acemoglu D. , R. Shimer, 1999, Efficient Unemployment Insurance, *Journal of Political Economy*, 107, 893 – 928.

［99］Acemoglu, D. , 1998, Why Do New Technologies Complement Skills? Directed Technical Change And Wage Inequality, *Quarterly Journal of Economics*, 113 (4), 1055 – 1089.

［100］Acemoglu, D. , 2002, Technical Change, Inequality and the Labor Market, *Journal of Economic Literature*, 40 (1), 7 – 72.

［101］Acemoglu, D. , 2003, Patterns of Skill Premia, *Review of Economic Studies*, 70 (2), 199 – 230.

［102］Acemoglu, D. , D. Autor, 2011, Skills, Tasks and Technologies: Implications for Employment and Earnings, Handbook of Labor Economics, Vol. 4, Amsterdam: Elsevier.

［103］Acemoglu, D. , D. Autor, 2012, What Does Human Capital Do? A Review of Goldin and Katz's The Race between Education and Technology, NBER Working Papers 17820.

［104］Acemoglu, D. , J. Ventura, 2002, The World Income Distribution, *Quarterly Journal of Economics*, 117 (2), 659 – 694.

［105］Agrawal A. and D. A. Matsa, 2013, Labor Unemployment Risk and Corporate Financing Decisions, *Journal of Financial Economics*, 108 (2), 449 – 470.

［106］Albuquerque M. A. , G. D. Franco, S. V. Rodrigo, 2013, Peer Choice in CEO Compensation, *Journal of Financial Economics*, 108, 160 – 181.

［107］Alessandro, B. , S. Basu and P. Gottschalk, 2010, Some Evidence on the Importance of Sticky Wages, NBER Working Papers 16130.

［108］Altman E. , 1968, Financial ratios, discriminant analysis, and the prediction of corporate bankruptcy, *Journal of Finance*, 23, 189 – 209.

［109］Ana A. , G. D. Franco, S. V. Rodrigo, 2013, Peer Choice in CEO Compensation, *Journal of Financial Economics*, 108, 160 – 181.

［110］Anderson P. M. , B. D. Meyer, 1997, Unemployment Insurance

Takeup Rates and the After-Tax Value of Benefits, *Quarterly Journal of Economics*, 112 (3), 913 – 937.

[111] André V. H. , 2014, Individualism and the cultural Roots of management practices, *Journal of Economic Behavior & Organization*, 99, 53 – 68.

[112] Appleton, S. , L. Song, and Q. Xia, 2005, Has China Crossed the River? The Evolution of Wage Structure in Urban China during Reform and Retrenchment, *Journal of Comparative Economics*, 33 (4), 644 – 663.

[113] Autor H. D. , L. F. Katz, S. K. Melissa, 2005, Trends in U. S. Wage Inequality: Re-Assessing the Revisionists, Harvard Institute of Economic Research Working Papers 2095.

[114] Azariadis, C. , 1975, Implicit Contracts and Underemployment Equilibria, *Journal of Political Economy*, 83 (6), 1183 – 1202.

[115] Bae K. , J. Kang and Wang, J. , 2011, Employee Treatment and Firm Leverage ratio: A Test of the Stakeholder Theory of Capital Structure, *Journal of Financial Economics*, 100 (1), 130 – 153.

[116] Bai C. E. and L. C. Xu, 2005, Incentives for CEOs with Multitasks: Evidence from Chinese State-owned Enterprise, *Journal of Comparative Economics*, 33 (3), 517 – 539.

[117] Baker G. and B. Hall, 2004, CEO Incentives and Firm Size, *Journal of Labor Economics*, 22 (4), 767 – 798.

[118] Baldenius T. , N. Melumad, X. J. Meng, 2014, Board composition and CEO power, *Journal of Financial Economics*, 112 (1), 53 – 68.

[119] Baranchuk N. , R. Kieschnick, R. Moussawi, 2014, Motivating innovation in newly public firms, *Journal of Financial Economics*, 111 (3), 578 – 588.

[120] Bebchuk L. A. , R. Kraakman, G. Triantis, 2000, Stock Pyramids, Cross-Ownership and Dual Class Equity: The Mechanisms and Agency Costs of Separating Control from Cash-Flow Right, Concentrated Corporate Ownership, in R. K. Morck ed. , University of Chicago Press.

[121] Bebchuk L. A. and J. M. Fried, 2004, Pay Without Performance: The Unfulfilled Promise of Executive Compensation, Cambridge, MA: Harvard Univ. Press.

[122] Becker S. O. and A. Ichino, 2002, Estimation of average treatment

effects based on propensity scores, *Stata Journal*, 2 (4), 358 – 377.

［123］Berger S. , E. P. Banaccorsi, 2006, Capital Structure and firm performance: A new approach to testing agency theory and an application to the bank industry, *Journal of Banking & Finance*, 30, 1065 – 1102.

［124］Berk J. , R. Stanton and J. Zechner, 2010, Human capital, bankruptcy, and capital structure, *Journal of Finance*, 65, 891 – 925.

［125］Bertrand M. and A. Schoar, 2003, Managing with style: The effect of managers on firm policies, *Quarterly Journal of Economics*, 118, 1169 – 1208.

［126］Bizjak J. , M. Lemmon, L. Naveen, 2008, Does the use of peer groups contribute to higher pay and less efficient compensation, *Journal of Financial Economics*, 90, 152 – 168.

［127］Bizjak J. , M. Lemmon, T. Nguyen, 2011, Are all CEOs Above Average? An Empirical Analysis of Compensation Peer Groups and Pay Design, *Journal of Financial Economics*, 100, 538 – 555.

［128］Blanchard, O. J. , 1986, The Wage Price Spiral, *Quarterly Journal of Economics*, 101 (3), 543 – 65.

［129］Blanchard, O. J. and J. Galì, 2007, Real Wage Rigidities and the New Keynesian Model, *Journal of Money, Credit and Banking*, 39 (s1), 35 – 65.

［130］Bordo, M. D. , C. J. Erceg and C. L. Evans, 2000, Money, Sticky Wages, and the Great Depression, *American Economic Review*, 90 (5), 1447 – 63.

［131］Bronars S. and D. Deere, 1991, The Threat of Unionization, the Use of Debt, and the Preservation of Shareholder Wealth, *Quarterly Journal of Economics*, 106, 231 – 254.

［132］Cadenillas A. and F. Zapatero, 2004, Leverage Decision and Manager Compensation with Choice of Effort and Volatility, *Journal of Financial Economics*, 3 (1): 71 – 92.

［133］Calvo, G. A. , 1983, Staggered Pricing in a Utility-Maximizing Framework, *Journal of Monetary Economics*, 12, 383 – 396.

［134］Card, David, 2011, Origins of the Unemployment Rate: The Lasting Legacy of Measurement without Theory, *American Economic Review*, 101, 552 – 557.

［135］Casares, M. , 2007, Monetary Policy Rules in a New Keynesian Euro

Area Model, Journal of Money, Credit and Banking, 39 (4), 875 – 900.

[136] Casares, M. , 2010, Unemployment as Excess Supply of Labor: Implications for Wage and Price Inflation, *Journal of Monetary Economics*, 57 (2), 233 – 243.

[137] Cassell C. , S. Huang, J. M. Sanchez, M. D. Stuart, 2012, Seeking Safety: the Relation Between CEO Inside Debt Holdings and the Riskiness of Firm Investment and Financial Policies, *Journal of Financial Economics*, 103, 588 – 610.

[138] Chang C. , 1992, Capital Structure as an Optimal Contract Between Employees and Investors, *Journal of Finance*, 47, 1141 – 1158.

[139] Chang-Tai Hsieh, Peter J. Klenow, 2009, Misaalocation and Manufacturing TFP in China and India, *Quarterly Journal of Economics*, 124 (4), 1403 – 1448.

[140] Chemmanur T. J. , Y. M. Cheng, T. M. Zhang, 2013, Human Capital, Capital Structure, and Employee Pay: An Empirical Analysis, *Journal of Financial Economics*, 110, 478 – 502.

[141] Chen L. , Y. Ma, P. Malatesta, Y. Xuan, 2011, Ownership Structure and the Cost of Corporate Borrowing, *Journal of Financial Economics*, 100, 1 – 23.

[142] Chen L. , Y. Ma, P. Malatesta, Y. Xuan, 2013, Corporate Ownership Structure and the Choice Between Bank Debt and Public Debt, *Journal of Financial Economics*, 109, 517 – 534.

[143] Chetty Raj, 2006, A General Formula for the Optimal Level of Social Insurance, *Journal of Public Economics*, 90, 1879 – 1901.

[144] Christiano, L. , M. . Eichenbaum and C, Evans, 2005, Nominal Rigidities and the Dynamic Effects of a Shock to Monetary Policy, *Journal of Political Economy*, 113 (1), 1 – 45.

[145] Christofides L. N. , M. T. Leung, 2003, Nominal Wage Rigidity in Contract Data: A Parametric Approach, *Economica*, 70 (280), 619 – 638.

[146] Christopher A. Pissarides, 2000, Equilibrium Unemployment Theory, The MIT Press.

[147] Claessens S. , L. Laeven, 2003, Financial Development, Property

Rights, and Growth, *Journal of Finance*, 58, 2401 – 2436.

[148] Claessens S. , S. Djankov, L. H. P. Lang, 2000, The separation of ownership and control in East Asian corporations, *Journal of Financial Economics*, 58, 81 – 112.

[149] Coles J. , N. Daniel, L. Naveen, 2006, Managerial Incentives and Risk-taking, *Journal of Financial Economics*, 79, 431 – 468.

[150] Core J. and W. Guay, 2002, Estimate the Value of Employee Stock Option Portfolios and Their Sensitivities to Price and Volatility, *Journal of Accounting Research*, 40, 613 – 630.

[151] David C. , A. Mas, E. Moretti, E. Saez, 2012, Inequality at Work: The Effect of Peer Salaries on Job Satisfaction, *American Economic Review*, 102 (6), 2981 – 3003.

[152] Diamond, Peter A, 1982, Aggregate Demand Management in Search Equilibrium, *Journal of Political Economy*, 90 (5), 881 – 894.

[153] Diamond, Peter, 2011, Unemployment, Vacancies, Wages, *American Economic Review*, 101, 1045 – 1072.

[154] Dong X. Y. and Pandey M. , 2012, Gender and Labor Retrenchment in Chinese State Owned Enterprises: Investigation using firm-level panel data, *China Economic Review*, 23, 385 – 395.

[155] Dougal C. , C. A. Parsons, S. Titman, 2015, Urban Vibrancy and Corporate Growth, *Journal of Finance*, 70 (1), 163 – 210.

[156] Douglas A. , 2006, Capital Structure, Compensation and Incentives, *Review of Financial Studies*, 19, 605 – 632.

[157] Eisdorfer A. , C. Giaccotto, R. White, 2013, Capital Structure, Executive Compensation, and Investment Efficiency, *Journal of Banking & Finance*, 37 (2), 549 – 562.

[158] Elliott M. , 2011, Search with Multilateral Bargaining.

[159] Erceg, C. J. , D. W. Henderson, and A. T. Levin, 2000, Optimal Monetary Policy with Staggered Wage and Price Contracts, *Journal of Monetary Economics*, 46 (2), 281 – 313.

[160] Faccio M. , M. Marchica, R. Mura, 2011, Large Shareholder Diversification and Corporate Risk-taking, *Review of Financial Studies*, 24, 3601 – 3641.

[161] Fama E. and J. MacBeth, 1973, Risk, Return, and Equilibrium: Empirical tests, *Journal of Political Economy*, 81, 607 – 636.

[162] Fama E. F. , 1980, Agency Problems and the Theory of the Firm, *Journal of Political Economy*, 88 (2), 288 – 307.

[163] Faulkender M. , J. Yang, 2010, Inside the Black Box: the Role and Composition of Compensation Peer Groups, *Journal of Financial Economics*, 96, 257 – 270.

[164] Floden, M. , 2000, Endogenous Monetary Policy and the Business Cycle, *European Economic Review*, 44 (8), 1409 – 1429.

[165] Gabaix X. , A. Landier, J. Sauvagnat, 2013, CEO Pay and Firm Size: an Update after the Crisis, NBER Working Papers 19078.

[166] Gabaix X. and A. Landier, 2008, Why Has CEO Pay Increased So Much?, *Quarterly Journal of Economics*, 123 (1), 49 – 100.

[167] Galor, O. , O. Moav, 2000, Ability-Biased Technological Transition, Wage Inequality, and Economic Growth, *Quarterly Journal of Economics*, 115 (2), 469 – 497.

[168] Gottschalk P. , T. M. Smeeding, 1997, Cross-National Comparisons of Earnings and Income Inequality, *Journal of Economic Literature*, 35 (2), 633 – 687.

[169] Grossman S. and O. Hart, 1982, Corporate Financial Structure and Managerial Incentives, The Economics of Information and Uncertainty, 107 – 137. Chicago: University of Chicago Press.

[170] Grossman S. J. and O. D. Hart, 1983, An analysis of the principal-agent problem, *Econometrica*, 51 (1), 7 – 45.

[171] Gu Z. Y. , K. Wang, X. Xiao, 2010, Government Control and Executive Compensation: Evidence from China, Unpublished Manuscript.

[172] Guay W. , 1999, The sensitivity of CEO wealth to equity risk: an analysis of the magnitude and determinants, *Journal of Financial Economics*, 53, 43 – 71.

[173] Hall R. E, A. B. Krueger, 2010, Evidence on the Determinants of the Choice Between Wage Posting and Wage Bargaining, NBER Working Paper 16033.

［174］ Hall Robert E. , Dale Jorgenson, 1967, Tax Policy and Investment Behavior, *American Economic Review*, 57, 391 – 414.

［175］ Hall, Robert E, 1971, The Dynamic Effects of Fiscal Policy in an Economy with Foresight, *Review of Economic Studies*, 38, 229 – 244.

［176］ He Z. G. , 2011, A model of Dynamic Compensation and Capital Structure, *Journal of Financial Economics*, 100, 351 – 366.

［177］ Hennessy C. and D. Livdan, 2009. Debt, bargaining, and credibility in firm-supplier relationships, *Journal of Financial Economics*, 93, 382 – 399.

［178］ Hirschman A. O. and M. Rothschild, 1973, The Changing Tolerance for Income Inequality in the Course of Economic Development, *Quarterly Journal of Economics*, 87 (4), 544 – 566.

［179］ Hosios A. , 1990, On the Efficiency of Matching and related Models of Search and Unemployment, *Review of Economic Studies*, 279 – 298.

［180］ Houston J. and C. James, 1996, Bank Information Monopolies and the Mix of Private and Public debt Claims, *Journal of Finance*, 51, 1863 – 1889.

［181］ Jean Olivier Hairault, François Langot, Sophie Osotimehin, 2010, Matching Frictions, Unemployment Dynamics and the Cost of Business Cycles, *Review of Economic Dynamics*, 13, 759 – 779.

［182］ Jensen M. , 1986, Agency Costs of Free Cash Flow, Corporate Finance and Takeovers, *American Economic Review*, 76, 323 – 329.

［183］ Jensen M. C. and K. J. Murphy, 1990, Performance Pay and Top-Management Incentives, *Journal of Political Economy*, (4), 225 – 264.

［184］ Jensen M. C. and W. H. Meckling, 1976, Theory of the firm: Managerial behavior, agency costs and ownership structure, *Journal of Financial Economics*, 3 (4), 305 – 360.

［185］ John K. , L. Litov, B. Yeung, 2008, Corporate governance and risk-taking, *Journal of Finance*, 63, 1679 – 1728.

［186］ Johnson S. , R. La Porta, F. López-de-Silanes, A. Shleifer, 2000, Tunneling, *American Economic Review*, 90, 22 – 27.

［187］ Katz, L. F. , M. Kevin, 1992, Changes in Relative Wages, 1963 – 87: Supply and Demand Factors, *Quarterly Journal of Economics*, 107 (1), 35 – 78.

［188］Kini O. and W. Ryan, 2012, Tournament incentives, firm risk, and corporate policies, *Journal of Financial Economics*, 103 (2), 350 – 376.

［189］La Porta R., F. López-de-Silanes, A. Shleifer, 1999, Corporate ownership around the world, *Journal of Finance*, 54, 471 – 517.

［190］Laeven L. and R. Levine, 2008, Complex ownership structures and corporate valuations, *Review of Financial Studies*, 21, 579 – 604.

［191］Laeven L. and R. Levine, 2009, Bank governance, regulation, and risk taking, *Journal of Financial Economics*, 93, 259 – 275.

［192］Levin, A. T., A. Onatski, J. C. Williams and N. Williams, 2006, Monetary Policy Under Uncertainty in Micro-Founded Macroeconometric Models, NBER Chapters, in: NBER Macroeconomics Annual 2005, 20, 229 – 312.

［193］Lin H. C., T. K. Chou, W. G. Wang, 2012, Capital structure and executive compensation contract design: A theoretical and empirical analysis, *Journal of Banking & Finance*, 36, 209 – 224.

［194］Loukas K., 2014, The Labor Wedge: MRS vs. MPN, *Review of Economic Dynamics*, 17 (2), 206 – 223.

［195］Mark T. L. and M. R. Roberts, 2014, Do Peer Firms Affect Corporate Financial Policy, The *Journal of Finance*, 69 (1), 139 – 178.

［196］McCall John, 1970, Economics of Information and Job Search, *Quarterly Journal of Economics*, 84, 113 – 126.

［197］McConnell J. J. and H. Servaes, 1995, Equity ownership and the two faces of debt, *Journal of Financial Economics*, 39 (1), 131 – 157.

［198］Mclaughlin, K. J., 1994, Real Wages, *Journal of Monetary Economics*, 34 (3), 383 – 414.

［199］Meng, X., 2000, Labour Market Reform in China, London: Cambridge University Press.

［200］Merton R., 1973, Theory of Rational Option Pricing, *Bell Journal of Economics and Management Science*, 4, 141 – 183.

［201］Merz Monica, 1995, Search in the Labor Market and the Real Business Cycle, *Journal of Monetary Economics*, 36, 269 – 300.

［202］Michael F. and J. Yang, 2013, Is Disclosure an Effective Cleansing Mechanism? The Dynamics of Compensation Peer Benchmarking, *Review of Finan-*

cial Studies, 26 (3), 806 – 839.

[203] Milbourn T. , 2003, CEO Reputation and Stock-based Compensation, *Journal of Financial Economics*, 68, 233 – 262.

[204] Millon C. M. , A. J. Marcus, H. Tehranian, 2008, Corporate Governance and Pay-for-performance: The impact of earnings management, *Journal of Financial Economics* 87, 357 – 373.

[205] Mocan N. H. , U. Bulent, 2011, Skill-biased Technological Change, Earnings of Unskilled Workers, and Crime, NBER Working Papers 17605.

[206] Molero S. R. , 2011, Functional Distribution of Income and Economic Growth in the Chinese Economy, 1978 – 2007, School of Oriental and African Studies Working Papers, No. 168.

[207] Morck R. , A. Shleifer, R. W. Vishny, 1988, Management ownership and market valuation: An empirical analysis, *Journal of Financial Economics*, 20 (1 –2), 293 – 315.

[208] Mortensen Dale T, 1982, Property Rights and Efficiency in Mating, Racing, and Related Games, *American Economic Review*, 72, 968 – 979.

[209] Mortensen Dale T, 2003, Wage Dispersion: Why Are Similar Workers Paid Differently? The MIT Press.

[210] Mortensen Dale T, 2009, Wage Dispersion in the Search and Matching Model with Intra-Firm Bargaining, NBER Working Papers 15033.

[211] Mortensen Dale T. , 2011, Markets with Search Friction and the DMP Model, *American Economic Review*, 101, 1073 – 1091.

[212] Mueller H. M. , P. P. Ouimet and E. Simintzi, 2015, Wage Inequality and Firm Growth, NBER Working Paper No. 20876.

[213] Murphy K. , 1985, Corporate Performance and Managerial Remuneration: An Empirical Analysis, *Journal of Accounting and Economics*, (11), 42.

[214] Murphy K. , 1999, Executive Compensation. In: Ashenfelter, O. , Card, D. (Eds.), Handbook of Labor Economics, vol. 3b (Chapter 38). Elsevier Science, North Holland, pp. 2485 – 2563.

[215] Murphy, K. M. , F. Welch, 1992, The Structure of Wages, *Quarterly Journal of Economics*, 107 (1), 285 – 326.

[216] Olivier Blanchard, Jordi Gali, 2008, Labor Markets and Monetary

Policy: A New-Keynesian Model with Unemployment, NBER Working Papers 13897.

[217] Park, A., X. Q. Song, J. S. Zhang, Y. H. Zhao, 2004, Rising Returns to Skill, Labor Market Transition, and the Growth of Wage Inequality in China, University of Michigan.

[218] Perotti E. and K. Spier, 1993, Capital structure as a bargaining tool: the role of leverage in contract renegotiation, *American Economic Review*, 83, 1131 – 1141.

[219] Pissarides Christopher A, 1982, Job Search and the Duration of Layoff Unemployment, *Quarterly Journal of Economics*, 97, 595 – 612.

[220] Pissarides Christopher A, 1985, Short-run Equilibrium Dynamics of Unemployment Vacancies, and Real Wages, *American Economic Review*, 75, 676 – 690.

[221] Pissarides Christopher A., 2011, Equilibrium in the Labor Market with Search Frictions, *American Economic Review*, 101, 1092 – 1105.

[222] Raddatz C., 2006, Liquidity needs and vulnerability to financial under-development, *Journal of Financial Economics*, 80, 677 – 722.

[223] Rajan R. and J. Wulf, 2006, Are Perks Purely Managerial Excess?, *Journal of Financial Economics*, 79 (1), 1 – 33.

[224] Reis, A. B., T. Sequeira, 2007, Human Capital and Overinvestment in R&D, *Scandinavian Journal of Economics*, 109, 573 – 591.

[225] Richard Rogerson, Robert Shimer, 2010, Search in Macroeconomic Models of the Labor Market, NBER Working Papers 15901.

[226] Robert Shimer, Ivan Werning, 2006, Reservation Wages and Unemployment Insurance, NBER Working Paper No. 12618.

[227] Romer P. M., 1990, Endogenous Technological Change, *Journal of Political Economy*, 98, S71 – S102.

[228] Rosenbaum P. R. and B. R. Donald, 1985, Constructing a Control Group Using Multivariate Matched Sampling Methods That Incorporate the Propensity Score, *The American Statistician*, 39 (1), 33 – 38.

[229] Rosenbaum P. R. and D. B. Rubin, 1983, The Central Role of the Propensity Score in Observational Studies for Causal Effects, Biometrika, 70 (1),

41 – 55.

[230] Ryan H. E. , R. A. Wiggins, 2004, Who is in whose pocket? Director compensation, board independence, and barriers to effective monitoring, *Journal of Financial Economics*, 73 (3), 497 – 524.

[231] Shi Shouyong, 2002, A Directed Search Model of Inequality with Heterogeneous Skills and Skill- Biased Technology, *Review of Economic Studies*, 69, 467 – 491.

[232] Shi Shouyong, 2006, Wage differentials, discrimination and efficiency, *European Economic Review*, 50, 849 – 875.

[233] Shi, Shouyong, 2001, Frictional Assignment, Part I: Efficiency, *Journal of Economic Theory*, 98, 232 – 260.

[234] Shimer R. , 2009, Convergence in Macroeconomics: The Labor Wedge, *American Economic Journal: Macroeconomics*, 1 (1), 280 – 97.

[235] Shimer, Robert, 2003, The Assignment of Workers to Jobs in an Economy with Coordination Frictions, mimeo, University of Chicago.

[236] Shleifer A. and R. Vishny, 1997, A survey of corporate governance, *Journal of Finance*, 52, 737 – 783.

[237] Shleifer, A. and R. Vishny, 1994, Politicians and firms, *Quarterly Journal of Economics*, 109, 995 – 1025.

[238] Smets, F, , and R, Wouters, 2003, An Estimated Dynamic Stochastic General Equilibrium Model of the Euro Area, Journal of the European Economic Association, 1 (5), 1123 – 1175.

[239] Song Z. , Storesletten K. , Zilibotti F. , 2011, Growing Like China, *American Economic Review*, 101 (1), 196 – 233.

[240] Spence M. and R. Zeckhauser, 1971, Insurance, information, and individual action, *American Economic Review*, 61 (2), 380 – 387.

[241] Sun B. , 2014, Executive compensation and earnings management under moral hazard, *Journal of Economic Dynamics and Control*, 41, 271 – 290.

[242] Titman S. , 1984, The effect of capital structure on a firm's liquidation decision, *Journal of Financial Economics*, 13, 137 – 151.

[243] Titman S. and R. Wessels, 1988, The determinants of capital structure choice, *Journal of Finance*, 43, 1 – 19.

［244］Walder, A. , 1987, Wage Reform and the Web of Factory Interests, *China Quarterly*, 109, 22 −41.

［245］Walder, A. , 1989, Factory and Manager in an Era of Reform, *China Quarterly*, 118, 242 −264.

［246］Walsh, C. , 2003. "Monetary Theory and Policy, Cambridge, MA: MIT Press.

［247］Weisbach M. S. , 2007, Review: Optimal Executive Compensation versus Managerial Power: A Review of Lucian Bebchuk and Jesse Fried's Pay without Performance: The Unfulfilled Promise of Executive Compensation, *Journal of Economic Literature*, 45 (2), 419 −428.

［248］Welch I. , 2011, Two common problems in capital structure research: the financial-debt-to-assets ratio and issuing activity versus leverage changes, *International Review of Finance*, 11, 1 −17.

［249］Wilson, B. A. , 1999, Wage Rigidity: a Look Inside the Firm, Working Paper.

［250］Zanetti, F, , 2007, A non-Walrasian Labor Market in a Monetary Model of the Business Cycle, *Journal of Economic Dynamics and Control*, 31, 2413 −2437.

后 记

甲午岁暮，初稿始成。回首过去一年半的斟酌选题、细化构思、寻找数据和设计研究，无一不是经历了数次否定之否定的心路历程。除去初期泛读文献外，攻读博士学位期间一半左右的时间主要是围绕博士论文写作而展开的。不断的自我否定实际上是对自身视野提出了更高要求，而自己也在此过程中不断朝着恩师杨灿明教授所指导的"博观而约取，厚积而薄发"的方向发展，实现了自身能力的逐级提升。

可以说，师从杨灿明教授攻读博士学位实为我人生途程中的一大幸事！记得六年前投身杨教授门下攻读硕士学位时，自己就曾怀抱着梦想希望能继续跟随他攻读博士学位。后来，如愿以偿，自己能继续跟随杨教授攻读博士学位。可以说，这六年实为我步入学术殿堂的重要起步阶段。杨教授学识渊博，视野开阔，温文儒雅，和蔼可亲，是典型的学者型官员。他那"先做人后做事"的谆谆教诲时时萦绕在我耳旁，成为我治学、生活和工作的人生座右铭。杨教授虽工作繁忙，但都不厌其烦地及时回复我的电话、短信和邮件。他对我的学术引导、大度包容和热情鼓励成为我逐步实现独立从事学术探索的重要驱动力。每当回想这一切，我内心时常会涌起一股感恩之情。杨教授十分注重理论联系实际，也比较关心我的社会实践。在他的帮助下，我在硕、博期间有幸到财政部、湖北省财政厅和武汉市财政局实习。不仅如此，杨教授还教导我不能一味闭门读书，经常鼓励我多出去走走看看，自觉将自己融入社会之中。为此，我鼓起勇气先后参加了邹恒甫老师的 CEMA 课程学习和林毅夫老师的暑期夏令营等活动。这些实践活动极大地丰富了我的人生阅历，开阔了自己观察问题的视野，提升了自己对学术本质的认识。可以说，自己一路走来能成取得一定成绩无一不是拜恩师之所赐！

在读博期间，张忠任教授对我的影响亦不可小视。对我而言，张教授亦师亦友，是我攻读博士学位过程中另一位重要的引路人。张教授丰富的人生阅历、严谨的治学态度、幽默的叙事风格和昂扬的生活激情深深地影响了我。

与他在一起类似于伙伴性的学术讨论总能激发我诸多灵感，能从另一种完全不同的分析框架中观察一些看似司空见惯的问题，获得诸多新意。而钟晓敏教授虽事务繁忙，但仍对我的学习生活较为关心，在羊年大年初四将修改批注好的毕业论文发送给我，并提出了较详细的修改意见，让我敬佩不已。可以说，无论是杨教授、张教授还是钟教授都自然流露出一种高洁雅士的风范，是我今后走好人生之路的终身导师。

事实上，我的博士学位论文的顺利完成也得益于侯石安教授、刘京焕教授、庞凤喜教授、许建国教授和王金秀教授等的悉心教导。可以说，他们既是我专业课程的启蒙老师，也是鼓励我勇于学术探索的重要引路人。孙群力教授和胡洪曙教授也很关心我的学习和生活，给我提供许多无私帮助，使我成功克服诸多学术难关。而卢盛峰副教授、詹新宇副教授、鲁元平副教授和王宝顺博士也是我经常学术交流的对象，他们都在具体撰写论文细节上给予我有益的指导。杨柳老师、皮海鹏老师和张朝举老师也为我读博期间提供了诸多便利，使我学习生活能有条不紊地展开。此外，工商学院钱学锋教授、会计学院王雄元教授、中国人民大学葛玉好副教授、中国人民大学刘瑞明教授和南开大学的宁光杰副教授等也给我提供了诸多论文层面的指导，让我受益匪浅，在此一并致谢！

在此期间，一些校内外的博士亦给我较大帮助。如同门刘安长博士常和我一起交流学习心得，同届张春强博士常与我一起探讨论文构思和技术处理细节，中国人民大学的蔡正喆博士和吉林大学的范欣博士也总能启发我拓宽视野。本校乔长涛博士、王诚博士、邹萍博士、王晓娟博士和蔡伟博士虽与我的专业相隔较远，但无论是学习、运动还是娱乐总能一起彼此互动，给我增添不少乐趣，感谢博士期间有你们相伴！同专业的魏萍博士、刘衡博士与李俊杰博士也能让我的学习生活显得丰富多彩，感谢你们的一路陪伴！

当然，我的博士学位论文的最终完成也离不开父母对我最坚定的支持！良好的家庭环境使我能在治学道路上心无旁骛，不断追寻自己的学术梦。而在面临重大抉择时，他们也总能充分尊重我的意见，使我能在较自由的环境中成长。记得在 18 岁生日那天，父母曾赠我 20 字箴言，要求我做人做事尽可能做到"志存高远、脚踏实地、循序渐进、持之以恒、水到渠成"。回顾自 18 岁至今的 10 年间，我的学习和生活虽曾遇到不少困难，但这些箴言时时鞭策着我，不断给我以力量。这些箴言在一定程度上也可谓我研究生学习生涯的真实写照。正是父母对我的人生发展所作的前瞻性指导以及时常对我的关心、教诲和敦促成为我勇于克难前行并不断取得成绩的重要精神源泉。对此，谨向他们致以衷心的感谢！

我的博士研究生学习生涯行将结束，此一阶段的终点实为下一阶段的起点，如此循环往复的过程需要清晰而冷静的认识。此期的学习经历让我深刻地体会到英国数学家、哲学家和教育理论家阿弗烈·诺夫·怀特海对教育本质概括的真正涵义：教育的目的就是要激发和引导学生的自我发展之路。为此，我将在完成攻读博士学位后继续前行，力争不辜负师长、父母的希望，早日实现自己的学术梦！

赵　颖

乙未年正月十五
于南湖畔博士公寓